国家出版基金项目
NATIONAL PUBLICATION FOUNDATION
"十三五"国家重点
出版物出版规划项目

U0366170

城市社区更新理论与实践丛书

赵万民　黄　瓴　主编

GUANGZHOU

城市社区更新
理论与实践

CHENGSHI SHEQU GENGXIN
LILUN YU SHIJIAN

袁　媛　等著

中 国 城 市 出 版 社
中 国 建 筑 工 业 出 版 社

进入21世纪第三个十年，回顾我国规划学科和规划学界近年经历的历史性变化和巨大进步，主要体现在两大方面：一方面是新的国土空间规划体系的建构，另一方面是城市发展模式和空间规划从主要是增量扩张到存量提升即城市更新的转型。正是党的十八大及继后的党的三中全会、五中全会以及2015年中央城市工作会议，对我国改革开放以来经济社会发展阶段和形势做出了科学判断，进一步明确和极大地充实了中国特色社会主义的丰富内涵，正确及时地把握我国城镇化的历史进程，提出了新型城镇化的时代转型。党的十九大报告中指出，我国社会主要矛盾已转变为人民日益增长的美好生活需要和不平衡不充分的发展之间的矛盾。以人民为中心的高质量发展目标已成为全社会共识，这同第三次联合国住房和城市可持续发展大会提出的人类未来二十年共同发展纲领《新城市议程》及17项可持续发展目标（SDGs）相互契合。从党的十八届三中全会首次提出"推进国家治理体系和治理能力现代化"这个重大命题到党的十九届五中全会明确"十四五"规划和二〇三五年基本实现社会主义现代化远景目标，并且具体到对我国规划体系的改革提出改革方向、内容和指导方针，催生了规划学科向真正符合人民和时代需要的方向发生深刻而伟大的变革，一系列相关文件指导着我国规划体系不断深化和完善。

我们从十余年的理论探索和工作实践中汇聚形成的这套丛书的主题——城市社区更新属于后一方面，可以说是在以人民为中心的思想指引下一部分城市规划转型课题的理论和实践的阶段总结。曾几何时，在当地政府邀请和委托下，我们走进一个个城市中低收入居民的社区，面对住房条件、居住环境、市政设施以及社会方面的多种问题，社区更新规划的工作方式、内容和程序无法继续沿用传统体系规划的范式。进入这个新的工作领域时，免不了要学习与参照西方发达国家的社区规划著作和范例，以及国内陆续问世的社区规划论著，从中获得较为系统的社区规划概念和方法，但是多彩多姿的国情和地域现实促进我们重新思考，走进社区人民群众和基层干部中共商共谋，在实践中创新求解。可以说，参与每个社区更新的过程都可以记录下一个个生动的故事，这也是规划师价值观的自我净化和升华。

说到社区更新和社区规划从早期的试验到最近纳入城市规划体系的历程，的确是意味深长。自中华人民共和国成立至改革开放迄今，在全国构建起区、街道、居委会三级城市基层政权组织体系，先后经历了从社区服务、社区建设到社区治理三个发展阶段。1986年，民政部首次把"社区"概念引入城市管理，提出要在城市中开展社区服务工作。2000年11月，中共中央办公厅、国务院办公厅转发《民政部关于在全国推进城市社区建设的意见》，明确"社区建设是指在党和政府的领导下，依靠社区力量，利用社区资源，强化社区功能，解决社区问题，促进社区政治、经济、文化、环境协调和健康发展，不断提高社区成员生活水平和生活质量的过程"，推动各地区将社区建设纳入国民经济与社会发展计划。2001年，社区建设被列入国家"十五"计划发展纲要。2010年至今，社区治理成为国家治理重要组成部分，重点在于构建城乡社区治理体系，提升城乡社区治理能力，打造共建共治共享治理格局。2017年6月，《中共中央　国务院关于加强和完善城乡社区治理的意见》指出，"完善城乡社区治理体制，努力把城乡社区建设成为和谐有序、绿色文明、创新包容、共建共享的幸福家园"。2017年10月，党的十九大报告提出，"加强社区治理体系建设，推动社会治理重心向基层下移，发挥社会组织作用，实现政府治理和社会调节、居民自治良性互动"。但在过去的20年里，在我国大多数城市中，无论是社区规划还是社区更新，主要体现在具体项目上，并未从法理和学理上得到"正名"。原因主要有三：一是从学理上社区规划或社区更新涉及跨学科的充分融合，复杂的交叉机理未臻定论；二是从项目实践上体现出很大的在地差异性和综合性，规划的技术和方法多方尚在各自探索；三是过去发展阶段传统城乡规划体系中社区的缺位，正式规划专业教材和法规暂付阙如。从20世纪90年代末以来，上海、北京、深圳、武汉、重庆等国内一些大城市也只是在一些点上开展起社区规划、社区更新行动。

令人鼓舞的是，今天社区更新和社区规划在全国城市方兴未艾地蓬勃开展，新成果和新经验层出不穷。社区发展、社区更新的时代已经到来。

《城市社区更新理论与实践丛书》启动于2018年底，选择了具有代表性的9座城市，分别是北京、上海、广州、重庆、成都、武汉、南京、西安和厦门，旨在梳理和总结每一座城市在社区更新方面的经验，系统整理因地制宜的社区更新理念（理论）、规划设计方法，并通过典型案例探讨社区更新的机制与政策。特别需要说明的是，本丛书各分册的作者皆来自高校的城乡规划学专业，他们既是我国社区更新、社区规划的实践者与研究者，同时也是观察者和教育者。大家的共识是立足规划的视野探讨具有中国语境下的城市社区更新，希冀从规划的多学科维度进一步丰富我国的城市更新理论和方法。写作和编辑这套丛书最大的体会，是必须努力学习、深刻理解习近平新时代中国特色社会主义思想的科学体系，牢固树立以人民为中心的发展思想，坚定中国特色社会主义道路的四个自信和五大发展理念，以此丰富和创新我国社区发展的规划学科理论。自豪地身处当下的中国，站在过去城市规划建设取得的卓越成就的基础上，经心审视社区的价值，充分认知社区之于国家治理的作用，努力发现社区作为实现人民城市愿景的重要意义，乃是本丛书编写的初衷。丛书的顺利诞生要特别感谢中国建筑工业出版社（中国城市出版社）的大力支持和辛勤工作。

"诗意的栖居"是人类包括中国人的共同理想。已做的社区更新规划研究和实践曾经陪伴了我们千百个日日夜夜，更深入到我们心灵中的每一天。我们更为不同社区的未来美好图景殚精竭虑。作为我国社区发展的城市规划工作的参与者，从实践到理论，再从理论到实践的不懈且无尽的努力，这既是使命，更觉荣光。

　　谨此为序。

赵万民

2021年10月

　　党的十八大报告提出，要坚持走中国特色的新型城镇化道路。《中共中央关于制定国民经济和社会发展第十四个五年规划和二〇三五年远景目标》（以下简称《十四五规划目标》）强调要推进以人为核心的新型城镇化，推动城镇高质量发展。城乡规划的重点从增量规划逐渐转为存量更新，从快速化新建城区转为精细化更新与管理城区。

　　党的十八届三中全会提出"创新社会治理体制"，打造"全民共建共享"的社会治理格局，基层社区治理创新是重要基础。《十四五规划目标》进一步明确："推动社会治理重心向基层下移，向基层放权赋能，加强城乡社区治理和服务体系建设"，即政府充分放权于基层，推动多元主体共同参与、建立新的基层共治结构，共同享有治理成果，实现基层治理现代化。

　　社区作为人们日常生活最密切的单元，是存量更新和高质量发展的空间主体，也是基层治理现代化的重要抓手。高质量的社区更新规划，不仅包括提高规划设计成果的质量，更需要提高规划过程的质量，后者涉及规划方法和规划过程的创新。如何从改善规划方法、优化规划过程角度，促进存量社区高质量发展是社区更新规划的重点内容。以人为本的城市社区更新，不仅需要推动社区的居住环境、公共服务设施、环境卫生等物质空间的优化；还需在产权复杂、涉及众多主体的背景下，兼顾社区内各方利益的平衡，处理好政府治理、市场调节和居民自治的关系，为实现中国基层社区治理现代化奠定基础，有效推动现阶段中国城市社区更新的高质量发展。在城市社区更新进程中，通过多元协作形成多方良性互动格局，也符合现代城乡规划理论与实践演进的趋势。城乡规划在"交往转向"后，形成了协作规划理论，该理论强调规划并非理想蓝图和理性模型的推导结果，而是一个多方沟通协商的过程，邀请相关利益方进入规划程序，共同体验、学习和建立公共分享意义的过程，要求利益相关者采用辩论、分析与评定的方法，通过合作达成共同目标。

本书即在规划转型背景下，以协作式规划理论为基础，研究广州市城市社区更新的历程、更新规划模式、协作机制及其适用性等。第1章阐明现阶段城市社区更新的社会发展和学科转型背景，界定本书相关概念，说明研究方法、数据来源与案例选取原则。第2章综述城市社区更新的基础理论，重点分析协作式规划理论的形成、内涵、研究进展及研究趋势。第3章阐释广州城市发展与城市社（住）区发展历程，基于已有研究和历史文献，划分广州社区类型、分析空间分布和社区发展特征；系统梳理了广州城市更新的政策演变历程，总结城市社区更新的机遇与挑战。第4章选择广州6个不同类型的社区更新案例，分析项目背景、社区更新历程、更新规划模式和协作反思等。第5章提炼了在政府、市场、社会三种力量主导下的社区更新规划协作机制；从参与主体、协作过程、协作结果等方面总结了社区更新的特点，对比分析了三种协作机制的适用性与优缺点。第6章从协作提效、多元主导、政府支持等方面提炼主要结论，并在融入国土空间规划体系、完善社区规划师制度、完善公众参与机制等方面展望了社区更新的未来方向。

本书的主要章节作者如下：第1章由袁媛、何灏宇、谭俊杰共同撰写。第2章由袁媛、陈哲、谭俊杰、潘泽强共同撰写。第3章由何灏宇、谭俊杰、袁媛共同撰写。第4章蔡一村案例由刘懿莹、廖绮晶、袁媛共同撰写；恩宁路历史街区案例由刘懿莹、袁媛、陈哲共同撰写；永庆坊案例由汪进、余倩雯共同撰写；仰忠社区案例由谭俊杰、廖绮晶、袁媛、陈哲、何灏宁共同撰写；同德街案例由袁媛、陈金城、刘懿莹共同撰写；泮塘五约案例由谭俊杰、袁媛撰写。第5章由袁媛、谭俊杰、陈哲共同撰写。第6章由袁媛撰写。袁媛对全书进行通稿、文字校核和润色。

本书的读者对象为城市规划、城市管理和基层社区等相关部门工作人员，也可作为城乡规划、地理学、社会学、公共管理等相关学科的科研、教学人员和大专院校在校学生的参考书籍。本书仅对同德街案例进行了纵向尺度上的追踪研究，未来可以进一步研究社区更新成效和更新机制的可持续性。社区更新是城市更新研究的细分领域，未来可深入探讨社区更新在国土空间规划体系中的地位、社区规划师的建构机制以及社区更新中不同类型的第三方组织协作规划机制及其行业推广等。

笔者从2003年开始关注社区研究，攻读博士学位阶段重点研究城市贫困社区的空间测度和分异机制；2007年始，笔者长期跟踪研究广州市同德街保障房社区，重点研究低收入社区规划的协作机制；2011年始，笔者和研究团队聚焦社区更新、社区规划和健康社区等研究，在此领域共培养了2名博士和18名硕士。本书是研究团队在城市社区更新领域的集合成果。研究受到国家自然科学基金（项目批准号：41871161、51678577）、2017年广东特支项目——广东省科技创新青年拔尖人才、广州市科技项目（项目编号：201804010241）、高校基本科研业务费中山大学重大项目培育（项目批准号：15lgjc38）等的资助。

在本书写作过程中，得到众多同行、学者和相关管理部门的帮助，谨向他们表示衷心的感谢。诚挚地感谢重庆大学建筑城规学院赵万民教授、黄瓴教授邀请参与国家出版基金项目、"十三五"国家重点出版物出版规划项目《城市社区更新理论与实践丛书》广州卷的撰写工作，得到两位教授的诸多指教与帮助。感谢广州市规划和自然资源局总体规划处、城市更新规划管理处、广州市岭南建筑研究中心、广州万科永庆坊项目部、广州市番禺城市规划设计院、广州参客公司等单位提供资料。感谢广州市规划和自然资源局总体规划处廖绮晶处长、城市更新规划管理处陈丙秋处长、广州市城市规划勘测设计研究院黄慧明总规划师，无私地提供图、文资料，协助联系现场调研和访谈。感谢广州市仰忠社区居委会、广州泮塘五约共同缔造委员会、广州同德街街道办及本书中涉及的社区成员，感谢广州万科永庆坊项目相关工作人员接受访谈和提供资料。感谢中国建筑工业出版社（中国城市出版社）欧阳东副社长、石枫华主任、兰丽婷编辑的辛勤工作。

袁媛

2021年2月于中山大学

► 目录 ◄

第1章 绪论

1.1

城市社区更新的意义

1.1.1 新型城镇化与存量更新

▶ 　　党的十八大报告全文提出，要坚持走中国特色新型工业化、信息化、城镇化、农业现代化"四化同步"道路，"新型城镇化"理念首次被置于国家发展战略的高度。党的十八届三中全会提出，要完善城镇化健康发展的体制机制，坚持走中国特色新型城镇化道路。2013年12月中央城镇化工作会议召开，强调了新型城镇化对全面建成小康社会、加快推进社会主义现代化具有重大现实意义。2014年，中共中央、国务院发布中国首部城镇化规划《国家新型城镇化规划（2014～2020年）》，明确了城镇化发展转向以人为核心的新型城镇化。党的十九大五中全会提出，要构建国土空间开发保护新格局，推动区域协调发展，推进以人为核心的新型城镇化。《十四五规划目标》提出，要完善新型城镇化战略，构建高质量发展的国土空间布局和支撑体系。

　　城镇化是指随着经济社会的发展，农业活动的比重逐渐下降、非农业活动的比重逐步上升，乡村人口的比重逐渐降低，城镇人口的比重稳步上升，居民点的物质面貌和人们的生活方式逐渐向城镇性状转化或强化的过程。"新型城镇化"是以城乡统筹、城乡一体、产城互动、节约集约、生态宜居、和谐发展为基本特征的城镇化，是大中小城市、小城镇、新型农村社区协调发展、互促共进的城镇化。新型城镇化的基本核心是人的城镇化，实现这目标要求城市发展需加快农业转移人口市民化、优化城镇布局形态、推动城镇高质量发展、加快推进城乡融合发展。推动城镇高质量发展，需制约城镇快速无序扩张，同时谋划存量低效用地的有序更新。十四五指出，实现新型城镇化的第一抓手是要实施城市更新行动。城乡规划的重点需从增量规划逐渐转为存量规划，从快速化新建城区转为精细化更新与管理城区，从注重高效率转向追求高质量。

　　根据新型城镇化的要求，城市存量社区更新需要以人为本，推动老城区和旧城镇内社区的居住环境、公共服务设施、环境卫生等优化，要将居民空间改善需求放在首位，兼顾社区内各方利益的平衡。而对于历史街区的更新，还要充分做好历史环境的保护规划和非物质文化遗产的保育工作。

1.1.2 社会治理格局多元化

2013年党的十八届三中全会提出社会治理改革，社会治理理念取代了以往的社会管理概念，"创新社会治理体制"首次被置于国家发展战略的高度。党的十八届五中全会在关于加强和创新社会治理的论述中，提出了"推进社会治理精细化，构建全民共建共享的社会治理格局"的战略部署。党的十九大报告明确指出："打造共建共治共享的社会治理格局。加强社会治理制度建设，完善党委领导、政府负责、社会协同、公众参与、法治保障的社会治理体制，提高社会治理社会化、法治化、智能化、专业化水平。"党的十九大将创新社会治理体制上升到了国家发展全局高度。《十四五规划目标》强调要加强和创新社会治理，推动社会治理重心向基层下移，向基层放权赋能，加强城乡社区治理和服务体系建设。

学界将"社会治理"定位为一种全民参与的社会结构关系和共建共享的新型治理机制。"社会治理"理念不同于"社会管理"所倡导的管理与被管理的单向联系，而是强调了社会全方位多元主体共同参与的本质属性。而"全民共建共享社会治理"则是以"社会治理"为基础的再创新，既是社会治理的格局和愿景，也表达了构建社会治理格局的动力和途径。从治理主体之间的权力关系来看，社会治理格局大致可划分为集权式和合作式治理格局。全民共建共享社会治理格局是两种治理格局的结合，在集权式治理格局的基础上提出的一种新型合作式治理格局，即在"党委领导"和"政府负责"基础上更加强调公众参与的"全民性"、治理过程的"共建性"和治理目标、成果的"共享性"。全民共建共享社会治理格局的构建包括三方面的内涵：

（1）全民——新型社会治理主体关系。计划经济下，政府作为社会管理的单一主体，独揽社会事务管理的权利和责任，主导公共服务的供给。改革开放40年来，这种单一主体的观念和模式似乎成为了我国社会治理的"路径依赖"，尽管我国经济市场化发展不断深入，在社会治理方面仍或多或少保留着计划经济色彩。近年来，随着社会体制的改革和市场化的持续推进，社会公众逐渐成为社会治理的主体之一，市场也成为能够保障公共利益的公共产品基本供给手段，共同推动了社会治理多元化发展。

（2）共建——新型社会治理结构模式。马克思主义认为：人民群众是历史创造者。新型社会治理以增加民生利益为基本出发点，着眼于公众的切身利益，需要公众作为新的社会治理力量积极参与治理行动，多方社会治理力量相互协商形成治理共识，在利益共享的基础上形成共同参与、集体行动和服务增效的共建机制。

（3）共享——新型社会治理目标和成果。让人们共享发展成果是新时代中国特色社会主义的本质要求。社会治理格局的创新，需要在全社会形成共享改革与发展成果的价值观，坚持公共服务普惠性、保基本、均等化，保障基本民生需求，最终让人们能够共享社会发展和社会善治的成果。

基层社区治理创新是实现全民共建共享社会治理格局最重要的基础。党的十八届五中全会通过的《中共中央关于制定国民经济和社会发展第十三个五年规划的建议》提出："增强社区服务功能，实现政府治理和社会调节、居民自治良性互动"，即充分调动基层社区中多元治理力量，推动多元治理主体之间的良性互动，共同参与、共同治理、共同享有。国家十四五规划也强调要"推动社会治理重心向基层下移，向基层放权赋能，加强城乡社区治理和服务体系建设"。社区更新规划在此背景下，更是要将政府治理、市场调节和社会参与三大机制协调起来，形成多方良性互动格局，为实现中国社会治理现代化奠定基础。

1.1.3 城乡规划学的转型

现代城市规划诞生于19世纪末、20世纪初，理性主义的哲学思潮贯穿城市规划理论和方法论发展的始终，其中工具理性（instrumental rationality）、有限理性（bounded rationality）和交往理性（communicative rationality）先后对现代城市规划的发展产生了重要影响。

工具理性适应西方国家资本主义和工业化追求形式逻辑、定量化、科学准则的要求，成为20世纪初主要哲学流派。工具理性视角下，规划是经过理性选择的行为集合，被视为达成效益最大化的手段。城市规划界产生了"理性综合规划（rational comprehensive planning）""系统规划论（system approach planning）"和"程序规划理论（procedural planning theory）"等规划理论与实践。鉴于工具理性规划的分析性、评估性和操作性较强，并且在定量研究上具有显著优势，在第二次世界大战后得到广泛应用。但是工具理性过分追求个体行为合理性，使得人被效率和利益所约束，逐渐失去自主性而物化为机械重复的"机器"，在实际中难以与现实接轨，因此衍生出对工具理性修正的有限理性和交往理性两大流派。

有限理性即在一定限制下的理性，增加了对合理性的确定程度的考虑。基于有限理性的规划思想重点考察在现实约束条件下的决策行为、规划操作以及规划目标的实现等问题，并发展处分离-渐进主义（disjointed incrementalism）与混合审视模型（mixed-scanning）。如旧城规划从战后大规模推倒重建向局部、渐进式规划的转变，形成城市复兴、城市再生等。本质上看，有限理性规划并未否定工具理性规划，而是试图局部调整规划的实现方式，而这也因实现方式过于保守以及对规划实践的过进和对规划师的身份、职责等方面欠缺考虑而受到批判。

交往理性即人与人之间通过彼此承认立场、沟通和对话来达成一致意见进而形成约束双方的规范，强调主体之间的陈述与沟通的合理性。这一思想极大地影响了20世纪80年代以来的规划思潮，促成了规划学科的"交往转向"，形成了沟通规划理论。沟通规划将规划视为多方沟通协商过程，规划师是利益主体间的协调者，颠覆了规划师职责和定位。基于该理论学界衍生出一系列同源规划概念及模型，其中最具代表性的是帕齐·希利（Patsy Healey）的协作规划与约翰·福里斯特（John Forrest）的协商规划，强调规划是多方利益主体通过沟通、协商达成规划共识，推动规划的交互式过程。

　　城市社区更新不同于新城区开发，往往产权复杂、涉及众多利益相关者，需要根据社区人口构成、发展需求等特点，结合城乡规划学的"交往转向"，构建存量更新中利益方多元参与规划的沟通和协调机制，通过协作达成共识，进而提升更新规划编制和实施的成效。

1.2
基本概念

1.2.1 社区

▶　　社区的概念最早源于德国社会学家滕尼斯（F. Tönnies），其在著作《共同体与社会》中首次提出社区是以家庭、村落、信仰团体等为代表的，以血缘、地缘及精神共同体为构成要素组成的"共同体"，是人类聚合形式中由自然意志推动形成的。此后，该词被英语翻译为带有"亲密无间的伴侣关系"意涵的"社区（community）"。其后的100年来，社区的概念不断被扩展，逐渐分成了功能性社区及地域性社区两大派系。功能社区从功能主义出发，认为社区是指有着共同目标及利害关系的人组成的社团；地域性社区则从地域主义出发，认为社区是指生活在同一地域中有组织的人群。近年互联网技术飞速发展，出现了网络虚拟社区等新的社区形式，地域性作为原本社区的特性可能逐渐弱化，以费舍尔（C. Fischer）、韦尔曼（B. Wellman）等人为代表提出的"社区解放论"越来越得到认可。"社区解放论"强调社区的功能作用、弱化社区的地域因素，认为社区在现代城市中不会消亡，也不再囿于地域限制，将出现多层次、多元的模式。

　　本书对社区规划、城市社区更新等的研究均基于城乡规划和人文地理学视角，带有鲜明的地域色彩；所选案例也是基于地域空间的明确实体。因此，本书仍将"社区"定义为：聚居在一定地域范围内的人群所组成的，具有共同意识、共同利益的社会生活共同体。

1.2.2 社区规划

我国社区尺度上的规划主要有住区规划和社区规划。源于城乡规划学科的住区规划较为注重空间视角，是在城市总体规划、分区规划、控制性详细规划基础上，根据计划任务和现状条件，对居住用地进行综合规划和设计，主要工作内容包括设计住区总平面、住区的空间结构与功能分区，组织顺畅的交通流线；在空间上合理布局住宅建筑及其配套设施、合理配置绿化空间等。社区规划（community planning）则是一个更具有综合性的概念，强调居民参与、共同意识、社区组织等非物质环境的改善，具体包含硬体（建成空间环境）、软体（历史文化传统）、韧体（权力结构与组织关系）的发展。从本质上说，"住区规划"偏向于以物质规划为主，对一定规模人群共同生活的特定地域范围进行环境优化建设与资源统筹配置；而"社区规划"包含的层次更深、范围更广，在住区规划的基础上增添了政治、经济、社会、文化等多元发展要求。"社区规划"从逐渐被业界接纳到受到广泛重视，反映了我国城市规划、建设和管理不断追求精细化和人性化的过程。

本书定义社区规划为：对一定时期内社区发展的总体部署，目的是有效配置社会资源、协调内外社会关系，提高空间区划和物质环境设计的合理性，促进社区经济、社会、生态和文化等的协调发展。

1.2.3 社区更新

国内学界并没有统一的社区更新定义，参考城市更新的定义和案例内容特征，本书对城市社区更新的定义为：主要针对老城区、旧城镇、旧村庄（城中村）的社区，设立未来多元发展目标，并通过多方沟通协作，寻找出利益多方都能接受的物质空间与非物质空间改善、更新路径并加以实施，从而实现社区的多元复兴，令其成为环境舒适、邻里和谐、共治共享的社区。

1.3
案例选择和研究方法

▶   根据广州城市发展与城市社（住）区发展历程，本书基于已有研究和文献将广州社区划分为五大类型（详见第3章）：第一类是传统街坊式社区，指在广州城市发展历程中历史最为悠久的社区，即旧城区、老旧街区的生活社区；第二类是单一单位制社区，是计划经济时代的产物，指由一家或多家单位如大型企业、高校、政府部门等建设的社区，供单位职工及其家属居住生活；第三类是过渡演替式社区，主要为"城中村"社区，大多形成于改革开放后的快速城市化时期，因它们经历着传统农村社区向城市转型的过程，也是城乡二元结构的过渡代表，称为过渡演替式社区；第四类是现代商品房社区，指由房地产开发商统一开发的、具有一定规模的商品化住宅形成的居住区，形成于20世纪90年代至今，其配套设施及建设基本符合城市居住区的规划设计要求；第五类是保障性住房社区，是指根据国家政策及相关规定，在政府主导和支持下，统一规划、集中建设，享有一定政策优惠且限定在一定建设标准的，提供给城镇中低收入住房困难户居住的带有社会保障性质的社区。全书选取了6个典型社区更新案例（图1-1），探索上述5种单一类或复合类社区的更新模式、协作机制、优缺点和适用性。案例地代表了不同类型的典型社区，但是具备共同的问题，即社区人居环境更新需求大、涉及的利益较广泛，但是利益方表达诉求的渠道、能力及资源均有限。

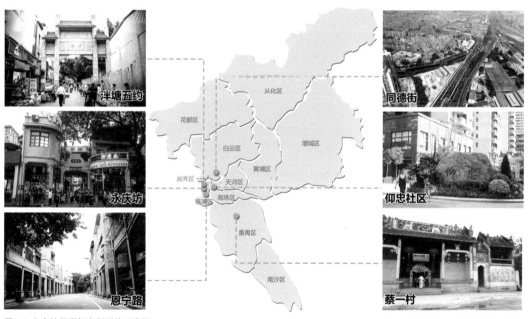

图1-1 六个社区更新案例区位示意图

几个典型案例具体特点如下：

（1）蔡一村村庄规划代表着大型过渡演替式社区更新，作为中心区边缘的城中村，村庄人口和用地规模较大，在宅基地选址、历史保护等领域问题较为突出，但是村民受教育水平低、自主参与能力与愿望都不强。本书探讨市场力量中具有专业素养的服务组织介入，深入调研村落发展需求，提升村民参与的能力和程度，提高规划调查分析和总结问题的效率，推动社区更新的规划进程。

（2）恩宁路历史街区保育规划和永庆坊微改造，是传统街坊式社区更新的典型代表。

案例位于老城中心区的历史街区，街区格局、机理和单体建筑保护价值高，但是商业开发与历史文化保育的合理平衡难度大；本地居民老龄化程度高，社会公共价值缺乏代表主体。在恩宁路的整体保护规划上，需要有一定专业知识的社会公益组织与学者力量介入，系统挖掘历史遗产的文化价值，扩大社会影响力，提升居民信任度和参与热情，推动历史街区整体保育和局部更新。在永庆坊微改造案例中，需有一定社会责任感与经济实力的开发商介入，承担项目投资开发的同时，能够兼顾商业开发效益与历史建筑保护、社区人居环境优化的平衡。

（3）泮塘五约微改造代表着过渡演替式与传统街坊混合的社区更新，社区内村落历史文化传统保留完整，但是社区建筑质量差、公共设施滞后、业态衰败等问题突出，居民缺乏保育社区的决心，缺乏利益多方的沟通渠道。一方面需社区规划师介入，深入调研村落历史文化与人际关系状况，通过组织文化活动调动村民参与的积极性，提高更新中村民的参与意愿。另一方面需职能部门牵头组建涵盖利益多方的共同缔造委员会，提供利益多方公平表达意见的沟通平台，从中协调各方利益诉求，推动社区更新进程。

（4）仰忠社区微改造代表单位制社区和传统街坊的更新，社区居民关系良好，但是社区内建筑质量差、三管三线凌乱布置、公共设施老旧、缺乏物业管理。社区居委会积极介入，通过登门拜访、挨户动员和挖掘社区能人，充分调动居民参与积极性，并与职能部门合作，及时组织构建各类沟通平台，协调更新多方权益，推动社区更新有序开展。

（5）同德街规划代表着保障性住房的社区更新，社区内交通拥堵、公共设施滞后问题突出，综合整治规划涉及单位、社区和部门等不同利益群体及用地权属问题。需要有效的监督组织介入，从中协调各方利益群体，又能及时满足本地贫困和低收入居民的改善需求，推动社区更新往协调多方效益的方向迈进。

本书主要采用资料分析法、虚拟民族志和访谈法，还原各案例的规划过程，解析不同社区更新的规划背景、发展历程、协作模式，反思协作成效和探讨优缺点、适用性。作者团队从2007年开始参与同德街两轮规划，跟踪研究长达14年，深入社区多次组织问卷调查、焦点访谈，加入网络虚拟社区使用虚拟民族志方法观摩、调查与分析社区发展问题。其他案例均采用实地调查、资料分析，针对相关人士的焦点访谈，与居民的半结构式访谈，研究时间集中在2016~2018年，2019年下半年完成全部补充调查和回访调研。

第 2 章 城市社区更新规划的理论

2.1
现代规划思想的理论转变

▶　现代城市规划自诞生至今的百余年里，西方规划经历了理性规划、倡导性规划和协作式规划阶段，完成了20世纪60年代"设计"向"科学"的转变，20世纪70~80年代规划师角色从"技术专家"到"沟通者"的转变。规划理论走过了"工具理性—有限理性—交往理性"的发展脉络（表2-1）。近年来，在思想基础和现实问题的双重冲击下，规划理论范式发展转变，基于"交往理性"的沟通式规划（communicative planning）、协作式规划（collaborative planning）模式作为较成熟的理论，逐渐被西方规划界所认可。

现代规划发展历程与现代理性主义思想紧密相关。现代理性主义思想发展形成的三个分支对规划理论产生了重要影响。首先是现代理性主义的主要流派——工具理性。20世纪初，德国社会学家和思想家马克思·韦伯（Marx Weber）在应用层面将现代理性分为工具理性和价值理性，工具理性是一种追求用何种方式实现效益最大化的计算行为，价值理性则追求价值、道德、目的等目标的行为。在工业革命后的资本主义社会，人们出于对物质满足的追求，工具理性压倒价值理性，实现了由手段到目的的转变。20世纪中叶在经济学、地理学、历史学领域爆发的计量革命，是工具理性向人文社科领域的泛滥。兼具文理工特点的城市规划学科，也受到深刻影响。计量革命首先出现在城市交通规划中引入系统论和量化分析手段，之后蔓延到其他规划领域。工具理性视角下，规划是经过理性选择的行为集合，被视为达成效益最大化的手段，鉴于工具理性规划的分析性、评估性和操作性较强，并且在定量研究上具有显著优势，在二战后得到广泛应用。在这种思想基础上出现了"理性综合规划""系统规划论""程序规划理论"，主导了20世纪50~70年代的城市规划。但是工具理性过分追求个体行为合理性，使得人被效率和利益所约束，逐渐失去自主性而物化为机械重复的"机器"，在实际中难以与现实接轨，因此衍生出对工具理性修正的有限理性和交往理性。

表2-1对比了理性思想。

	理性思想		规划理论	
	代表人物	内容	代表人物	内容
工具理性	韦伯、曼海姆	主体本身的理性：技术与程序合理、效益最大化	梅尔文、迈耶森与班菲尔德、麦克劳林、法勒迪	高级理性综合决策程序、定量分析规划方案与成果
有限理性	西蒙	决策者信息处理及预测后果能力有限	林德布罗姆、埃齐奥尼	分离渐进主义、混合审视模型
交往理性	哈贝马斯	行为主体之间的理性	希利、英尼斯、福里斯特	沟通规划、协作规划、协商规划

资料来源：曹康，王晖. 从工具理性到交往理性——现代城市规划思想内核与理论的变迁[J]. 城市规划，2009，33（09）：44-51。

　　有限理性即在一定限制下的理性，增加了对合理性的确定程度的考虑。主要倡导者、诺贝尔经济学奖获得者西蒙（Herbert Simon）把不完全信息、处理信息的费用和非传统的决策者目标函数作为有限理性的核心内容。基于有限理性的规划思想重点考察在现实约束条件下的决策行为、规划操作以及规划目标的实现等问题，并发展出分离—渐进主义与混合审视模型。第二次世界大战后的城市更新运动以局部、渐进式的方式实践了渐进式规划的影响，但它因过于保守，忽视社会变革的能力而受到批评。混合审视模型也因为对规划师提出了理性要求和质疑存在不足之处。本质上看，有限理性规划并未否定工具理性规划，而是试图局部调整规划的实现方式。

　　正式对工具理性提出挑战的是交往理性。德国哲学家哈贝马斯（Habermas）在《交往与社会进化》和《交往行动理论》等著作中，提出"沟通行为"（communicative action）理论，对工具理性进行了反思和批判，并以交往理性（communicative rationality）替代经典理性主义。沟通规划是交往理性在规划领域应用的结果，强调规划是面向公共利益，通过多方参与、协商讨论来协调各方利益。沟通规划理论不仅把规划师看作不同利益群体的仲裁人，更重要的是，它还把规划当作一种多方沟通及协商的过程。沟通规划批判了工具理性主导下的规划忽视价值取向和意识形态，夸大工具理性，轻视价值理性的问题，衍生出了如交往式规（transactive planning）、沟通规划（communicative planning）、通过辩论做规划（planning through debate）、辩论规划（argumentative planning）、建立共识（consensus-building）、协作式规划（collaborative planning）、论述式规划（the discourse model of planning）、协商规划（deliberativeplanning）等多个同源的概念与模型（表2-2）。其中英国学者帕齐·希利（Patsy Healey）的协作规划最具代表性。

名称	提出者	来源
谈判规划 （Transactive Planning）	弗里德曼	《再循美国：谈判规划理论》，1973年
通过辩论而规划 （Planning through Debate）	希利	《通过辩论做规划：规划理论的交往转向》，1992年
辩论规划 （Argumentative Planning）	弗希尔、福里斯特	《政策分析与规划中的辩论转向》，1993年
建立共识 （Consensus-Building）	英尼斯	《通过建立共识做规划：综合规划理念的新观念》，1996年
协作规划 （Collaborative Planning）	希利	《协作规划：在碎片化社会中塑造空间》，1997年
谈话模式的规划 （the Discourse Model of Planning）	泰勒	《1945年以来的城市规划理论》，1998年
协商规划 （Deliberative Planning）	福里斯特	《协商实践者：促进规划参与过程》，1999年

资料来源：曹康，王晖. 从工具理性到交往理性——现代城市规划思想内核与理论的变迁[J]. 城市规划，2009，33（09）：44-51。

2.2
协作式规划的内涵

▶　　"协作式规划"的概念源于20世纪80年代，帕齐·希利是支持该理论的主要代表人物，主要观点是：受制于政府管制和政策环境的影响，城市规划缺乏对社会、经济、环境和政治之间关系的研究，在规划实施过程中没有保障除政府权力部门以外的利益，而采用协作式规划方式能够适应市场经济多变、多元的投资环境，并能解决相关矛盾。

　　协作式规划一般被认为是沟通式规划的后续发展模式。协作式规划除了强调多方参与，协调利益外，更注重场所营造和制度建设。协作式规划的思想基础除了哈贝马斯的交往理性外，还综合了吉登斯（Giddens）的"结构–行为"理论和福柯（Michel Foucault）的"话语权力"（Power of Discourse）学说等。协作式规划的发展经历了从民主政治平等的"沟通行为与沟通理性"，发展到与"网络社会"等西方社会科学新概念相融合，强调权威主体应主动促进不同利益主体之间的合作，各主体之间通过平等的交流达成共识，在实现共同利益最大化的同时保证规划决策的针对性和有效性。

协作式规划是一个邀请相关利益方进入规划程序，共同体验、学习、变化和建立公共分享意义的过程，要求利益相关者（stakeholder）采用辩证（argumentation）、分析（analysis）与评定（assessment）（即AAA）的方法，通过合作达成共同目标。协作式规划包含以下五个部分：参与主体（participants）、场所和制度（space&institution）、规划目标（target）、规划权力（power）和规划信息（information）。参与主体包括决策者（decision maker）、规划师（planner）、专家（expert）、开发商（developer）、利益相关者（stakeholder）以及公众（public）（图2-1）。规划的过程及成果质量受规划参与者的数量和相关程度影响，后者甚至起了决定性作用。协作伙伴关系体现为共同发展目标与准则，可以使用合同、契约等法律形式保障其实施。良好的协作关系能使整体运作成本降低，有益于不同利益主体。在协作过程中，规划师作为决策者的技术顾专家，为其他参与者进行政策解释和协调。专家从专业角度为决策者和规划师提供方向推演和理论支撑。媒体能加速规划信息的传递和普及，甚至充当关键的沟通渠道和利益博弈平台。

协作式规划的评价标准可分为过程评价和结果评价。过程评价重点关注多元主体是否以较高水平的自主参与以及深入讨论，是否回应及整合了各方利益点；结果评价则重点关注是否达成高质量共识，被利益相关者理解和接受以及是否在效益、成本和机制等方面具有优势。希利从系统制度设计的角度也提出协作评价标准，用以判定政策开发及其运行的可协作性，包括：承认协调合作者来源的多样性、对政府机构的权力进行扩展与适当的分散、为非正式地方组织积极提供发展机会、鼓励和培养社区自治能力、确保以上过程持续和公开等。上述评价要点均为良好的协作规划提供范本。

图2-1 协作式规划主要内容和参与主体

2.3
中国协作式规划研究进展

▶ 在社会经济转型和市民社会崛起的双重背景下，国内学界、业界开始了协作式规划的研究，研究始于引进西方理论和国外案例分析。孙施文等对国外城市规划中公众参与的理论与思想基础进行总结，揭示了公众参与对城市规划体系、规划师思想产生的影响，规划方法发展具有深刻的影响，提倡"公众参与的前置"有利于规划的认同度和可实施性。袁媛等采用CiteSpace软件对国外文献进行可视化分析，从"政府放权、公众参与、伙伴关系、制度设计、协作方法、规划评价"等方面梳理了国外沟通-协作式规划的主要内容。何明俊从分析"市场-政府-公民"在城市发展中的关系演变入手，提出西方现代城市规划理论的范式转型。案例研究上，梁思思介绍了德国空间规划实施过程中的协作模式；董金柱从跨国界、国家内部、跨流域、都市区4个空间层面介绍了欧美国家的协作式规划经验；王婷等则从社区着手，介绍了法国"ZUS"改造历程，并与中国"城中村"社区进行对比分析，提出找到适合中国的协作式更新规划路径是"城中村"规划改造的首要任务。

近年来，国内开展协作式规划理论及其应用研究。根据空间层次、面向问题和案例类型的差异，研究在不同尺度开展。区域层面，从博弈论视角分析了区域规划主体间的合作方式、以粤港澳大湾区为例讨论区域规划中的协作、区域跨界环境治理中的协作研究、沈抚同城化协作等。城市内部和社区层面，袁媛等构建第三方组织参与社区规划的协作机制，总结出适用于不用社区类型的基于多元力量的监督组织、基于"社区-企业"共建的自治组织和基于乡贤能人的权威组织三种典型协作模式，规划实践初步表明一些本地社区、民间或外来组织或机构的参与，有利于降低各协作主体间的沟通成本，提升公众参与效果。胡燕等探讨了城市大型邻避设施规划中政府与公众的角色和互动过程，提出制度是维持政府和公众良性互动的关键。

在协作式规划理念的指导下，城市规划领域内各类规划编制开始采用多元主体协作方式，如主体功能区下的土地利用规划、区域绿地专项规划、片区城市设计、科学城协作式规划，低收入社区规划过程中的协作机制，产业园规划修编中传统规划向协作式规划的转变过程等。

回顾国内的协作式规划研究，还存在以下问题：①绝大多数规划停留在被动参与阶段，协作规划的广度和效能有待提升；②社会第三方组织、社区自治组织发展不完善及居民缺乏参与热情，成为协作式规划推广的难点；③尚未针对不同的城市和社区类型，研究协作机制的适用性和推广性。

2.4
国外协作式规划研究进展

> 利用CiteSpace软件，以Web of Science数据库中的Science Citation Index Expanded（SCI-EXPANDED）、Social Sciences Citation Index（SSCI）、Conference Proceedings Citation Index-Science（CPCI-S）为基础。检索时间范围为2008～2020年（数据截止到2020年12月31日）。检索领域：Regional Urban Planning、Geography和Urban Studies。检索主题为"Communicative Planning"和"Collaborative Planning"，剔除两主题重复文献，共获取572条文献。

2.4.1 文献时间分布

文献数量的变化反映该领域研究的发展速度。在Web of Science数据库中，协作规划（collaborative planning）主题的文献，发文量近12年总体呈上升趋势。2008～2014年，基本维持在30篇左右，波动上涨，2015年突破36篇之后明显上升，到了2019年达到65篇。协作规划的研究在近几年发展加速，越来越受到关注（图2-2）。沟通规划（communicative planning）主题的文献发文量波动较大，2014年发文量最少，近5年呈整体上升态势（图2-3）。

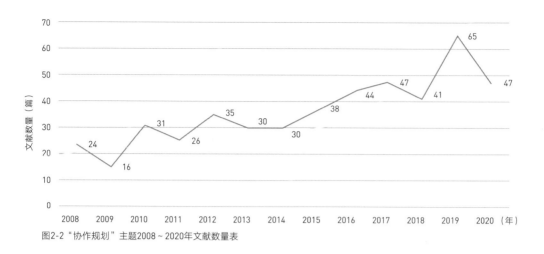

图2-2 "协作规划"主题2008～2020年文献数量表

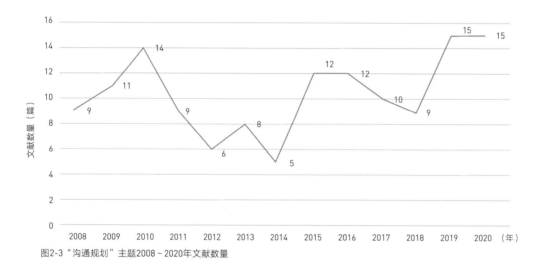

图2-3 "沟通规划"主题2008～2020年文献数量

2.4.2 代表人物与文章

在文献共被引网络的演进关系中，关键节点起到连接2个或以上不同聚类的作用，并且被引频次和中心度较高的节点，很可能成为网络图谱中一个时间段向另一个时间段过渡的关键点，因此对关键节点的研究和分析尤其重要。

利用CiteSpace对上文中确定的文献数据信息进行可视化分析，将时间分割（time slicing）定为一年，把网络节点（node types）确定为被引文献（cited reference），分析得出共有22125条被引文献，为了凸显关键信息，选择每个时间分割中频次最高的5%被引文献，得到如图2-4所示聚类视图（cluster view）。每个圆形的节点代表一篇被引文献，节点的大小代表被引文献出现的频次，节点越大表示频次越多，出现频次较多的文献在一定程度上代表该领域的研究重点。为保持网络中各节点关系的清晰，只标注频次最高的几

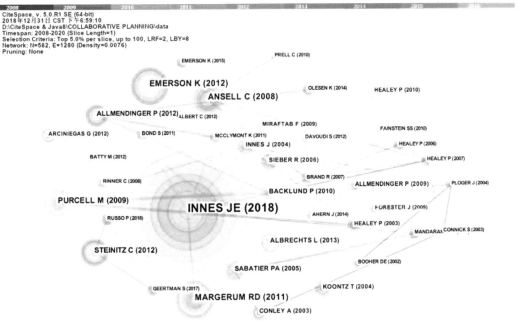

图2-4 2008～2020年协作式规划高频被引文献图谱

个节点。在共被引网络图谱中（表2-3），英尼斯（Innes）、马格姆（Margam）、爱默生（Emerson）、安思尔（Ansellc）等对协作规划影响最大，其中英尼斯2010年出版的书籍《规划与复杂性：公共政策协作理性概论》被引次数高达42次，书中分析了规划和公共政策中的协作实践，是一本较为前沿的综合性协作规划经典之作；马格姆的《超越共识：改进协作规划和管理》一书因较为完整论述了协作规划的协作框架与规划评估，并系统介绍了美国与澳大利亚等先进国家的成熟经验而受到了该领域研究学者的关注。

合并分析协式作规划和沟通规划，两类规划的高频被引文献有相当部分的交叉，在交往行为、交互行动、公众参与、规划理论新范式等方面的研究具有较强的共通性。

2008～2020 年沟通－协作式规划期刊文献引用信息统计（引用频次＞5） 表 2-3

编号	节点笔者	沟通规划中被引频次	协作规划中被引频次	文献名称
1	INNES JE	19	42	*Planning with Complexity: An Introduction to Collaborative Rationality for Public Policy*
2	PURCELL M	9	11	*Evolution of Co-management: Role of Knowledge Generation, Bridging Organizations and Social Learning*
3	BACKLUND P	4	7	*Collaborative Governance in Theory and Practice*
4	INNES JE	4	6	*An Integrative Framework for Collaborative Governance*
5	HEALY P	4	5	*Adaptive Governance of Social-ecological Systems*

2.4.3 研究热点与发展阶段

利用膨胀词探索（burst detection）功能，把频次变化率高的词语（burst term）挖掘出来，依靠词频的时间变化趋势，来确定研究发展趋势。选择与前节研究热点相同的系统参数，选定时区（time zone）图，得到协作规划的研究时间序列分析图谱（图2-5）。图中圆形的节点（黑色字体标注）代表关键词，节点的大小代表关键词频次变化率的高低，节点越大，关键词频次变化率越高。图中的连线表示关键词之间达到一定强度的共词关系。整个时区图能够看出该领域的生命周期和不同时期高频词的发展轨迹。结合系统导出的频次变化率较高的主题词信息表进行分析，通过协作规划的主题词时间序列图谱，将频次变化率较高的主题词（剔除与协作规划关联较小的主题词）分为以下3个时间段（表2-4）。

2008～2011年，研究的重点是基本模型和理论要点，突出的是管理（management）、管治（governance）、参与（participation）、系统（system）等关键词，是协作规划的理论基础。

2012～2014年，文献量稳步增长，研究规划理论应用和实践转向。协作规划过程中，多元主体间对利益相关问题达成共识是一个难点，也是该阶段的研究重点。因此，文献中关键词多为共识（consensus）、知识（knowledge）、决策者（decision-maker）等词汇，以及在达成共识的过程中涉及的词汇，如加强协作（improving-collaborative）、维护（conservation）等。实践的关键词多与案例具体内容有关，如气候变化（climate change）、社区自然资源（community-based-natural-resource）。

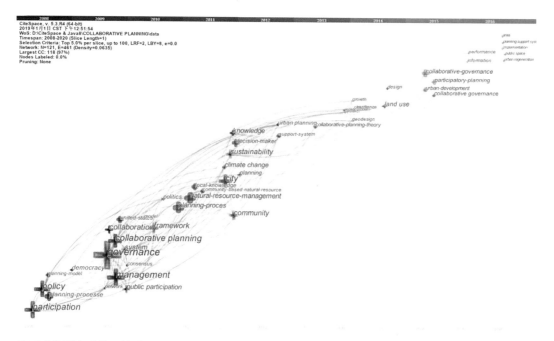

图2-5 协作规划研究前沿时间序列分析图

年份	主题词
2008 ~ 2011	governance（管治）、management（管理）、participation（参与）、policy（政策）、collaborative planning（协作规划）、collaboration（协作）、framework（框架）、system（系统）、public participation（公众参与）、planning-process（规划过程）、democracy（民主）、politics（政治）united-states（美国）、network（网络）、regional planning（区域规划）
2012 ~ 2014	conservation（共识）、city（城市）、community（社区）、sustainability（可持续）、knowledge（知识）、climate change（气候变化）、decision-maker（决策者）、planning（规划）、local-knowledge（本地知识）、urban-planning（城市规划）、support-system（支持系统）、community-based-natural-resource（社区自然资源）、planning-support-system（社区支持系统）、conservation（维护）、improving-collaborative（加强协作）
2015 ~ 2020	land-use（土地利用）、collaborative-governance（协作管理）、participatory-planning（参与协作）、design（设计）、information（信息）、resilience（弹性）、geodesign（地理设计）、challenge（挑战）、growth（成长）、power（权力）、strategy（策略）、i-service（生态系统服务）、urban-renewal（城市更新）、science（科学）、public space（公共空间）、urban regeneration（城市再生）、implementation（执行）

2015 ~ 2020 年，研究转向跨学科研究，设计（design）、权利（power）、策略（strategy）、协作管理（collaborative-governance）等关键词往往涉及政治、规划、管理等多学科的内容，此外，地理设计（geodesign）、城市再生（urban regeneration）、生态系统服务（ecosyetem-service）等涉及与地理学、生态学交叉的实践研究也慢慢受到关注。

2.4.4　研究趋势和主要内容

梳理协作规划主题词，2008 ~ 2020 年间的文献主要集中在"政府放权"（government decentralization）、"公众参与"（public participation）、"伙伴关系"（partnerships）、"制度设计"（institutional design）、"协作方法"（collaborative approach）和"规划评价"（planning evaluation）等 6 个方面，其中"公众参与""伙伴关系"和"规划评价"三部分的研究受到较多关注。

2.4.4.1　政府放权

政府放权是多元主体参与沟通-协作规划的前提，多元主体的参与打破了政府一元化主导规划的模式，衍生出对规划过程中政府权力下放的要求。学界对政府放权的研究集中在探讨规划民主化、批判权力不平等的现状以及规划实践中回避权力的现象。佛里斯特（Forester）就针对公众参与过程中所暴露的民主的弱点、利益竞争，以及地位、资源方面的不平等问题，论述了处于政治和经济权力运作中的规划，应充分利用权力运作的过程，发挥授权于民的作用。纽曼（Neuman）指出在美国无论是规划实践还是学术研究，达成共识的过程如果趋于与权力剥离开，最后往往是达成一些无关痛痒的一般性协议。麦吉尔克（Mcguirk）分析了澳大利亚纽卡斯尔在沟通规划理论指导下的规划实践，批评了沟通规划理论缺乏对规划中权力背景的关注，将规划师从权力、知识及合理性中抽离，逃避了规划实践中政治权力导向下的利益探讨。

2.4.4.2 公众参与

美国学者谢里·阿恩斯坦（Sherry R. Arnstein）对1968年的规划法案做了实践分析，她在1969年的撰文中设计了一个"市民参与的阶梯"（a ladder of citizen participation），成为公众参与成功与否的指导框架。公众参与研究主要围绕公众参与的重要性、作用以及影响公众参与的要素等展开。

公众参与的重要性研究上，较早的研究学者对公众在协作规划参与抱有消极的看法，认为随着公共政策成为组织和专家的领域，公众行动的社会空间也相应减少。21世纪，社会条件发生了变化，大部分学者对公众参与持积极的态度，认为公众能向专业人士提供当地背景知识来解决复杂的规划问题，对规划起积极的影响作用。孔茨（Koontz）把公众参与放在更高的地位，认为是协作规划中的关键组成部分，不同群体的积极参与可以促进解决传统自上而下规划中代表性不足的弊端，并为决策者提供当地关于环境与社会整治制度的关键知识。劳拉·布格（Laura B. Bugg）通过分析悉尼一个伊斯兰学校开发申请的案例，反映出规划师和地方居民认识到了公众参与是规划过程合理与否的衡量要素，为地方居民表达地方性知识提供了途径，公众参与是沟通与协作的先导行为。埃利斯（Ellis）认为公众参与在沟通治理的语境下是不可忽视的，是空间规划的主导规范原则，因此应将参与权利作为系统化制度设计的一部分予以加强。比克斯塔夫（Bickerstaff）和沃克（Walker）分析了两个地方政府发展当地交通计划的案例，指出市民参与同现存的民主决策结构之间存在的深刻问题，强调参与评估以及扩展公众参与将带来广泛的影响，主要体现在对地方民主重建有显著作用。

公众参与往往是自愿性质，理解利益相关者参与协作治理的激励因素是极其重要的。公众是否愿意参与协作，取决于对协作过程是否会产生有意义的规划结果的期望，如果公众不了解他们将受到怎样规划影响，他们往往不愿意参加协作。旺特（Vente）等人发现，通过定期反馈在协作规划过程中成果方面取得的进展有利于公众的可持续参与。权力不平等、支持参与的资金不足和语言障碍等也阻碍了公众参与的积极性。英尼斯等通过研究揭示了协作参与能解决复杂的、富有争议的问题，正式的对话、网络和机构力量是公众参与解决争议性问题的关键元素。莱恩（Lane）指出公众在规划中的角色很大程度上是由规划编制单位的性质所决定的，不同性质的单位决定了不同的价值导向，规划师和政策制定者对自己工作领域和方法的界定也会有所区别，这种界定极大程度地影响他们赋予非规划人员怎样的角色。规划问题的定义、规划实践中应用的知识类型以及规划和决策背景的概念化都是提升公众参与度的重要因素。

2.4.4.3 伙伴关系

各利益主体形成的伙伴关系对规划过程中沟通的有效性和规划编制的结果具有深刻影响。在多元主体沟通、对话达成协作的过程中，参与者之间的关系复杂且不固定，可以因相同目标而聚集形成利益集团，也可以因为意见分歧而对立。研究主要有：对伙伴关系的分类、对伙伴关系的评估以及伙伴关系在规划实践中的适用性和重要性等。

随着美国协作式资源管理的激增，摩尔（Moore）和孔茨通过对俄亥俄州64个案例的研究，将伙伴关系分为市民主导、机构主导以及混合式三种类型。市民主导以公民个体为主，机构主导以公众代表为主，混合式则是由数量相对持平的公民个体和公众代表组成。在规划和管理过程中，应该充分考虑不同类型的协作关系的特点和适用性，混合式和机构主导的伙伴关系更有利于群体发展和可持续性，而混合式和市民主导相较机构主导的伙伴关系更激发公众意识的觉醒。

英尼斯等人通过分析一个由联邦政府和25个国家机构、35个主要利益相关群体和地方组织共同参与的协作方案，阐述了官方和非官方组织是如何在规划、参与和决策过程中相互依存的。利奇定义了利益相关者伙伴关系的概念，并用访谈、调研和文献的方式评估了其中的6项标准，结果发现每一个标准都对总体的评估产生独特的影响，并反映了一系列伙伴关系的目标（包括长期目标和短期目标）。比德维尔和克莱尔访谈了俄勒冈流域的29个伙伴关系，探索伙伴关系的结构与活动的相关关系，研究显示伙伴关系的设计有助于引导政策的制定和成果的实现。孔茨和约翰逊肯定了群体（Groups）成员关系与规划成果之间的联系，认为有更广泛参与成员的群体更容易在问题辨识、群体发展及维持等方面表现更好。

2.4.4.4 制度设计

制度设计指协作规划过程中的基本协议和基本规则，往往被认为对协作过程的程序安排至关重要。制度设计是协作规划在沟通规划基础上延续发展的重要部分。英尼斯早就指出在协作规划推行中，规划从业者不能在原来的机构和准则下工作，利益相关者建立共识的方法与官僚主义下的官员统治相悖，官僚主义和政治家对公众意见的接受度较低。协作规划从业者在规划实践中难以适应这样的政治背景。尽管相关从业者和研究人员深刻认识到协作规划中制度设计的重要性，但其实践应用仍处于探索阶段，难以指导制度制定，因而该方面的研究尚未形成体系，主要停留在管理形式的变革、管理机构的设置等。希利追溯了管理形式的变革，管理形式向更切合多元诉求和文明社会的方向发展，强调机构的结构体系、面向社会维度以及参与者的社会网络等。亚历山大提出机构设置是机构变革的一部分，它常常被规划所需要。他提出机构间的互动是机构设置的媒介和工具，并回顾了在管理、协作和代理下的机构设置实践。

协作规划过程中完善的制度设计有三个重要特征：广泛的包容性、明确的基本规则和流程的透明度。广泛的包容性是协作治理的开放和合作精神的反映，是协作规划过程中制度合法化过程的核心。广泛的参与是广泛的包容性的前提，好的制度设计非常重视让利益相关者参与，而排斥关键利益相关者往往是协作失败的关键原因之一。明确且适用的基本规则向利益相关者保证协作过程是公平、公正和公开的。当政府要求利益相关者进行诚信谈判，探索协商和共同利益的可能性时，利益相关者经常以持怀疑态度的心态进入协作过程，他们对公平问题很敏感，关心其他利益相关者的权力，并且对被操纵的可能性充满担忧，明确的基本规则往往能让利益相关者对协作的结果充满信心。流程透明度意味着利益相关者可以确信公共谈判是"真实的"，并且协作过程不是后台私人交易的掩护。布勒克通过调查5个欧洲CCS（carbon capture and storage，碳捕获与储存）计划中项目发展工会的员工，聚焦组织规范和结构的项目经验，发现组织的动态调整在多组织合作项目中具有重要作用。组织机构的设置不仅需要引导项目实施的具体目标，也应当考虑交流实践中的内部结构、看法、动力、期望和目标。

2.4.4.5 协作方法

协作规划过程的难点是：多元主体如何在涉及利益矛盾的问题上达成共识。除了良性互动的伙伴关系，规划中的协作方法也是关键。近年来研究主要从利益群体参与的形式着手。萨斯坎德（Susskind）等强调以非正式的、常识性的方式来合作，为帮助各类群体决定何时和如何使用建立共识的技巧提供了综合性的参考指南。卢兹（Luz）等研究发现专家、规划师、行政人员以及当地利益相关者之间缺少沟通，通过圆桌会议、工作坊等方法将公众意识与专家意见置于同等地位。卡伦（Cullen）等提出了一个两级协作方法，政府、利益相关方参与者等分置两个谈判桌，由另一方向政府所在的谈判桌提建议，最后通过加拿大的雨林协作计划验证了该模式能够在涉及价值观、文化和法律权益等因素的复杂利益环境中获得成功。然而，这些传统的空间规划方法往往具有封闭性、同步性和基于地点的性质，未能代表某些参与群体，从而无法提供积极参与和协作的平台。

GIS被认为是提供广泛参与协作的解决方案，特别是为公众和非专家提供更公平的机会。通过提供地理空间信息的公开获取，公众能够通过在线通信工具获得动态在线地图和空间决策过程，表达他们对决策问题的偏好和意见。近年，随着互联网的发展，一些在线工具（如在线讨论、论坛等），传替代了传统的基于地点的规划进程（例如公开会议和开放日），使参与者能更便捷地参与到协作规划中去。基于Web的GIS-MCDA工具是传统GIS工具的升级，通过为公众和非专家提供更公平的访问，根据协作决策的空间-时间维度的不同，输入他们对决策问题的偏好从而进行协作。博鲁沙基（Boroushaki）和马尔切夫斯基（Malczewski）提出了通过基于WebGIS的协作决策支持工具来实现规划过程及决策中的共识达成。

盖萨（Geisa）等人基于GIS和Web2.0的技术提升，提出了建立应用到规划过程中的PPGIS（Public Participation GIS）交互工具，帮助不同背景的非专业社会成员参与到与空间相关的事件中，促进用户和决策者之间的交流，例如地方居民可通过该地构建的PPGIS数据，获取周边学校的分布和规划选址信息，提出个人对学校选址的意见；规划师则根据公众意见进行合理的选址并公开，该过程可能经历多轮反复调整。基于PPGIS的协作新方法打破了公众参与的专业壁垒，为非专业人员提供了直观的规划信息及协作平台。

2.4.4.6 规划评价

任何规划理论的应用最终都要接受评价，包括对规划过程和结果的评价，以此判断规划模型的适用性，并指导修正。英尼斯提出应在多学科指导和合理沟通的准则下评估建立共识的过程。研究主要包括对规划过程的评价提出建议性的准则，并构建评估框架，以及评价应用协作式规划所取得的规划成果及实施影响。

目前对协作规划的大多数评估研究往往聚焦"过程结果"而不是政策或管理结果。丹达拉诺（Mandarano）在对纽约—新泽西港口河口方案评估尝试讨论规划过程与规划结果的关系，发现高质量的协作规划在协作的过程中就能起作用。通过刺激参与主体的学习加深他们之间的信任，并伴随行为或制度的变化，从而出现好的社会和环境结果（图2-6）。麦克拉纳汉（McClanahan）等对5个发展中国家的小规模渔业协作规划研究发现，社会和生态目标结果的实现与当地特定的制度和背景条件相关联。但总结而言，目前大多数研究尝试做的是了解利益相关者协同行动的条件，系统地进行治理结果的比较研究还有待推进。贝尔（Baer）列出了在方案准备过程中的一系列建议性的标准，包括内容充分、理性认识、范围广阔、实施的指导意义、数据和方法的采纳、交流质量和方案排版。从民主学说及协作式规划理论的角度，安妮卡·阿格尔（Annika Agger）也提出一个尝试性框架，来评估协作式规划的不同阶段（投入、过程和产出）。

在对规划成果和实施影响的评价方面，丹达拉诺认为社会资本是协作规划的一个主要成果，是获得成功的规划成果的先决条件，而社会资本的建构、社会网络结构等也是判断协作效用和成果成功与否的要素。他认为社会和组织与协作规划过程是相辅相成的，并提出新的评价框架，来评估协作式环境规划在社会和环境方面的产出。马杰勒姆（Margerum）通过澳大利亚的6个协作规划案例研究，评价了共识达成的过程及长期实施的影响，并认为对规划成果的评价能反映其在实施阶段的作用。

图2-6 协作结果的相互影响机制
图片来源：Mandarano L A. Evaluating collaborative environmental planning outputs and outcomes-Restoring and protecting habitat and the New York-New Jersey Harbor Estuary Program[J]. Journal of Planning Education and Research, 2008, 27（4）：456-468

2.5
本书理论框架

► 我国城镇化已经进入稳定时期，城市社区中的人口异质化愈加明显，产权关系日趋复杂，市民意识逐渐增强。在蓬勃兴起的城市社区更新规划中，传统的"自上而下"的规划方式亟需改革。以协作式规划理论为基础，在城市社区更新规划编制和实施过程中实现相关利益群体的全面参与、沟通和协作来达成共识，让政府、社会与市场三种主要力量发挥作用，在规划中形成利益密切相关的"伙伴关系"，切实、有效地推动规划进程。结合规划现实背景、协作式规划的研究基础和广州社区更新的案例特点，本书建构社区更新的协作规划理论框架如下（图2-7）。

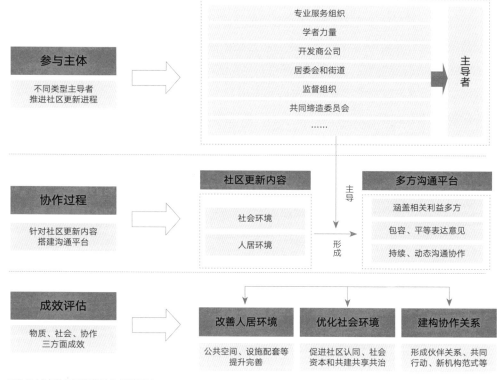

图2-7 城市社区更新的协作规划框架

（1）社区更新的多元参与主体

与社区更新密切关联的利益相关者。多元参与主体中需要有明确的主导者，通过搭建沟通平台、调动利益相关者尤其是居民参与的积极性、运用已有资源推动上级职能部门配合等方法，主导着社区更新协作进程。不同的社区背景下有不同类型的主导者，可以是专业服务组织、学者力量、开发商公司、居委会和街道、监督组织、共同缔造委员会等等。

规划协作的参与者还包括：因切身利益与社区更新密切相关的居民，选址于社区内的单位、机构或公司，参与管理社区的相关机构等；或是因社区更新与公共利益关联较大，关心公共公益的群体参与者、新闻媒体、社交平台等。

（2）社区更新的协作过程

协作过程的关键在于构建涵盖利益多方的沟通平台。沟通的议题一般是为了优化社区人居环境或社会环境而提出的，也是社区更新规划中的难点痛点、具体项目或工作为抓手。通常沟通平台由主导者推动形成，参与者共同推进。

结合已有的理论研究，社区更新协作中良好的多方沟通平台包括：①涵盖议题的相关利益多方，确保重要的利益相关者代表到场；②沟通平台具有平等性和包容性，利益相关者能平等和充分地表达意见和信息，允许充分的质疑、允许不同观点的辩论，多方互相理解其他参与者的立场与观点，并试图寻求共识；③沟通平台需持续、动态地开展，并结合更新项目推进而及时灵活地调整路径。

（3）社区更新的成效评估

现有研究表明良好的协作规划能形成显著成效，结合本书案例的成效评估包括三方面：一是改善社区的人居环境，在公共空间、设施配套等领域有明显提升；二是优化社会环境，促进社区认同、社会资本和共建共享共治；三是形成新的协作伙伴关系或新的机构和范式，在社区更新过程中能协调多方利益并形成共同行动等。

第 3 章　广州城市社区和城市更新发展

3.1
广州的城市发展历程

▶ 广州，简称"穗"，又称羊城、花城，是广东省省会和国家中心城市，国务院批复确定的中国重要的中心城市、国际商贸中心和综合交通枢纽。地处中国南部的珠江三角洲北缘，濒临南海，是中国的"南大门"；也是海上丝绸之路的起点之一，现为粤港澳大湾区的核心城市之一。作为国家历史文化名城，广州从秦朝开始一直是郡治、州治、府治的所在地，华南地区的政治、军事、经济、文化和科教中心，也是岭南文化的发源地之一。

2019年，广州下辖11个区，总面积7434平方千米，建成区面积1249.11平方千米，常住人口1530.59万人，城镇化率为86.46%。

3.1.1 古代广州发展

广州是一个历史悠久的古城，具有2200余年的建城历史。秦始皇平定岭南后为加强控制与开发，在岭南地区设置南海郡（今广州大部分地区），由于番禺（今广州）一带地理位置险要利于御敌，南海尉任嚣将南海郡郡治设于番禺。根据现有史料记载，广州的建城史就是始于秦平定岭南后任嚣所建的"番禺城"，又称"任嚣城"。任嚣城规模较小，地处今广州仓边路一带，靠近甘溪水道（甘溪为广州古代水源之一），其建立为南越国建都奠定了基础。公元前204年，赵佗在秦朝灭亡、诸侯割据和楚汉相争的乱世局面中，趁机建立岭南地区第一个地方割据政权南越国，定都番禺。后赵佗将任嚣城扩张为周围十里的都城，后世称"赵佗城"，位置大致在甘溪水道的东西两侧，东至中山三路芳草街一带，西至广仁路至教育路一带，南至西葫芦，北至越华路，采用西城东郭的布局。三国时期，岭南是东吴属地，步骘上书孙权，在原赵佗城的基础上修建城郭，后称"步骘城"，东至今仓边路，西至华宁里，北抵越华路，南至西湖路以北。五代南汉时期向南扩建广州城至珠江边，营建兴王府，采用坐北朝南的布局，并开创了广州城市园林建设的新局面。北宋时期，广州在战乱破坏后进行了大规模扩建，形成三重城墙围绕的

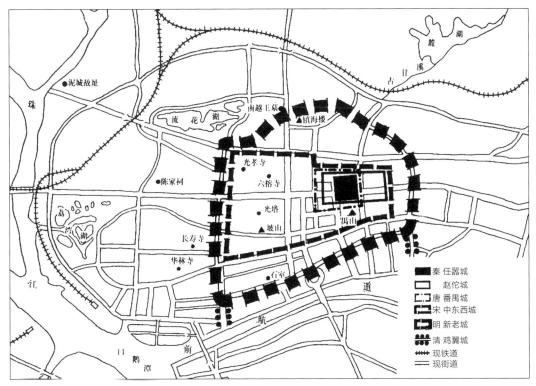

图3-1 广州古代城址扩展示意图
图片来源：广州年鉴编纂委员会. 广州年鉴. 1986[M]. 广州年鉴编纂委员会, 1205

空间格局，由中城、西城、东城组成"宋元三城"，全城东至今越秀路，北倚越秀山，西至人民路，南至一德路、万福路一线，周长10多公里；由于商业发展，广州城市呈现开放性特征，极大促进了广州独特城市文化的形成。明朝拆除三城间的围墙，实现"三城合一"，广州城的范围经多次扩建后北倚越秀山，南临珠江边，东至大东门，西至西濠，基本形成了旧城中心区的轮廓以及"六脉（兼具排水和航行便利的六脉渠）皆通海，青山（越秀山）半入城"的空间结构形态。清代广州城修筑了东西两翼城，称"鸡翼城"，经明清的多次改建、扩建，形成今广州老城区的空间格局（图3-1）。

3.1.2 近代广州发展

辛亥革命后，广州近代工业快速发展，其中大部分近代工业均产生于1912~1936年。工业的发展为广州近代经济的发展带来巨大的推动力，近代轮船运输、国际航线、铁路等对外交通设施得到发展。当时借鉴西方银行组织和管理经验在广州创办了银行，近代商业服务实体逐渐发展繁荣，商业贸易作为广州传统的优势部门也得到了长足的发展。由于商业发展的需要，广州的邮政、电力、电信、交通等市政设施逐渐完善。1918年，广州成立了广州市市政公所，并实施了近代第一个大型市政设施建设工程——"拆墙修路"。广州城市形态发生了革命性的变化，城市发展也突破了城墙限制，拆除围墙并修建

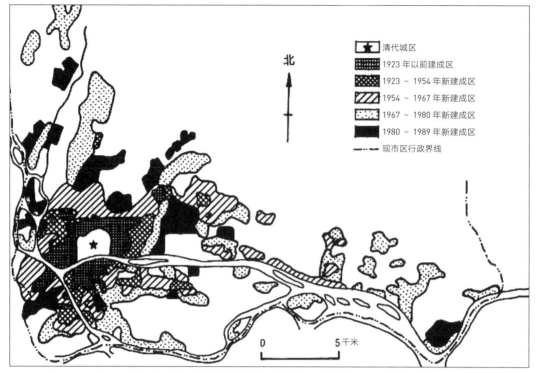

图3-2 广州城市用地扩展示意图
图片来源：广州市国土资源和房屋管理局．广州影像地图[M]．广东省地图出版社，1989

马路，以适应城市发展需要。拆墙修路工程标志着广州近代城市的发展完全突破以往封闭
式的城市形态，逐渐形成了现代意义上的广州城市形态，广州在地域上走向了城市近代化
（图3-2）。

　　广州在近代化的过程中表现出较强的自主性，主动接受西方城市规划理论，进行城
市建设。20世纪初，广州成立了正式的城市建设管理部门，设立的初衷是管理城墙拆除
和市政建设等事务。1928年，广州成立了城市规划设计的专门机构，并在同年12月设立
了广州市城市设计委员会，负责全市规划设计工作的管理。随着城市建设的日益繁荣，
广州逐渐形成了较为完整的城市建设管理和城市规划编制工作程序。机构和工作程序的
完善标志着近代广州城市建设水平的稳步提高。1929年，广州市工务局颁布了《广州工
务之实施计划》，提出广州城市建设的规划；1932年，广州市政府颁布了《广州市城市设
计概要草案》，这是广州市城市规划历史上第一部正式的规划文件。这两部重要的规划文
件的主要内容包括城市道路修建、旧城街巷改造、港口码头修建以及西村工业区和河南
纺织工业区的建立，为广州城市空间结构和形态发展提供了直接指导。旧城的丁字形街
巷肌理逐渐为现代方格网街道所取代，现代道路衔接港口码头，构筑了广州城市的基本
骨架。城市用地突破以往核心状的用地扩展形态，工业用地开始沿着市区外的交通线路
发展。

城市内部空间结构形态呈现出多元拼贴的特征，由旧城区、城市行政中心区、新式金融商务商业空间、东山住宅区及其他物质空间形态等多样化功能区拼贴而成，各个拼贴单元都呈现出不同的形态特征。随着西方建筑技术和混凝土的普及，旧城区传统的竹筒屋住宅逐步为商业、居住功能混杂的骑楼街所取代，形成小面宽、大进深、高密度的线性街巷肌理；在双门底、拱北楼、广州府衙、越秀山一带的老城政治中心区的基础上，广州增添了中山纪念堂、城市广场和城市公园等要素，形成了越秀山中山纪念碑—中山纪念堂—市府合署—中央公园为轴线的新政治行政中心；以金融业为核心的办公业开始在北京路、上下九集聚，并逐渐往长堤、西濠口等区域扩散，成为当时华南地区的金融中心；在沿江西路到沙面一带，出现了以爱群大厦为代表的西式风格的大型公共建筑，配合滨江市民休闲步道形成开敞的新式商业空间形态；经政府规划，东山区由广州城东外的一片郊野发展为配套齐全、环境优美、布局疏散的花园洋房住宅区，与西部西关区密集的合院大屋形成鲜明对比，分别代表了近代广州的两类典型住宅布局形态，因此广州流传的"东山少爷，西关小姐"的说法，也是广州城市多元拼贴的一个缩影。

总的来说，广州城市在民国时期得到了繁荣发展。但随着抗日战争的爆发，广州城市遭到严重的破坏，海珠桥南北地区和西濠口黄沙一带均被夷为平地，广州的城市发展陷入倒退局面。在抗日战争结束后，广州进入灾后重建期，直至中华人民共和国成立前夕，广州城市形态基本维持民国以来的发展格局。

3.1.3 中华人民共和国成立到改革开放前

中华人民共和国成立之初，城市发展的目标主要是战后生产恢复和人民生活安定，广州城市建设的工作重心为市政公用设施的修筑。1950年，广州对抗日战争中被炸毁的海珠桥进行修复，恢复了河南北的交流联系；1952年，新建黄沙大道以配合铁路南站和黄沙码头的建设；此外，广州还在旧城边缘区建设了一批工人新村，如邮电新村、民主新村、和平新村等。

现代中国城市的发展往往是以大规模工业建设和工业用地的扩展为先导，因此工业的布局和工业用地的拓展方向对城市空间结构和形态演变具有显著的引导性作用，广州在中华人民共和国成立后的城市发展历程正是这一模式的典例。

"一五"计划期间，国家经济建设的重点是工业发展，城市建设的基本思想为"建设生产性城市"。在这一时期，广州城市发展的目标是"变消费性城市为生产性城市"，主要发展食品与纺织等轻工业。该时期产业的调整也为改革开放后广州由原本功能单一的商贸城市向多功能综合型城市的转变奠定基础。城市建设方面，广州中心区仍是旧城区，海珠广场和流花湖地区先后成为广州城市建设的重点片区，中苏友好大厦、广州体育馆和华侨大厦是这一时期的标志性建筑；石牌片区建立了华南工学院、农学院、师范学院等多所高校和研究所，初步形成了高教科研区；旧城区边缘一带开辟了新的工业区和工人住宅区。总体而言，广州城市建设主要向东和向南两个方向扩展。

在"二五"计划掀起的"大跃进"和人民公社浪潮下，广州开始将经济发展重心从轻工业转向重工业，并成为新的机械工业基地。这一时期工业用地向旧城区外围迅速蔓延，1958～1960年新建了员村、车陂、鹭江、赤岗、庙头、吉山、夏茅等多个重工业区。住宅建设方面，为适应工业发展，在原散布在城市外围的工人住宅区的基础上，建成了连片的工人居住区；兴建了15处水上民居住宅区，作为水上居民的陆地定居点；在环市路北和逢源路建设了低密度的华侨住宅区。交通建设方面，新建了多条衔接旧城区与外围工业区的道路，如黄埔大道、车陂西路、工业大道、环市路、人民北路等；1960年建成珠江大桥，建立了广州与西面芳村、佛山的对外交通联系；1964年建成全国首座跨道路立交桥，强化了与广州北出口和白云机场的联系；中华人民共和国成立后至1970年代期间，广州港口水运恢复发展，其中黄埔区经扩容建设逐渐成为华南海运中心，带动港口周边工业区发展，引导城市沿珠江向东发展。此外，广州开始城市公园绿地的建设，建成了流花湖、荔湾湖和东山湖三大人工湖公园，开发了北部白云山风景区，并兴建了华南植物园、动物园、晓港公园等10个城市公园。1958～1964年，广州城市发展重点仍是海珠广场和流花湖片区，城市建设用地向东和向北快速扩张；"二五计划"期间，流花湖片区周边兴建了广州医学院、广播电视大学、羊城宾馆等公共建筑，该片区逐渐成为广州城市中心区。

"文化大革命"时期，广州城市建设混乱，发展失控，城市建设进入停滞期。"文化大革命"结束后，政府增加对城市建设的资金投入，以期恢复城市建设水平并改善人民的生活。1976～1978年，海珠广场和流花湖片区仍是城市建设重点区域，流花湖片区更是在中国出口商品交易会展览馆改建后成为广州对外交通枢纽和对外贸易中心。除海珠广场和流花湖片区外，广州开始了对环市东片区的建设，随着白云宾馆、友谊商店的建成，环市东商务区逐渐成为广州新的商务、旅游购物中心。总体而言，从"文化大革命"到改革开放前，广州城市建设发展缓慢，用地范围基本与"二五"计划时期保持一致。

此外，中华人民共和国成立后行政隶属关系和行政区划的调整也为广州城市建设提供了一定的动力（表3-1）。1949年10月14日广州解放，成为中央直辖市；1949年12月4日，中央人民政府成立中南军政委员会，下辖河南、湖北、湖南、江西、广东、广西6个省的人民政府，广州由中南军政委员会管理；1954年，广州划归广东省管理，改为省辖市。同时，广州的行政区划也经历了多次调整，城市建成区也随之扩大。1949年，广州市的城市建成区面积仅为36平方公里，到1954年发展到56.2平方公里；在"大跃进"和人民公社时期后，由于"文化大革命"对城市建设的阻碍，城市建设用地规模与"大跃进"时期相比基本没有扩大，到1977年城市建成区面积仅为76平方公里。

时间	调整内容
1949年11月	将民国时的33个辖区调整为28个区，包括城区20个、郊区7个、水上区1个（珠江区），成立各区人民政府
1950年6月	把28个区合并为16个区，其中城区8个、郊区7个水上、1个（珠江区）
1951年10月	将7个郊区合并为4个，石牌区、沙河区及三元区的白云山部分合并为白云，三元区的大部分和原西村合并为西村区，新洲、沥滘合并为新滘，芳村区不变
1952年10月	把原来8个城区合并为5个，仍保留珠江区，把原来7个郊区合并为3个
1953年	西村区并入白云区，并正式成立黄埔区
1958年	成立政社合一的人民公社，曾决定全市划分为8个人民公社，其中城区和郊区各4个
1960年8月	恢复市以下设区的建制。4个市区定名为：越秀区、东山区、海珠区、荔湾区，3个郊区为：黄埔区、芳村区、江村区
1962年5月	黄埔、芳村、江村3个郊区合并为广州市郊区
1973年	重新从郊区划分出黄埔区

资料来源：广州市地方志编撰委员会. 广州市志[M]. 广州：广州出版社，1996。

从中华人民共和国成立到改革开放前，广州以老城区为单中心（其中海珠广场、流花湖为发展中心），向四周蔓延扩张，城市建设用地在各个方向上有不同程度的拓展，主要沿珠江向东、南延伸，北部由于白云机场的带动也初露发展苗头；随着老城区东部外缘的环市东一带开始建设，城市商业商务中心呈现东移趋势，东部外围地区的石牌高教科研区也初具雏形，为改革开放后城市空间东进拓展奠定基础，然而城市形态扩张的动力总体较弱，城市形态也基本延续了新中国成立前的城市形态格局。

3.1.4 改革开放到 20 世纪 90 年代末期

为充分发挥广州"中国南大门"、毗邻港澳的天然区位优势，国家在改革开放后给予了一系列发展优惠政策，使得广州的经济快速发展。1981年，中共广州市第四次代表大会提出"把广州市建设成为全省和华南地区的经济中心，成为一个繁荣、文明、安定、优美的社会主义现代化城市"的建设方针，广州城市建设开始迅速发展。城市发展目标不再是计划经济时代的"生产性城市"，而转变为建设多功能的地域社会经济活动中心。

这一时期广州社会经济机制的变化是影响城市形态演进的最重要因素。社会经济机制的变化主要体现在以下三方面：第一，相比于改革开放前，城市建设的资金趋于多元化，不再是国家发展计划这一单一来源；第二，城市土地有偿使用制度的实行使得城市功能布局受到地价的直接影响；第三，房地产市场化，极大地促进城市经济的发展。

改革开放初期广州的城市建设取得丰硕成果。工业建设方面，旧城区外围郊区形成东、南、北三个工业带，旧城以东工业带包括南岗、广州经济技术开发区、庙头、大田山、吉山、员村和车陂，以南工业带包括芳村、鹤洞、江南大道与工业大道南沿线，以北工业带包括沙河、广从公路与沙太公路沿线、夏茅、新市、槎头、石井和江村，另广州新建了新兴技术开发的港前工业区和用于承接旧城区工业迁移的黄石工业区。

住宅建设方面，1970年代末开始广州加大了住宅建设的力度，1990年代以来居住小区的建设更是成为房地产投资经营的主要项目，城市中心区通过市场化改造方式也拆除了大量旧街坊，建设了大量高层办公楼与住宅，并在旧城边缘一带兴建了大量住宅小区。

交通建设方面，1970年代新建的黄埔新港和1980年代新建的新沙港区成为广州沿珠江向东发展的重要交通依托。1983年兴建的广州大桥和广州大道成为沟通珠江两岸的重要交通干道，并带动城市发展重心向1980～1990年代围绕天河体育中心发展形成天河北中央商务区东移；1970年代末广花公路、广从公路和广深公路等对外交通干线的通车强化了北向和东向的对外交通联系，促进广州北部和东部地区城市建设沿对外交通干线呈轴线发展；1990年代，广州城市内部道路体系逐步发展形成以12条主干道、127条次干道、2个干道环线和10个对外出口组成的现代城市道路系统。到1990年代末，广州市连同跨江大桥和跨河（涌）桥梁共建成近200座，实现珠江南北两岸的互联互通（表3-2）。1980年代广州对多个铁路枢纽进行扩建，包括衡广复线、广深复线以及多个主要客货运站场，如广州火车站、广州北编组站和广州南站；1990年代后广州铁路建设水平显著提高，新建多条铁路线路，极大提高了广州铁路运输能力，进一步巩固华南地区铁路网络的中心地位；1994年广州东站重建，成为广深线、广九线的始发终点站和京九线上的重要枢纽，广州东站逐渐发展为城市轴线的重要节点，对城市发展中心东移具有显著推动作用（表3-3）。

中华人民共和国成立后至1990年代广州跨江立体桥梁及隧道建设情况　　　　　　　　　　　　　　　　　　　表 3-2

时间段	主要建设情况	影响
1960年代	珠江大桥	拉开广州跨江大桥建设的序幕，改善珠江东岸老城区同西岸城区的联系
	人民大桥	北起六二三路，南至洪德路连接工业大道，其建成减轻了海珠桥的交通压力
1980年代	广州大桥、洛溪大桥、海印大桥和北环高速公路大桥	这批桥梁加强了广州河北同河南城区、广州市区同番禺地区以及广州与佛山地区的交通联系
1990年代	解放大桥	连通解放南路与同庆路，改善河南河北老城区之间的交通联系
	江湾大桥	连通东华南路与江湾路，改善河南河北城区之间的交通联系
	华南大桥	华南干道的重要组成部分，沟通城市南北快速交通联系
	鹤洞大桥	连接海珠区和芳村区两地的城市要道，结束两区长期依靠渡车船过江的状况
	珠江隧道	连接黄沙大道与花地大道，改善芳村和越秀区的交通联系

资料来源：郭蕊. 建国以来广州城市形态演进研究[D]. 中山大学：2008。

1990年代期间广州铁路线路建设情况　　　　　　　　　　　　　　　　　　　　　　　　　　　　　　　　　表 3-3

线路及联系方向	建设时间	建设情况
西部—广茂湛铁路	1991年10月	1903年建成的广三铁路在1982年以后经过多次续建延伸，经过茂名伸展至湛江，1991年10月开通广州至湛江的直达快线，为广州与粤西地区建立铁路运输联系
西南—广珠铁路	1995年	途径南庄、龙江、鹤山、江门、新会就、赤坎和斗门贯通了珠三角西部地区，同时连接珠海港并延伸到澳门，形成一条由珠三角通往世界各地的进出口物流运输线

线路及联系方向	建设时间	建设情况
东部—广梅汕铁路	1995年7月	加强了广州与粤东地区的联系，并经广州与广茂湛铁路相连，形成横贯广东东西的铁路运输大动脉
东南—广深铁路	1991年12月～1994年12月	对既有广深复线的技术改造，建成中国第一条准高速铁路
	1999年	完成广深准高速铁路电气化工程，机车改用新型高速电力机车，使广深旅行时间缩短到1小时

资料来源：郭蕊. 建国以来广州城市形态演进研究[D]. 中山大学：2008。

随着改革开放后广州社会经济的快速发展，原本的城市行政区划难以适应新的发展和管理需求，期间广州进行了数次行政区划调整。1985年，广州从东、西部郊区划分出天河区和芳村区；1987年，广州市北部郊区改称为白云区。发展至此，广州市包括了越秀区、东山区、海珠区、荔湾区、天河区、黄埔区、芳村区、白云区八区。

在城市建设和区划调整的双重推动下，城市总体形态呈现外围地区放射状蔓延和旧城圈层式质密状水平扩张相结合的态势。广州老城区仍具有自我强化的趋势，同时新的东部城市中心区天河区在发展过程中逐步与老城区连绵成片，城市建设用地围绕着新老两个核心扩展，呈内部填充、圈层扩张的空间形态特征。在扩展方向上仍是以向东、向南扩展为主，北部地区也逐步得到发展，具体而言包括沿珠江上游向北发展，沿珠江前航道两侧向黄埔方向发展，沿珠江后航道向洛溪方向发展，沿京广线、广三线、广九线三个方向延伸。这种放射状蔓延的态势主要受到自然条件或交通干线的影响，城市各个方向的扩展表现出不均衡和非紧凑的特征。发展至1999年时，城市外部形态已经初步形成了向北和向东轴向发展的"L"形基本格局。

3.1.5 21世纪以来的广州发展

2000年，广州市行政区划调整，原番禺市和花都市划为广州市的番禺区和花都区，广州市城市用地出现重大突破，为广州市的进一步发展提供了条件。广州市共辖越秀区、东山区、海珠区、荔湾区，天河区、白云区、黄埔区、芳村区、番禺区、花都区10个区，及增城市和从化市2个代管市（县级）。2005年4月，广州再次进行了行政区划调整，将原越秀区和东山区合并为越秀区，原荔湾区和芳村区合并为荔湾区，并成立南沙区和萝岗区，城市发展格局又进入新的一轮变化。

2000年，在行政区划调整基础上，广州城市建设总体战略概念规划制定了"东进、南拓、北优、西联"的八字方针空间战略，着力拉开城市骨架，打造区域一体化大都会区城市建设的重点转移到外围城市新区，东、南为新时期发展的主要方向，旧城进入调整控制期。

图3-3 2000年广州城市空间格局示意图
图片来源：广州市城市规划局，广州市城市规划编制研究中心．广州市城市建设总体战略概念规划纲要[R]．2000

在空间战略的指导下，广州市城市建设范围大幅外扩，开辟新城区，基本完成了东进和南拓的城市空间扩展，组团式城市格局初现雏形。城市空间的拓展和外围城市组团的逐步成型加快了广州单一中心向多中心的转变，由都会区、组团中心区、外围卫星城（中心镇）共同构成的多中心、组团式、网络型的城市空间格局（图3-3）。

中心城区逐渐发展为多元化的发展片区，老城区在保护历史文脉的基础上进行旧城改造，引导人口和就业向外围区域疏散，形成具有岭南特色的历史文化组团，主要承担传统商业、居住、行政和文化功能；中心城区东部的天河—珠江新城组团逐渐成长为集金融、贸易、商业、会展等多功能于一体的CBD和新的城市中心。南部的番禺城市组团以番禺市桥中心城区为基础，形成以居住、商业为主要功能的综合性副中心。南沙组团通过产业和港口建设的带动，发展为以汽车工业、港口工业和资讯产业为重点的工业功能区，凭借其粤港澳大湾区几何中心的独特区位，未来将成为大湾区的高端服务业中心。北部花都组团以新华主城区为中心、以汽车工业和皮革业为支柱，并围绕白云机场空港形成临港工业区，逐步成为以外向型高科技产业为特色的广州北部重要副城区和北优战略的重要依托。东部萝岗组团在广州开发区、广州科学城、永和经济区三个重点项目的带动下，逐渐发展为现代制造业与高新科技产业基地和产业服务、创新研发基地，成为广州战略东进轴上的新兴副城区。

随着城市建设骨架的拉开，交通基础设施的建设成为引导城市空间发展的重要因素。对内交通方面，城市交通框架形成以高快速道路网和快速轨道交通网支撑的现代化城市交通体系，带动城市用地沿交通线进一步拓展。城市道路交通体系的构建逐步完善，形成以高速公路、城市快速路、城市主干道和次干道构成的高效城市交通网络体系，通过高速公路、快速路、城区环线和城区快捷路的建设强化与周边城市的联系，引导城市发展由片区分散走向区域一体化；以地铁为主快速轨道交通建设很大程度上加强了组团之间的联系，在城市框架扩大的基础上保证了城市内部交通的高效率。对外交通方面，为适应中心城市地位对于区域化和国际化的要求，广州通过交通枢纽的升级来支撑城市空间发展新局面，建设新白云机场、南沙港和广州新客站等高等级的区域性交通枢纽，推动广州城市区域地位的提升，以及交通运输的区域化和全球化。

在城市空间扩展、城市功能多元化、交通基础设施日趋完善的基础上，广州的城市辐射范围逐渐从城市扩大到区域、从华南扩大到国家甚至全球，带动城市形态向组团化和区域化演进，表现出开放性和多元化的特征。

从最初围绕番禺城向四周扩建，呈现同心圆圈层式扩展形态，发展到当下多模式分散组团和轴向发展形态，广州2200多年来的城市发展历程典型地反映了城市空间演化的传统规律（图3-4）。

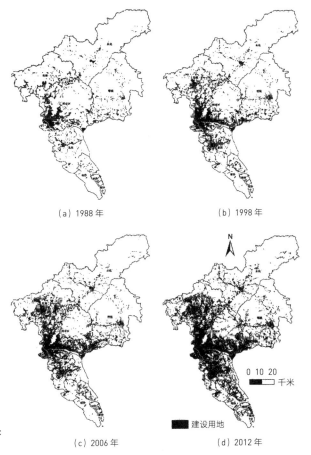

图3-4 改革开放后广州市建设用地范围扩展示意图
图片来源：叶玉瑶. 珠江三角洲城市群空间演化：格局、机制与趋势[M]. 北京：科学出版社，2015

3.1.6 广州的城市发展历程小结

广州的城建史始于秦代，为抵御外敌，加强控制与开发，秦平定岭南后在此设"番禺城"，而后历朝历代对城郭进行多次改建与扩建，形成今天广州老城区的空间格局（表3-4、图3-5）。

广州城市发展各阶段特征总结 表 3-4

阶段（时间）	特色
古代	采用城郭的形式，是广州老城区的雏形
近代	拆墙修路以推动工商业发展，开始突破古代城郭的城市形态，城市内部呈现多元拼贴的特征
中华人民共和国成立至改革开放前	工业发展与工业用地布局、行政隶属关系和行政区划调整成为城市发展的主要动力
改革开放至20世纪90年代末期	城市发展进入快速扩张阶段，总体呈现外围地区放射状蔓延和旧城圈层式质密状水平扩张相结合的态势
21世纪以来	现代广州的边界基本形成，实行"东进、南拓、北优、西联"的空间战略，新区开发和旧区调整双轨并行

随着工业快速发展和西方城市建设思想的渗透，近代广州开始拆墙修路工程，完善基础设施，以支撑工商业的发展。城市形态发生了革命性的变化，不再为古代城郭所束缚，城市整体发展呈现繁荣态势；城市内部则呈现旧城区、新行政中心、金融商务区、商业区、西式住宅区等多元空间形态拼贴的特征。尽管在抗日战争中，广州城遭遇了严重的破坏，但重建后仍维持着中华民国以来的基本格局。

中华人民共和国成立以来，在国家大力推动工业发展的背景下，广州的城市发展以大规模工业建设和工业用地的扩展为先导，因此工业用地的扩张和布局是该时期城市形态变化的主要动因。此外，中华人民共和国成立后行政隶属关系和行政区划的多次调整也是该时期广州城市发展的动力之一。该时期广州主要沿珠江向东、南拓展，城市商业商务中心呈现东移趋势，为改革开放后的城市东进战略奠定了基础。

改革开放初期，由于城市建设资金来源多样化，房地产业蓬勃发展，广州城市进入快速发展期，工业、住宅和基础设施建设等各取得巨大的成就。城市建设用地大幅扩张，除东、南方向外，城市也开始向北扩张，总体呈现外围地区放射状蔓延和旧城圈层式质密状水平扩张相结合的态势。

进入21世纪后，广州市行政区划再次重大调整，原县级的番禺市和花都市撤市设区，为城市进一步拓展提供土地基础。广州实行"东进、南拓、北优、西联"的空间战略，完善跨区交通设施，大力开展新区建设，拉开城市骨架；与此同时，旧城区则进入更新改造阶段。

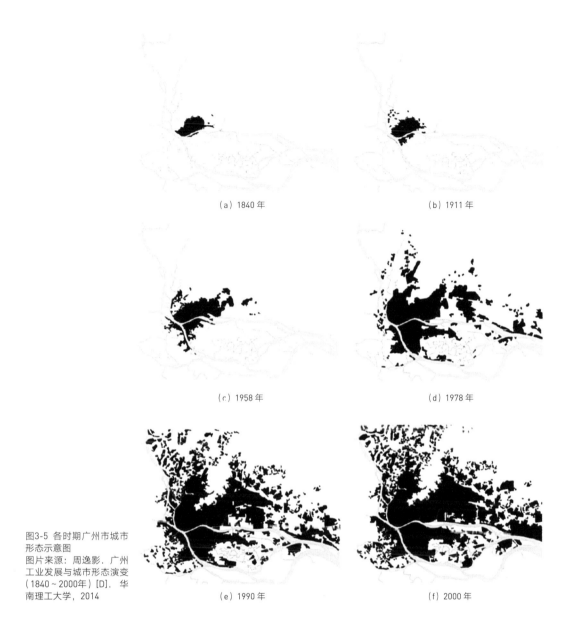

(a) 1840 年

(b) 1911 年

(c) 1958 年

(d) 1978 年

图3-5 各时期广州市城市
形态示意图
图片来源：周逸影. 广州
工业发展与城市形态演变
（1840～2000年）[D]. 华
南理工大学，2014

(e) 1990 年

(f) 2000 年

3.2
广州社（住）区的发展历程

▶　　本节从古代、近代、中华人民共和国成立后计划经济时期、改
革开放到20世纪90年代末期、21世纪以来5个阶段系统分析广州社
（住）区的发展历程。

3.2.1 古代广州住区发展

广州住区的分布与官府和商业的分布相关联，并且由于历代的住区布局存在一定的历史延续性，在城市中逐渐形成了多个不同群体特征的居民聚居点。

南汉时期前，秦代所建的番禺城是统治者居住和处理行政事务的场所，官吏和普通民众则分居于周围。发展至南汉时期，广州城形成典型的都城结构，由宫城、皇城和郭城构成。其中宫城位于今中山四路以北、省财政厅与儿童公园一带高地，为皇族的居所；皇城位于宫城南侧，在今中山路以南、西湖路一线以北，以北京路为中轴，其东为官僚贵族的居所，在今仓边路一带；郭城在今西湖路一线以南至文明路一带，也北京路为中轴，民居与商铺分列左右，称"左街""右街"。总体而言，南汉兴王府的居住区集中分布在三个区域，即商业繁荣的新南城、民间交易活跃的城西蕃坊，以及作为官僚贵族居住区的任嚣城（图3-6）。

清代广州城形成了旧城区、城南商业区和城西商业区三大商业区，均混杂有居住功能。其中旧城区即大致与前朝都城范围一致，北至越华路，南至中山路附近，西至华宁里，东至小北路，延续了南汉时宫城—皇城—郭城的居住分布格局；城南商业区沿珠江两

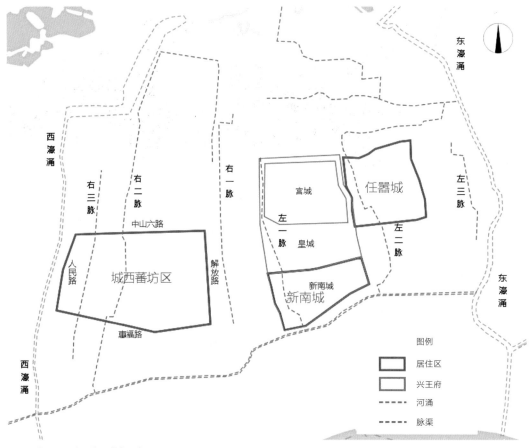

图3-6 南汉兴王府居住区分布示意图

岸分布，其居住区主要分布在今南华西路，许多富商在此购地建造住宅和私家园林；城西商业区是外国商人聚居区，住区主要分布在蕃坊（今中山路以南、惠福路以北、解放路以西、人民路以东，以光塔街一带为中心）、十三夷馆（今十三行路以南至沿江西路部分）、沙面。

此外，明末清初在西关一带逐渐形成了住宅区，经营周边纺织工厂的工商业者和洋行买办在此购地建房居住，其形成模式与河南地区类似，但总体规模较大。发展至同治和光绪年间，西关平原以宝华路一带为中心形成了高级住宅区（今宝华大街以及上、下西关涌平原的宝源、宝贤、宝庆、逢源等住宅区）（图3-7）。西关住宅区与传统旧城区类似，商业与居住功能混杂，以商业街市为依托，在其中建造住宅，为低层高密度住宅区。住宅建筑形态以2~3层的"西关大屋"为主，结合了传统合院式住宅的形式和当地流行的西方文化元素，反映了当时的思想意识形态、风俗礼节和市井生活特色。住宅区的主要业主为商人、政客、医生、教师、名伶、海外归侨、华侨家属和外商买办等，整体人口素质较高，且多为富人。晚清时期，随着华侨和外商的入住，西关住宅区更是进一步"西化"，街区中修建了西洋特色明显的独立式花园洋房、半栋半独立式的私人住宅、私家园林以及西式风格的公共建筑。

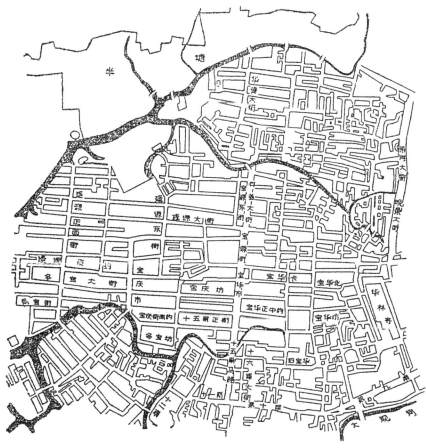

图3-7 西关住宅区街
巷肌理
图片来源：曾昭璇.
广州历史地理[M].
广州：广东人民出版
社，1991

3.2.2 近代广州住区发展

近代广州的住房发展包括了市场自发和政府规划两方面的驱动力。

近代广州的经济以传统商业为主，随着商业的繁荣，城市中逐渐形成一个商业中心（旧城区）及三个次级商业中心（分别为今北京路和中山五路，太平南和长堤，第十甫和上下九）。清末民初，广州民族工业迅速发展，大量工厂作坊杂乱地布局在旧城区内；在陈济棠时期，在城市外围西北侧的西村和河南经规划初步形成两个工业区。19世纪，广州就出现了房地产交易的行为，由于城市人口快速增长，用地紧张，城市中出现了大量"竹筒屋"式的低层高密度的商住结合建筑，底层为商业、上楼层自用或出租出售。

与此同时，近代一批海外华侨因在异国生活艰难、无亲无故，而选择"落叶归根"，汇款回家乡置业，广州成为大批华侨归国投资的理想地。这一时期工商业初步发展以及大量华侨归国，带动了工商业者和华侨私人投资房地产的潮流；而由于广州人口增加，住房供不应求，投资房地产的利润高于其他行业，这使得华侨热衷于房地产建设，甚至将房地产投资视为谋利的方式，因此近代的房地产几乎是由华侨投资的，东山便是华侨投资的典型区域。东山一带是广州城东门外的郊野荒地，交通便利且低价低廉，吸引了大量工商从业者、华侨购地兴建房屋自用或出租，住区主要分布于东山、东较场旧营垒义山、市区的民星新街和惠福路等地。1915年华侨开始在东山龟岗一带经营房地产；1922年华侨开始在共和村购地建房；20世纪二三十年代，广州政府参照西方战后改良住宅的实践，在东山区大规模兴建高级住宅区。经过十几年的开发，东山区发展成为广州的繁华市区之一。

近代广州的城市建设吸纳了西方城市规划的思想，并应用于住房社区等规划实践。1928年广州模范住宅委员会发布了《修正筹建广州市模范住宅区章程》及一系列的模范住宅区规划，确定了模范住宅区的范围及用地功能分区，将东部安老院南面荒地规划为第一模范住宅区域，在马棚岗、竹丝岗划定模范住宅区，划定总面积达到600余亩，并将附近青菜岗的上下坟头岗、大嘴岗、规壳岗等多处坟场迁移，改建为花园洋房住宅区，供富人居住。规划区内还包括了多项公共建筑项目。然而，由于地权等问题，以上规划仅部分得到实施（图3-8）。1932年，广州市政府发布了第一个规划方案《广州市城市设计概要草案》，应用了功能分区思想，将规划区划分为工业、住宅、商业、混合功能区四个功能区，并在大南路、海珠桥北岸、八旗会馆旧址、黄沙和东较场等处修建平民宿舍和劳工宿舍，建造了30多栋房屋，以低廉的价格出租，一定程度上缓解平民和劳工的居住问题。抗日战争胜利后，为解决战时大量房屋破坏导致的居民住房问题，1947年市政当局成立了广州房屋救济义卖委员会，在大沙头西段、盘福路北段、广雅中学北段、中山大学医学院对面世光园等处分期分区建筑临时住宅。

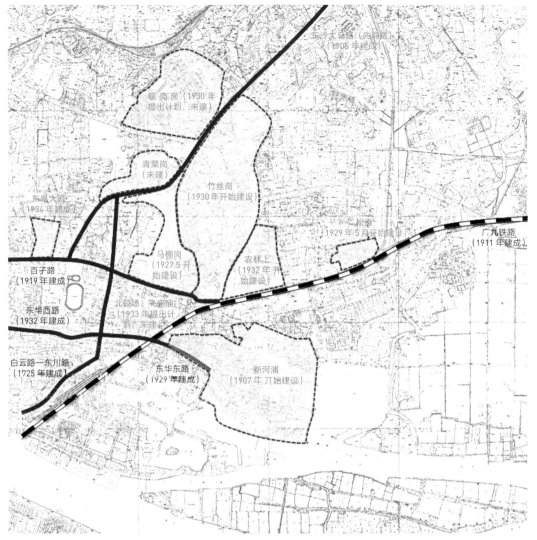

图3-8 东山模范住宅区建设示意图
图片来源：孙翔．民国时期广州居住规划建设研究[D]．华南理工大学，2011

3.2.3 中华人民共和国成立到改革开放前的社（住）区发展

　　广州在"建设生产型城市"这一目标的指导下进行城市建设，城市的发展是计划经济体制下政府意志的结果，工业发展是社会经济发展的中心，而住房建设则服务于生产性城市的工业发展需求。这一时期广州的住区发展主要包括了以下4个方面的变化。

　　一是在旧城区边缘地带新建了多种类型的社区。中华人民共和国成立初期广州的居住社区主要集中在旧城区，呈现逐步向外扩展得到趋势（图3-9）。

　　工人新村是旧城区居住区早期向外扩展的主要形式。1950年代初，政府成立广州工人福利建设委员会，专门负责工人新村的规划与建设工作。工人新村大多建设在旧城区外围的荒地，通常规模较大，建筑以2~3层低矮平房为主，采用行列式或周边式组合布局，功

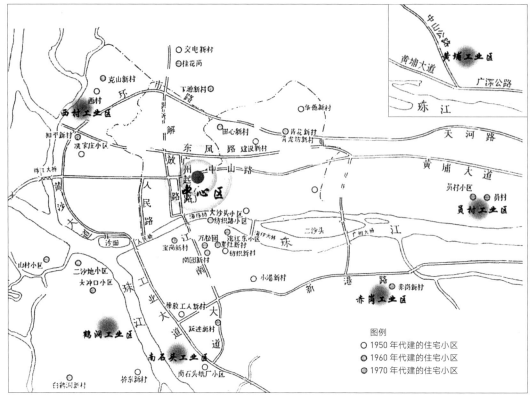

图3-9 计划经济时期广州住区分布
图片来源：曾珏霞. 广州城市空间结构演变下的住区分布研究[D]. 广州：暨南大学，2007

能单一，生活服务配套不完善，这一时期具有代表性的工人新村社区有建设新村、凤凰新村、和平新村等。1950年代中后期，政府建设了新一批的工人新村，与先前的相比，这些住区多随老城外围的工厂而建，规模小且布局分散，层数较高，为3～6层，并且更加注重生活服务配套，在周边配建了一定的公共建筑。1960年代，政府对旧城区外围较为分散的居民点和工厂配套住区进行生活服务配套的完善，并且通过绿化和农田将各个居住区分隔为相对独立的社区，各社区的内部组织形式开始多样化，建筑密度和层数也有所提高。

同时，在旧城区外围兴建了一批知识分子住宅和华侨新村。虽然建于1950年代，但是这类住区建设标准较高，以2～3层独立院落式住宅为主，采用自由式布局。知识分子住宅主要有盘福新村、越秀北科学院宿舍、湖边新村、中山医学院教工宿舍等；华侨新村主要分布在黄花岗西南面的蚬壳岗、玉子岗和螺岗一带，以及环市东路淘金坑附近、天胜村、逢源路等。

1960年代初，国家投入专项资金在旧城区外围滨江东、芳村、南园、大沙头等15处兴建水上民居新村，将一大批水上居民迁居至陆上。由于受到人民公社发展的影响，初期的水上居民新村社区住宅通常围绕公共食堂和幼托布局。

"文化大革命"期间，城市住区建设进程总体处于停滞期，但在外围地区仍建设了少量居住区，如南园、水均岗、员村、跃进、鹤洞、邮电等。

二是旧城区住区形态的改造。中华人民共和国成立初期旧城区的居住区组织形式以街坊式为主，内部建筑主要是西关大屋、"竹筒屋"、骑楼等民居建筑。在1950年代末人民公社浪潮的影响下，旧城区的街坊开始改建为以公共食堂为社区中心的组织形式，并配备幼托、服务站点、供销站等必要的生活服务配套设施。20世纪60～70年代，政府在迁就现状的基础上对旧城区住区进行"见缝插针"的小造，如改建平房、增加建筑层数和提高社区建筑密度等，但改造缺乏整体、系统的规划，未改变旧城区社区中建筑等级较低、公共设施欠缺的现状。1977年，政府出台了旧城改造的相关规划，提出了"成片规划，分期、分区、分块改造"的改造建设方针；期间政府为更好地解决居民的居住问题，将建设审批权下放至各区，却适得其反，以致住区改造建设的审批缺乏统筹和统一的技术指标，在改造中大量具有历史价值的建筑遭到毁坏，并出现了大量违章建筑，破坏了旧城区的整体风貌，加剧了旧城区的人口密度和交通压力，进一步恶化了旧城区的居住环境。

三是单位所有制"大院"的建设。单位制"大院"指单位体制下的城市独立地块，由政府机关、部队机关、高校、科研院校、国家大中型企业等公有制单位独立使用，设置有围墙和入口大门，内部包括生产工作空间、住宅配套和生活服务配套设施，形成封闭式的工作和居住单元。单位制"大院"这一城市物质形态，形成于我国特定的历史背景——高度的计划经济体制。1950年代初，城市新建的教育科研和机关用地如五山高教区中就进行了单位制"大院"的建设实践；1960年代城市住宅建设停止了住房统建制度，各公有制单位纷纷圈地建设"大院"；1970年代初，国家倡导单位自建职工宿舍，自此单位制"大院"成为广州常见的住区形态之一。广州的单位制"大院"在空间分布上呈现出一定的规律：距离城市中心区越远，单位制地块的数量、规模和配套设施完善程度均有上升，即独立性，或者说封闭性越强。尽管单位制"大院"的地块管理模式有利于单位内部的管理和职工的工作生活，但对于城市而言，这种封闭的单元很大程度上割裂了城市的整体肌理和空间连续性，导致了城市空间布局的局部无序混乱。

四是新型居住小区的出现。这类新型居住小区以多层单元式住宅为基础，采用周边式和行列式等组合的建筑布局形式，并配有绿地和休闲游憩设施。所谓"新"，是相对于广州传统的西关大屋和东山区花园洋房等以往常见的建筑形式而言。最初建设的住宅楼多为条状和点状，后发展成Y字形、井字形、Z字形等各种建筑形式。每个小区内公共服务设施完善，形成相对独立的生活单元。新型居住小区在改革开放后被大量应用于城市住宅建设中，成为房地产开发的主要形式。

3.2.4 改革开放到 1990 年代末期的社（住）区发展

改革开放后，广州城市建设进入快速发展阶段，建设用地不断向外扩展，旧城区外围和新区出现了大量的新型居住小区。与此同时，旧城区的住宅逐渐老化成危破房，亟待改造更新。这一时期广州同时推进城市新区开发与旧城改造。

3.2.4.1 新区开发中的社（住）区建设

1980年代，广州对城市新建居住区开始实行全面的规划和控制。1978年《广州城市总体规划》第十四方案出台，规划提出广州城市空间将沿珠江北岸向东延伸，城市采取带状组团式布局，包括三大组团和两个外围卫星城，三大组团包括作为政治文化中心的第一组团旧城区、作为科研文教区的第二组团天河区以及作为经济技术开发区的第三组团黄埔区，两个卫星城则是花县的新华镇和番禺的市桥镇。在规划指引下，新区的住房建设摒弃了原本"见缝插针"的分散式布局，采用成片成线开发建设的方式。随着改革开放的深入和市场化程度的提高，建设资金的渠道逐渐多元化，房地产行业逐步成为城市开发建设的主要参与者和新区开发的驱动力；同时大量外资被引进到房地产的开发中，加速了住房建设和商品化的进程，促使各新区快速成型。1979年东山区通过外资指挥部引进外资，与香港宝江发展有限公司合作建设东湖新村社区，开启了外资参与房地产开发的大门，此后在外资的参与下，又建成了晓港城、员村昌乐园、挹翠花园等多个住区项目，助推了城市住区的开发建设。在1980年代末，以天河体育中心为中心的天河组团初步成型。

1980年代末，广州开始重视居住区内部景观绿化、开敞空间、公共服务中心以及住宅环境的规划设计。1987年起，广州开始在城市总体规划和分区规划的指导下进行居住区建设控制性规划的编制，通过居住区发展性质、人口和规模、功能分区、空间结构、道路系统结构、公共服务设施布局以及开发强度等内容来控制居住区的开发建设。居住区的控制性规划在城市新区开发中被广泛应用，在控制性规划的指导下，20世纪80～90年代广州在城市新区中建设了天河、花地湾、江南、五羊、广园、开发区管理小区等住区。截至1990年，广州共开发建设了60多个面积超过5万平方米的居住小区，这些小区主要分布在旧城区边缘一带、近郊新区以及外围工业区周边地区。

1989年10月，住房制度改革全面实施，极大地推动了住房商品化进程，1990年代广州掀起了房地产投资开发和商品房住区建设的浪潮，到1995年时广州市一半的商品住宅都集中在新区。结合1989年《广州城市总体规划》调整，1990年代广州主要在三个区域进行了大规模住房建设。一是天河区，在调整后规划的新城市中心——珠江新城的强化下，经1980年代发展而初步成型的天河组团基本上成长为广州的新核心区。1990年代，天河的住房开发建设始终保持着向东部推进的强劲势头，以天河北—天河体育中心—珠江新城周边集聚了一大批新建商品房居住小区，如华景新城、天河东板块等。二是海珠区，在规划的影响下，海珠区的产业结构发生了变化，工业大规模迁移至第三组团，大量的原工业用地转变为住宅开发建设区域，如江南大道、新港西路、工业大道、赤岗附近。三是番禺，1988年建成的洛溪大桥与1999年通车的华南快线加强了广州中心区与番禺的交通联系，也为番禺的住房发展打开了巨大的市场。1992年番禺撤县设市后，当地政府在对耕地的管理上存在滥权牟利的现象，开发商由此在洛溪大桥和华南快线周边获得大面积土地进行房地产开发和大规模的住宅建设，如洛溪新城、丽江花园、祈福新村等。除三个主要区域外，得益于白云机场与地铁一号线的建设，旧城区以北和以西地区与旧城区的联系逐渐强化，并开始了住区的建设。

保障性住房的建设也是住房建设的一项重要工作，20世纪80年代至2000年间的保障性住房主要针对中低收入困难户和住房困难的知识分子。

针对中低收入困难户的保障性住房建设分为两个阶段。第一阶段是1986～1995年，解困房主导的时期。1986年广州开启了大规模的解困房社区建设，主要集中建设在越秀、荔湾、海珠和原东山四区。解困房社区完全由政府实施建设，由政府提供廉价土地，并由政府下属的住宅建设办公室统一建设，按成本价出售。1992～1995年，政府先后建设了同德、大塘、棠下三个解困房社区，解决了1万多户中低收入家庭的住房问题。第二阶段是1995～1998年，安居房社区主导时期。在政府全包办建设的模式带来巨大财政压力的情况下，保障性住房的建设逐渐陷入瓶颈期。政府开始转变思路，负责提供廉价土地，而将开发建设的任务交予房地产开发商，由政府调控售价。然而在实际开发建设中，开发商在拿到政府的廉价土地后，实行商业化楼盘的开发运作模式，采取低密度的高层住宅楼布局形式，甚至出现超大户型的豪宅，脱离了安居房的建设初衷，超出了中低收入困难户的经济能力。同时，大多安居房的位置较解困房更加偏远，成为限制困难户选择的又一因素。三年间，广州在琶洲、小新塘、大坦沙、集贤庄等地先后建成了安居房社区，解决了部分困难户的居住问题，但整体收效大不如前。广州在1986～2000年间投资60多亿元建设了7个非盈利的保障性住房社区，包括白云区的同德花园、泽德花园、积德花园、侨德花园，荔湾区的汾水小区，天河区的棠德花园以及海珠区的聚德花园，解决了3万多户中低收入家庭的住房难题。

针对住房困难的知识分子的住房问题，广州政府采取了一系列的措施。1986年广州市政府和市人大常委会决定采取多渠道集资和政府补助、政策优惠相结合的方式来缓解困难户的住房问题，同时成立筹建知识分子住房领导小组来专门负责知识分子的住房建设工作，并发布了《关于解决知识分子住房困难的实施方案》，每年拨出专项资金用于知识分子住房建设。截至1988年，政府拨出4130万元，共建设知识分子住房1381套，并通过单位集资和政府补助建设住宅7180套，供住房困难的大、中学教师和企事业单位工程师居住。1989年政府再次拨款建设住宅7000多平方米，分配给贡献突出且住房困难的知识分子和高级技术人员使用。

3.2.4.2 旧城改造中的社（住）区建设

改革开放后，旧城区从20世纪70年代的局部修补转向结合房地产开发的全面改造（图3-10）。1982年起，广州开始旧城改造实践，按行政街道的管辖范围编制各街区的详细规划，明确街区建设的各项规划指标以及街区内文物、历史建筑等的保护要求，指导旧城区街区的综合改造。1980年代末，广州的旧城改造逐渐开始重视居住环境、文物保护、消防问题、交通管理等多方面问题。1980年代期间，广州旧城区建成住宅主要以7～9层为主，既有引入外资建设的"新村"式商住小区，也有部分公有制单位社区，该时期旧城区住宅建成量约为927万平方米，占1979～2010年总建成量的22.69%（表3-5）。

■ 1949 年前
■ 1949 ~ 1978 年
■ 1979 ~ 1989 年
■ 1989 ~ 2000 年
■ 2000 年后

图3-10 广州旧城建筑建成年代
图片来源：黄慧明，田银生. 形态分区理念及在中国旧城地区的应用——以1949年以来广州旧城的形态格局演变研究为例[J]. 城市规划，2015，39（07）：77-86

1979 ~ 2010 年广州旧城住宅建筑量一览   表 3-5

时期	新建住宅建筑量（万平方米）	占总住宅建成量比例（%）
1979 ~ 1989年	927	22.69
1990 ~ 1999年	2001	48.98
2000 ~ 2010年	1158	28.35
总计	4085	100

资料来源：黄慧明. 1949年以来广州旧城的形态演变特征与机制研究[D]. 华南理工大学，2013。

　　1990年代起，旧城改造开始转变为结合房地产开发的全面改造模式，对旧城区进行大拆大建，并引入高层电梯住宅楼，以期通过建设高层住宅楼取代传统低层民居来提升街区的容积率。发展至1995年，高层电梯住宅楼成为居住区开发的主流。以投资主导的旧城改造思路，使得旧城结构完全被市场化重组。同时，在近郊地区建设了一批周转房，用于旧城改建搬迁。1990年代期间，广州旧城区共新建成住宅约2001万平方米，占1979 ~ 2010年总建成量的48.98%（图3-11）。

　　相比于局部修缮，全面改造的方式确实改善了旧城区部分危破住区的现状，但也存在负面影响。其一是广州旧城改造拓宽了资金来源，允许开发商参与其中，旧城中新居住小区的开发建设享有过高的自主性和自由度，加之当时土地出让制度的不健全，这导致了改造后的新居住区呈现相互孤立、割裂的空间形态；其二是由市场主导开发的模式具有盲目性，开发商为了逐利而做出不当的开发行为，以致于传统街区中具有历史价值的建筑遭到破坏；其三是过分强调经济效益而一味提高容积率，导致新建居住区内建筑密集且缺乏公

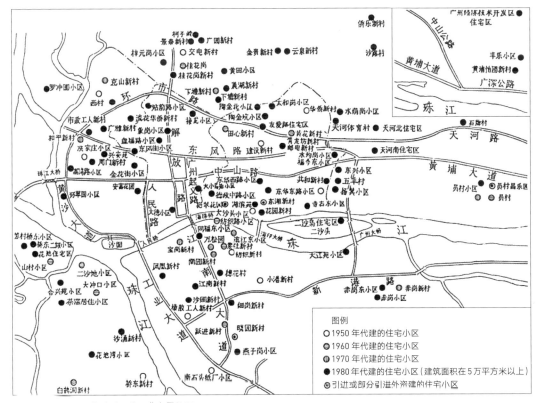

图3-11 1950～1990年代建设住区分布示意图
图片来源：吕俊华，彼得·罗，张杰. 中国现代城市住宅1840～2000[M]. 清华大学出版社，2003

共服务设施配套和开敞空间，降低了居住质量，同时间接增加了旧城区的交通压力。

此外，改革开放后特别是1990年以来，广州出现了"城中村"这一特殊的住区形态。由于改革开放后城市建设用地迅速扩张，大量原本处于近郊的乡村居民点在缺乏规划指引的情况下就成为了城市建成区的一部分。"城中村"在地域上已城市化，但在人口管理和土地管理上仍采用农村管理体制，即村民自行占地建房，规划建设管理采用的是《村庄和集镇规划建设管理条例》；加上内部产权极其复杂，城市规划管理部门难以对其中的集体土地和开发建设活动进行有效管理。因此，"城中村"中存在建筑密度过大、建筑间距过小、消防不符合规范、用地混杂、乱建违建、公共设施不配套、基础设施滞后、易滋生犯罪等问题，其中典型的"城中村"有松柏村、石牌村、杨箕村、林和村等。

3.2.5 21 世纪以来的广州社（住）区发展

2000年后，广州住区的发展延续了改革开放初期的趋势，郊区的房地产开发潮与旧城区的建设共同推动这一时期的住区发展，呈现以下几个特点。

一是居住区郊区化发展。在"东进、南拓、北优、西联"空间战略的指引下，广州城市框架逐渐拉开，城市郊区的发展潜力和可建设用地规模较大，同时这一时期政府更加重视对旧城区历史建筑的保护，加大了对旧城改造中房地产开发的控制力度，因此大批开发商转而在城市郊区购地建设大型的居住板块。

由于20世纪90年代通车的洛溪大桥和华南快线使得番禺的可达性大幅提高，番禺的居住区在2000年后获得大发展，率先出现了华南板块和洛溪板块两大居住板块，集聚了星河湾、华南新城、南国奥林匹克花园、锦绣香江和华南碧桂园等大型居住小区，成为广州南拓的重要驱动力。2004年，广州旧城区北部和东部相继出现了两个大型低密度居住板块南湖板块和广园东板块，并依其自然环境优势发展成为高端的居住区。随着居住区郊区化的不断推进，居住区的建设开始延伸到城市远郊处交通便捷而又自然环境优美的地区，形成了一批新的居住板块，如依托新白云机场而建的花都别墅板块以及依托新广从公路的从化别墅板块。总体而言，这一时期郊区居住区的快速开发建设极大地推动了城市新区的建设和城市空间形态的外扩。

二是住宅高端化发展。居住区高端化的趋势首先出现在郊区的新建居住板块中。由于郊区未开发利用土地充裕，且自然环境良好宜居，开发商大规模圈地，依托山水环境优势建设以高端别墅群为主的低密度、低容积率居住区。随着旧城区改造持续推进，旧城区部分地区和规划的中心区也开始建设高端化的高层居住区。2002年，在天河北部率先建成的高档小区汇景新城，拉开了旧城区高端住区建设的序幕。2003~2005年，广州依托珠江滨江景观在滨江东一带先后建成了丽景湾、香格里拉、汇美景台、海珠半岛花园、滨江明珠苑、金海湾、华标涛景湾等高层豪宅居住小区，使得滨江东发展成为旧城区的高端居住板块。2006年珠江新城建设全面启动，以誉峰、中海观园等豪宅住区地产项目落地，再次推动广州中心区高端居住区的发展。

三是旧城区改造模式调整。20世纪90年代以市场为主要动力的旧城改造模式不仅没有改善旧城居住环境，反而加剧了一系列的城市问题。在2000年和2005年行政区划调整后，广州南北部片区纳入到市域范围，城市发展空间大幅拓展。2006年，广州市第九次党代会对广州城市发展战略进行了调整，在"南拓、北优、东进、西联"的基础上增加"中调"。所谓"中调"，是为了在城市空间发展战略中，将外延和内涵更好地结合起来，"中调"重在老城区和建成区空间范围内的"调优、调高、调强、调活"。政府开始高度重视旧城空间的活化。旧城区中保存有大量历史悠久但年久失修的清代、民国时期传统民居，街区风貌破败，基础设施配置滞后，居住质量低下。这一时期的旧城改造的主要目标是：改善居民的生活环境与提升旧城区的整体风貌。2005年，广州获得亚运会的举办权，借此机遇提出了建设"文化古城，岭南古郡"的提升目标，计划通过对具有地方特色的历史片区予以保护及更新，促使旧城区重新焕发生机与活力。

在此基础上，广州调整旧城改造工作模式，推行"以新区建设带动旧城改造"的方针，由政府主导旧城改造。这种模式弥补了以往房地产开发主导模式固有的缺陷。在改造思路上，通过新区开发疏导旧城区的人口和就业，从根本上改善旧城区"拥挤"的问题。在改造实践中，一方面，政府在改造中采取危破房改造与旧城历史文化物质载体保护相结合的原则，适当增加容积率，建设多层或中高层住宅为主，注重旧城区特别是越秀区和荔湾区传统历史文脉的延续；另一方面，改造的内容除建筑拆除、修缮和改造外，还包括公园广场和停车场等配套设施的建设，从各方面综合提高旧城区的居住环境。此外，为解决旧城改造的居民安置问题，政府在旧城区外围西北部的同德街和金沙洲地区建设了以廉租房为主的大型居住区。这是广州保障性住房社区建设的第三阶段，不仅为旧城改造的居民安置提供缓冲空间，也解决了一部分"双特困家庭"的居住难题。

这一时期居住形态日渐多元化，居住空间分异现象也越发显著，居住区分布自旧城区至城市郊区呈现圈层式特征。内圈层是旧城的荔湾区和越秀区，主要保留着传统街坊的居住形式。中圈层是旧城区外围的芳村、海珠、天河、白云、黄埔5个区，居住区形式以居住小区为主，呈块状向心或沿交通干线分布；经过改革开放后的迅速发展，5个区的居住区规模逐渐壮大，居住用地面积占市区居住用地的1/3。外圈层是新世纪后快速发展的新区番禺区和花都区，以房地产开发主导的郊区化居住板块为主，规模大、呈片状集中发展，主要集中在番禺区北部的华南板块、中部市桥镇和南部南沙开发区，以及花都区南部新华镇和北部芙蓉镇，两个区的居住用地面积占全市居住用地的一半以上，承载着新世纪广州很大部分的居住功能。

3.2.6 广州社（住）区发展历程小结

广州市社（住）区发展历程的5个阶段呈现了不同的时代特点（表3-6）。古代广州，通常在统治者居住和办公场所的外围形成聚居点，与商业混杂分布，居民住区空间布局与古代都城布局和结构相关，具有明显的封建色彩和一定的历史延续性，代表住区类型为明清时期的西关住宅区。

近代广州，住区发展的主要动力源于市场自发和政府建设两方面。近代广州的经济以传统商业为主，商业的繁荣推动住区建设逐渐扩展到旧城区外围，促进了早期房地产开发，包括"竹筒屋"、华侨投资兴建东山地区。城市建设吸纳西方城市规划的思想，并应用于居住区规划实践，包括模范住宅区域、平民宿舍和劳工宿舍、临时住宅等。

中华人民共和国成立到改革开放前，广州在"建设生产型城市"目标的指导下，工业发展是社会经济发展的中心，而住房建设则服务于生产性城市的工业发展需求。在旧城区边缘地带新建了多种类型的社区，包括知识分子住宅和华侨新村等高端住宅区，政府配建的工人新村、水上民居新村以及单位制"大院"，也开始出现了新型居住小区。

改革开放到1990年代末期，广州同时推进城市新区开发与旧城改造。在新区建设中，房地产主导开发逐渐成为住区建设的主流模式，商品房社区是住区的主要类型；同时，保障性住房建设也是此阶段广州住区建设的重要工作。同时，改革开放后，广州开始大规模旧城改造，经历了从局部修缮到房地产主导全面改造的模式转变。此外，由于城市粗放扩张，旧城区出现了"城中村"这一特殊的住区形态。

发展阶段	特点	主要住区形态
古代	在统治者居住和办公场所的外围形成聚居点,与商业混杂分布	西关住宅区
近代	住区发展的主要动力源于市场自发和政府建设,住区建设逐渐扩展到旧城区外围	早期房地产开发,包括"竹筒屋"、华侨投资兴建东山地区;城市建设吸纳了西方城市规划的思想,并应用于住房社区等规划实践,包括模范住宅区域、平民宿舍和劳工宿舍、临时住宅等
中华人民共和国成立到改革开放前	在"建设生产型城市"目标的指导下,工业发展是社会经济发展的中心,而住房建设则服务于生产性城市的工业发展需求	在旧城区边缘地带新建多类型社区,包括知识分子住宅和华侨新村等高端住宅区,政府配建的工人新村、水上民居新村以及单位制"大院",也开始出现了新型居住小区
改革开放到1990年代末期	城市快速扩张,大力开发新区。新区建设中,房地产主导开发逐渐成为住区建设的主流模式;开始大规模的旧城改造,并经历了从局部修缮到房地产主导全面改造的模式转变	商品房社区、保障性住房以及城中村
21世纪以来	房地产开发推动了城市快速扩张,住区郊区化、高端化发展,出现了大量大型居住板块。旧城改造转向了政府主导的模式。城市住宅形态分布总体呈现圈层式结构	居住形态多元化,内圈层(老城区)以传统街坊为主,中圈层(海珠、天河、白云、黄埔)以居住小区为主,外圈层(番禺、花都)则以大型居住板块为主

21世纪以来,广州住区发展延续了上一阶段的趋势,房地产开发推动了城市快速扩张,住区郊区化、高端化发展,出现了大量大型居住板块。旧城改造转向了政府主导的模式。从整体来看,广州的住区形态呈现圈层式的空间布局结构,内、中、外圈层住区分别以传统街坊、居住小区和大型居住板块为主。

3.3
广州社区的类型划分及其空间分布

▶ 参考对社区类型划分的已有研究,结合我国社区发展历程以及广州特有的城市发展背景,梳理现有的城市社区,可以划分为五类:传统街坊式社区、单一单位制社区、过渡演替式社区(主要为"城中村"社区)、现代商品房式社区以及保障性住房社区。本书第3章案例部分、第4章总结部分所提及的案例是上述单一或者复合类型的是社区。

3.3.1 传统街坊式社区

传统街坊式社区指在广州城市发展历程中历史最为悠久的社区，即旧城区、老旧街区居民生活的社区。社区居民长期保持密切的邻里交往，居民职业构成相对多元。

根据《广州历史文化名城保护规划》，广州划定了26片历史文化街区（表3-7），其中荔湾区有14片（其中人民南历史文化街区跨荔湾与越秀区），越秀区8片，海珠区3片，黄埔区1片，分别对应到内城7片、西关13片、河南3片、东山2片（图3-12）。广州的传统街坊式社区主要集中在四个历史区域（内城、西关、东山、河南）（图3-13）的重要地段以及城郊的长洲岛历史地段，即现越秀区、荔湾区、海珠区和黄埔区长洲岛，整体呈现出"大分散、小集中"的特点。

广州历史文化街区一览 表3-7

编号	街区名称		所属行政区
1	沙面历史文化街区		荔湾区
2	上下九—第十甫历史文化街区		荔湾区
3	耀华大街历史文化街区		荔湾区
4	逢源大街—荔湾湖历史文化街区		荔湾区
5	昌华大街历史文化街区		荔湾区
6	宝源路历史文化街区		荔湾区
7	多宝路历史文化街区		荔湾区
8	宝华路历史文化街区		荔湾区
9	华林寺历史文化街区		荔湾区
10	和平中历史文化街区		荔湾区
11	光复南历史文化街区		荔湾区
12	光复中历史文化街区		荔湾区
13	恩宁路历史文化街区		荔湾区
14	人民南历史文化街区		荔湾、越秀区
15	传统中轴线（近代）历史文化街区	传统中轴线（近代）北段	越秀区
		传统中轴线（近代）中段	
		传统中轴线（近代）南段	
16	北京路历史文化街区		越秀区
17	五仙观—怀圣寺—六榕寺历史文化街区		越秀区
18	海珠中历史文化街区		越秀区
19	海珠南—长堤历史文化街区		越秀区
20	文德南历史文化街区		越秀区
21	新河浦历史文化街区		越秀区
22	华侨新村历史文化街区		越秀区
23	南华西街历史文化街区		海珠区
24	洪德巷历史文化街区		海珠区
25	龙骧大街历史文化街区		海珠区
26	长洲岛历史文化街区		黄埔区

资料来源：《广州历史文化名城保护规划》. 广州市人民政府，2014。

图3-12 广州1949年地图
图片来源：广州市规划局，广州市城市建设档案馆. 五羊城脉[M]. 广州：广东人民出版社，2012

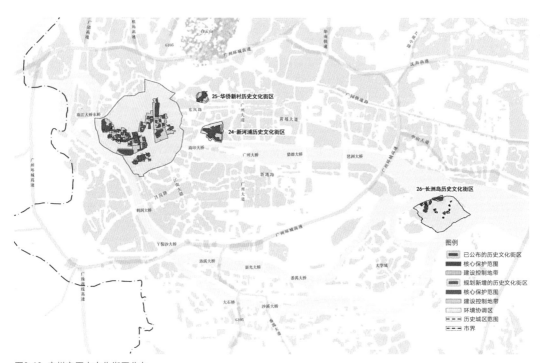

图3-13 广州市历史文化街区分布
图片来源：广州市人民政府. 广州历史文化名城保护规划[R]. 2014

3.3.2 单一单位制社区

　　单一单位制社区是计划经济时代的产物，指由一家或多家单位如大型企业、高校、政府部门等建设的社区，供单位职工及其家属居住生活，住宅层数以多层为主，并配备有较为完善的生活服务设施，具有集中性、封闭性、排他性和自足性等特征。由于社区成员具有同质性，社区内部表现出较强的归属感和认同感。但与此同时，社区之间差异性较大，彼此之间相互封闭、隔离，甚至建设围墙形成"大院"来强化封闭性。从某种意义上讲，随工业区而建的工人新村也属于单一单位制社区，并且是广州最早出现的单位制社区形式。20世纪50～60年代，广州在旧城区边缘地带先后兴建了建设新村、凤凰新村、共和新村、和平新村等一批工人新村，成为广州最早的一批单位制社区。单一单位制社区的发展主要是在20世纪60～70年代。20世纪60年代起，在政府机关和事业单位集中分布的旧城区，即越秀区、荔湾区、原东山区，有大片的房改房社区分布，形成了相对稳定的单位制社区；天河、海珠、白云等区也陆续出现了一批单一单位制社区。1949～1978年广州各政府单位与工厂企业自主建设了大量住宅区，包括工人新村、单位住宅区等，主要集中在环市东、江南大道和滨江东地带（表3-8）。

1949～1978年广州旧城单位制社区（工人新村和其他单位宿舍）情况一览　　　　　　　　　　　表3-8

序号	名称	占地面积 （万平方米）	所属辖区	位置	社区类型
1	党恩新街	1.3	荔湾区	中山八路	单位宿舍
2	湖边新村	0.7	荔湾区	人民北路	单位宿舍
3	流花新村	3.3	荔湾区	流花路	单位宿舍
4	盘福路小区	1.1	越秀区	盘福路	单位宿舍
5	建设新村	16.2	越秀区	建设大马路	单位宿舍
6	环市路小区	3.5	越秀区	环市东路	单位宿舍
7	太和岗小区	3.2	越秀区	白云宾馆北侧	单位宿舍
8	永泰新村	4.8	越秀区	环市东路	单位宿舍
9	黄花新村	1.8	越秀区	环市东路	单位宿舍
10	青龙坊新村	5.5	越秀区	环市东路	单位宿舍
11	福今东小区	4.2	越秀区	东风东路	单位宿舍
12	水均岗新村	2.5	越秀区	东风东路	单位宿舍
13	东园新村	8.9	越秀区	中山一路	单位宿舍
14	共和新村	25.9	越秀区	中山一路	单位宿舍
15	寺右东小区	11.7	越秀区	寺右新马路	单位宿舍
16	花园新村	2.8	越秀区	白云路	单位宿舍
17	大沙头小区	7.2	越秀区	大沙头路	单位宿舍
18	和平新村	16.4	越秀区	东风西路	工人新村
19	冼家庄小区	1.9	荔湾区	西华路	工人新村
20	幸福新村	2.6	荔湾区	荔湾路	工人新村
21	西村新村	4.2	荔湾区	环市西路	工人新村
22	黑山新村	4.2	荔湾区	环市西路	工人新村

序号	名称	占地面积 （万平方米）	所属辖区	位置	社区类型
23	象岗小区	6.1	越秀区	解放北路	工人新村
24	田心新村	9.1	越秀区	登峰北路	工人新村
25	邮电工人新村	3.5	越秀区	环市东路	工人新村
26	纺织路小区	2.6	海珠区	纺织路	工人新村
27	素社新村	9.1	海珠区	前进路	工人新村
28	云桂新村	3.7	海珠区	前进路	工人新村
29	南园新村	4.8	海珠区	前进路	工人新村
30	万松园小区	11.1	海珠区	前进路	工人新村
31	凤凰新城	4.9	海珠区	工业大道	工人新村
32	五一新村	5.4	海珠区	工业大道	工人新村
33	沙园新村	15.0	海珠区	工业大道	工人新村

资料来源：笔者根据参考文献[93]整理。

改革开放以来，尤其是20世纪90年代经济改革深化之后，对深化改革有较强抵抗力的单位，其原有的社区形态及空间没有根本的改变，甚至得到了进一步的发展和完善，例如党政机关大院、军区家属院和学校教职工小区等。而深化改革给国有工业企业带来较为强烈的冲击，面临破产和改制企业的单位社区，发生了不同程度的变化。部分国有工业重组或改制，并随着城市新区拓展而外迁，因此旧城区中的单一单位制社区也随之大幅减少，随企业单位迁移至城市郊区；部分企业单位改制后被兼并，其附属的社区脱离原单位的管理，社区的住户也经历了置换，尽管原社区的空间形态并未被破坏，但实质上已不再属于单一单位制社区；还有一类单位制社区随着企业的破产而分化，在旧城改造更新中被拆除。同时，随着住房市场化进一步推进和已购公房上市政策的放宽，许多单位制社区原有的单位制特征逐步消失，并向商品房社区转变。

3.3.3 过渡演替式社区

过渡演替式社区主要为"城中村"社区，大多形成于改革开放后的快速城市化时期。20世纪80～90年代，发展经济成为广州城市发展的重心，城市开始快速扩张，将周边的农村划入城市范畴，但是为了降低开发成本，城市用地开发建设绕开了集体所有的宅基地，将原有村庄居住用地包围在其中，形成"城中村"。因这些"城中村"经历着传统农村社区向城市转型的过程，也是城乡二元结构的过渡代表，称为过渡演替式社区。

广州市的城中村可分为三类：第一类是位于繁华市区的"市区型城中村"，这类城中村几乎完全失去耕地，为城市所包围，其经济来源为物业租赁或通过组建股份公司以集体资产对其他行业进行投资，如猎德村、石牌村和杨箕村等；第二类是在城市建成区边缘的"城边型城中村"，保留了部分农地用于生产，并建有大量厂房用以出租，以第二产业、第三产业为主，少部分从事农业生产，如西塑村和珠村等；第三类是城乡接合部或周边的

"城边型城中村"，从事第一产业、第二产业、第三产业，如萝岗村等。

广州市登记在册的全面改造及整治改造"城中村"有138个，分布在了广州市7个区，其中越秀区有4个，荔湾区有20个，海珠区有20个，白云区有42个，天河区有23个，萝岗区有13个，黄埔区有16个（表3-9）。

广州主城区城中村一览   表3-9

辖区	数量（个）	村名
天河区	23	元岗村、长湴村、岑村、龙洞村、渔沙坦村、柯木塱村、棠东村、车陂村、黄村、前进村、珠村、古山村、凌塘村、小新塘村、沐陂村、林和村、石牌村南、银河村、沙东村、石东村、棠下村、冼村、猎德村
海珠区	20	联星村、石溪村、三滘村、沥滘村、东风村、瑞宝村、五凤村、凤和村、红卫村、仑头村、龙潭村、石基村、小洲村、黄埔村、土华村、桂田村、官洲村、赤沙村、琶洲村、北山村
越秀区	4	杨箕村、登峰村、西坑村、瑶台村
黄埔区	16	庙头村、南基村、夏园村、沙步村、南岗村、沧联村、笔岗村、下沙村、横沙村、双沙村、文冲村、姬堂村、茅岗村、九沙村、深井村、长洲村
荔湾区	20	山村、五眼桥村、花地村、茶滘村、坑口村、鹤洞村、西塱村、东塱村、海南村、海北村、海中村、东漖村、南漖村、增滘村、沙洛村、龙溪村、葵蓬村、坦尾村、河沙村、西郊村
白云区	42	三元里村、同德村、螺溪村、江夏村、陈田村、棠甬村、肖岗村、鹤边村、联边村、望岗村、新科村、长红村、罗岗村、平沙村、石马村、清湖村、黄边村、横沙村、沙凤村、潭岗村、槎龙村、张村、马务村、小坪村、大岗村、庆丰村、环滘村、夏茅村、红星村、朝阳村、滘心村、大朗村、鸦岗村、龙湖村、唐阁村、同和村、京溪村、东平村、永泰村、柯子岭村、棠溪村、棠下村（远景村）
萝岗区	13	火村、刘村、暹岗村、萝岗村、水西村、罗峰村、长平村、黄麻村、黄登村、黄陂村、八斗村、华沙村、玉树村

资料来源：广州市城市改造更新局，2010年8月。

3.3.4 现代商品房社区

现代商品房社区指由房地产开发商统一开发的、具有一定规模的商品化住宅形成的居住区，其配套设施及建设符合城市居住区的规划设计要求。广州商品房社区的建设始于改革开放，在住房制度全面改革后，更是掀起了商品房社区建设的高潮。市场化经济拓宽了中国城市住房建设的资金渠道，政府财政拨款、自筹资金、集资统建、引进外资和外贸补偿等多元化投资方式进入到住房建设领域中，房地产行业开始主导广州住区建设。1979~1990年，广州主要在天河区和海珠区进行商品房社区的开发建设，包括东湖新村、大沙头住宅区、晓园新村、江南新村住宅区、天河建设小区、广园新村住宅区、五羊邨住宅区、二沙岛住宅区和花地住宅区等社区。20世纪90年代以后，广州的新建商品房社区主要集中在天河区、海珠区，以及外围的白云区和番禺区，其中番禺区经过90年代洛溪板块和2000年后华南板块的开发后逐渐成为中国房地产开发的"样板"，并发挥着承载广州大量人口的重要居住功能。

3.3.5 保障性住房社区

　　保障房社区是中国城镇住房建设中形成的较为特殊的社区，是指根据国家政策及相关规定，在政府的主导与支持下，统一规划、集中建设，享有一定政策优惠且限定在一定建设标准的，提供给城镇中低收入住房困难户居住的带有社会保障性质的住房形成的社区，具体包括整体成片的安居房、经济适用房、廉租房、重大工程或旧区改造等建设项目的拆迁安置住房等形式。解决中低收入群体的住房困难已成为国家和地方政府工作议程的"重中之重"。在"十一五"期间，我国已初步形成了以廉租房、经济适用房、公共租赁住房为主体的住房保障体系；国家"十二五"规划纲要明确提出"基本解决保障性住房供应不足的问题"；党的十八大报告也提出"建立市场配置和政府保障相结合的住房制度，加强保障性住房建设和管理，满足困难家庭基本需求。"广州是全国最早推行保障性住房的城市之一，20多年的保障房历史可划分为1986~1994年解困房时期、1995~1998年安居房时期、1999~2005年停滞时期、2006~2013年全面建设时期和2013年后公共租赁住房时期5个阶段。解困房时期主要针对体制内人均居住面积不足2平方米的家庭进行住房扶贫，建设规模小而分散，主要有天河石牌的南苑小区、芳村的桥东小区、白云区云苑直街的云苑小区、柯子岭等四处。安居房时期仍主要针对体制内人员，但保障门槛拓展到人均居住面积低于7平方米的家庭，主要采取大规模集中建设安居房和解困房的方式，如聚德花苑、棠德花园和同德街等大型住区。停滞时期的被保障对象仍是体制内住房困难家庭，集中针对党政机关和教师医疗系统职工，这一阶段主要建成部分教师新村和党政机关安居住区，包括集贤苑、育龙居、云山居、云泉居、丽康居、天雅居、云宁居、芳园居、东漖教师新村、珠江大家庭花园、芳村花园等。全面建设时期保障性住房的建设主体趋于多元：政府投资建设新社区住房，开发商建设限价房，国有企业单位建设单位自建经济房，新建新社区主要包括金沙洲、棠下棠德花苑、同德小区（泽德花苑和积德花苑）、大塘聚德花园、芳和花园、党恩新街、万松园、花都区廉租公寓、南沙区珠江安置区一期C地块、黄埔区拆迁安置区新溪二期、龙归城保障性住房项目、南方钢厂（一期）保障性住房项目、大沙东保障性住房项目、南岗保障性住房项目、郭村小区、泰安花园、誉城苑、广氮新社区、安厦花园等，逐渐形成以廉租住房、经济适用住房、公共租赁住房和限价住房为主体的保障房体系（表3-10）。2013年进入到公共租赁住房时期，4月广州市停止了经济适用住房的新申请；5月，广州市政府出台《广州市公共租赁住房保障制度实施办法（试行）》，廉租房和公租房正式并轨管理，经济适用房的对象也纳入公租房供应范围，以公共租赁住房为主的住房保障体系正在建立。与只供给于广州市户籍居民的廉租房相比，公共租赁住房的申请门槛相对较低，除了符合城镇中低收入住房困难标准的家庭可以申请外，《公共租赁住房管理办法》中还规定了保障对象包括新就业无房职工和在城镇稳定就业的外来务工人员。

类型	廉租房	经济适用房	限价房	公共租赁住房
始建时间	1998年	1998年	2008年	2010年
供应方式	租赁	销售	销售	租赁
保障人群	低保家庭，低收入家庭，特困家庭，仅限本地户籍	低收入家庭，住房困难家庭，仅限本地户籍	购买商品房能力不足家庭，仅限本地户籍	中等偏下收入家庭，新就业无房职工，外来务工人员
申请条件	家庭人均月可支配收入<800元；人均建筑面积<15m²；家庭人均总资产净值<9万元	家庭人均月可支配收入<1524元；人均建筑面积<15m²；家庭人均总资产净值<11万元	人均建筑面积<15m²；具有广州户籍，达到晚婚年龄的家庭年收入不超过20万元，个人收入不超过10万元的首次置业者	家庭人均月可支配收入<1250元；无房；家庭人均总资产净值<11万元
保障力度	月租金1元/平方米	不超过成本价3%的微利价	同区域、同类型商品房价格的70%	不高于市场价的80%
建设方	地方政府	地方政府、社会力量	地方政府、社会力量	地方政府、社会力量

资料来源：《广州市城市廉租住房保障制度实施办法（试行）》（穗府〔2007〕48号）；《广州市经济适用住房制度实施办法（试行）》（穗府〔2007〕48号）；《广州市公共租赁住房制度实施办法（试行）》（穗府办〔2013〕3号）》。

以广州市金沙洲新社区为例，该社区是广州市为解决双特困户住房问题而兴建的大型保障房小区，也是全国最大的保障房社区，由广州市政府统一规划、统一建设。该社区建成于2007年，内有经适房、廉租房、拆迁安置房3类住房，并设置有多种户型，以满足不同困难户家庭的需求。社区的公建配套设施包括中学（办学规模为42个班）、小学（办学规模为18个班）、幼儿园各1所，肉菜综合市场1个及老人服务站、卫生站、邮政所、派出所、柜员机、公厕等，整体配置较为齐全。截至2012年4月，新社区共入住5431户。其中，入住经济适用住房为1484户，廉租房为3190户，拆迁安置房为757户，入住率约为87.6%。

广州保障房的空间布局整体呈现"大分散、小集聚"的特征。从全市尺度上看，已建成和正在建设的保障房住区，除了个别社区地处城市中心区，如东峻荔景苑、东海嘉园、南苑小区等，大部分分散布局在广州中心城区的外围地区；从小尺度来看，保障房住区在大塘、同德街、棠下等局部地区又呈"集聚"的态势。这种空间分布规律是由两方面的原因造成的，一方面是城市中心区土地有限，高地价的土地通常优先建设一般商品房社区，另一方面是在旧城改造的过程中，原住户大多被异地安置至地处城市边缘区，因此在城市扩张的过程中，保障性住房社区保持着不断向外围地区布局的趋势。1986年起，聚德花苑、棠德花苑等新建的保障房住区布局在中心城区的外围；1998年后，除东峻荔景苑、东海嘉园外，大部分新建的保障房住区集中布局在更加偏远的外围地区；2000年后行政区划调整，城市骨架外扩，此时的保障房社区大多布局在更加远离中心城区的外围地区（图3-14）。

图3-14 广州市保障性住房的分布情况
图片来源：魏宗财，陈婷婷，孟兆敏，钱前. 广州保障性住房的困境与出路——与香港的比较研究[J]. 国际城市规划，2015，30（04）：109-115

● 1986～2000 年新建的保障房社区
● 2001～2006 年新建的保障房社区
● 2007～2013 年新建的保障房社区
● 2013 年以后新建的保障房社区

3.4
广州城市更新的政策演变和内容特征

3.4.1 广州市城市更新政策变迁

▶ 广州市的城市更新政策变迁，可大致分为三个阶段：初步探索阶段（2009年前）、"三旧"改造阶段（2009～2015年）、微改造与全面改造并行阶段（2016年至今）。下面从探索阶段、主要内容、更新模式、管控机构、参与主体、资金来源和实施效果等方面详细分析。

3.4.1.1 初步探索阶段（2009 年前）

2009年之前，广州一直没有与城市更新、社区更新相关的系统规划，此时老城区更新的主流词汇还是"旧城改造"，实践项目单点改造，也没有明确的规范约束。这些零星的探索为后来的社区更新政策和实践提供了有益的经验与教训。

（1）政府零星改造（1992年之前）

在1992年前，广州的社区改造是政府主导，采用"政府出资、政府建设"的模式，对衰败的房屋进行就地翻新、推倒重建，对单栋危房进行"见缝插针"式的改造。这时期可供参照的政策文件有1984年出台的《广州市国家建设征用土地和拆迁房屋实施办法》和1991年出台的《广州市城镇私有危房修缮和改造管理规定（穗府〔1991〕53号）》，分别为征地拆迁和危破房修缮、整治提供政策依据。对国家征地拆迁，需由用地单位新建或调拨房屋；若房屋是私人产权的，则需由市政府计价，由用地单位补偿给产权人。而对危房修缮改造，则由政府收集的部分房产税基金对产权是私人的危房修缮进行一定的补贴。可见，此时的政策指引更多是国家、政府作为更新改造的主体，对部分土地进行征收及房屋的拆迁，及对危破房进行单体修缮。

政府驱动的单点改造更新模式有如下特点：一是资金来源全为政府，改造开发全由国企承担，其资金总量有限，无法大范围展开；二是只针对单体建筑的模式只能解决危破房的安全问题，却无法从根本上改善老旧社区的生活环境；三是没有预设的整体、系统改造发展规划，更新改造只能小规模的"见缝插针"。

（2）引入市场力量（1992～1997年）

上述政府主导、运用公共财政的零星社区更新改造效率过低，无法应对广州市老城区大量社区老化的问题。为解决资金困境，提高老城社区更新效率，20世纪90年代开始广州政府决定借助市场力量，引进开发商参与到社区更新中，房地产开发商成为这一时期旧城社区更新的主导者。1992年1月，广州市政府发行《广州市城市房屋拆迁管理实施办法》（广州市人民政府令第1号），提出较为完善的拆迁补偿办法，为开展旧城拆迁打下了政策基础。同年，广州开始引入市场开发机制筹集资金，实施以旧城改造项目带危改的模式。例如，在荔湾区德星路旧城改造项目中，由政府负责拆迁工作，房地产商全额投资开发，通过项目开发参与旧城改造，带动危房的改造。

引入开发商参与改造，有利于解决政府主导更新中资金不足的问题，能快速推进老城社区更新的步伐。为了吸引更多的外资房地产开发商，广州市开始学习香港高层、高容积率的发展路径。市场资金投入社区更新，青睐于区位优良、拆迁成本低的地块，看重其改造后更高的经济回报，因而产生了学界所谓的选择性更新（selected-regeneration）。出于城市更新缺乏系统规划和整体统筹，开发商选取其认为能利益最大化的地块进行再开发，导致老城区内出现高楼大厦紧邻破旧民房这样的"二元分割"局面，这种空间格局破坏旧城肌理和历史风貌建筑，造成一定程度上的社会排斥和空间不正义现象。"荔湾广场项目"便是其中的典型，位于荔湾区上下九路，占地4.5万平方米，拥有6层共14万平方米商场、

8幢共1000多套豪华住宅，是当时广州市最大的旧城改造项目，亦是当年广州西关除白天鹅宾馆之外最高的商住楼。大体量的现代建筑突兀地插在老城区的骑楼街上，严重破坏了其空间肌理的延续性。同时，开发商主导下的项目注重经济效益，而忽视了基础设施、公服设施的配套，新建的项目并没有为城市居民提供绿地、中小学等公益性设施，导致后续持续增加的人口密度与不断下降的城市公服设施质量形成强大落差，旧城品质不升反降。最新版的《上下九-第十甫历史文化街区保护利用规划》中提及，要拆除荔湾广场等高层建筑，恢复街区的历史风貌。这是对盲目引入开发商开发的一种反思与补救。

低容积率的老旧社区经更新改造摇身一变成为高容积率、高层建筑集合区，资本逐利的天性使得20世纪90年代的旧城社区改造越来越频繁、开发强度越来越高。伴随而来的是较低的拆迁补偿金额及较低的回迁率，损害了社区原住民的利益。有的开发商甚至囤货居奇，拿下土地、拆迁后暂不建设，老城区出现围蔽起来的"工地"，不仅影响市容市貌，还造成土地资源的浪费。这种模式终于在1997年卷席亚洲的金融危机爆发下陷入了僵局，大量开发商资金链断裂，没有现金流支持已购买地块的持续开发，较多旧城社区改造项目宣告"流产""烂尾楼"导致土地闲置愈发明显。

（3）禁止市场力量介入（1998～2006年）

面对1997年后开发地块烂尾的情况，广州市政府提出需谨慎对待旧城改造，控制旧城中大批量的更新改造。1998年广州出台"旧城改造禁止开发商参与"的禁令，改造决定禁止开发商参与旧城区的社区更新改造项目，旧城区的更新改造再次转由政府投资和建设。在以政府主导旧城更新的思路下，以政府投资为主的危改工程与城市美化运动成为旧城更新的主要活动。2003～2004年，在市国土房管局领导下，各区国土房管局按照市政府、区政府、个人共同筹集资金的方式组织实施危改工作。然而，尽管由政府负责改造，但政府内仍没有成立专门统筹旧城社区改造的领导机构，改造工作仍然未成体系。

当社会资金无法进入旧城改造，公共财力投入有限时，多数工作仅停留在城市景观整治层面，旧城人居环境改善的核心问题仍然未能得到有效解决，城市更新推进缓慢。随着改造深入，资金缺口越来越大，更新进程几近停滞。

（4）再次引入市场力量（2006年底至今）

在2000年版的概念规划"东拓、西联、南进、北优"的城市发展战略基础上，2006年广州市增加了"中调"战略，明确了复兴老城区、发展服务业的方针，这标志着旧城区更新工作重新成为该时期政府的工作重点之一。2006年12月，广州提出在坚持政府主导的原则下，尝试引入有信用的开发商参与旧城改造项目，这意味着对市场资本进入城市改造的"松口"。2007年在中共广州市第九次代表大会分组讨论党代会报告时，有关领导提出旧城改造的新模式，即在政府做好居民拆迁安置工作后，由有信用的房地产公司提出建设方案，经政府审批后交由开发商建设。2007年9月，荔湾区恩宁路的改造工程成为旧城改造新模式的试点，政府开始允许开发商参与改造。从此，"先安置、后改造"成为新一轮旧城改造的首要原则。土地出让也从原来没有完成拆迁补偿就卖的"生地"出让，步入了政府拆好地块再卖"熟地"出让的阶段。

3.4.1.2 "三旧"改造阶段（2009～2015年）

该时期，广州市的城市发展逐渐进入"新常态"，城市发展的增量用地已逐渐到达极限，低效存量用地受到重点关注。以广东省实施"三旧"（旧村庄、旧厂房、旧城镇）改造为契机，广州市政府分别在2009年、2012年出台了两份关于"三旧"改造的文件，建立了"三旧"改造的政策体系，稳步推进更新改造工作，其中旧村庄、旧城镇的更新改造涉及了社区更新的相关内容。"三旧"改造旨在缓解土地供需矛盾，对低效利用土地进行潜力挖掘，盘活存量用地，破解城市土地供需失衡的困境。"三旧"改造阶段下的城市社区更新是政府主导的，同时允许部分符合条件的项目自行改造，合理分配土地增值收益。在改造模式上，以全面拆建模式为主，单个项目推进，侧重于对硬件设施改造。

2009年发布的《关于加快推进"三旧"改造工作的意见》（以下简称《工作意见》），是一份针对越秀区、海珠区、荔湾区、天河区、白云区、黄埔区管辖范围内"三旧"改造类型划分及职权下放的指引。2012年，广州市政府发布了《关于加快推进"三旧"改造工作的补充意见》（穗府〔2012〕20号文件，以下简称《补充意见》），围绕"政府主导、规划先行、成片改造、配套优先、分类处理、节约集约"的原则，完善提升《工作意见》内容。当时"三旧"改造的政策如下：

（1）改造范围

"三旧"改造范围由各区政府选定和出台。区政府应当从实际出发梳理、调查旧城区、旧厂房、旧村庄的现状情况，再会商市"三旧"改造办公室意见，结合房屋危破状况、土地利用效率、环境条件、历史文化等因素，明确拆、改、留的选址范围。

（2）更新模式——拆、改、留

《工作意见》将旧城的社区更新模式分为三类，分别是成片的重建改造模式（拆）、零散改造模式（改）和历史文化街区改造模式（留），此外还包括市政基础设施的建设、改造等相关内容。首先，对危破房分布相对集中、功能布局明显不合理或公共服务配套设施不完善的社区，进行成片重建改造。其次，对零散分布的危破房、或部分结构相对较好但建筑和环境设施标准较低的旧住房，结合街区综合整治，采取修缮排危、成套改造、高层房屋加装电梯、立面整饰等多种方式予以改造。再者，对历史文化街区和优秀历史文化建筑，应严格按照"修旧如旧、建新如故"的原则进行保护性整治更新，按照"重在保护、弱化居住"的原则，参照拆迁管理法律法规，合理动迁、疏解历史文化保护建筑的居住人口。探索采取出售文化保护建筑使用权或产权的方法，引进社会资金建立保护历史文化建筑的新机制。最后，加快改善旧城更新改造项目范围内路、水、电、气、排污、环卫、通信等基础设施，解决区域水浸隐患，实现"雨污分流"和"三线"下地。市政基础设施建设计划应优先安排，并与更新改造同步建设、同步配套。

针对旧村庄社区的更新改造，《工作意见》则提出了两种更新模式。第一种是全面改造模式。对位于城市重点功能区、对完善城市功能和提升产业结构有较大影响的52条"城中村"，以整体拆除重建为主实施全面改造。第二种是综合整治模式。对位于城市重点功能区外，但环境较差、公共服务配套设施不完善的"城中村"，以改善居住环境为目的，清拆违章、抽疏建筑，打通交通道路和消防通道，实现"三线"下地、"雨污分流"，加强环境整治和立面整饰，使环境、卫生、消防、房屋安全、市政设施等方面基本达到要求。

而在旧城镇的社区改造中，《补充意见》则突出了保护旧城历史文化，细化了历史文化街区的分类更新保护策略，将其分为只能对建筑进行原装修缮的绝对保护区、"修旧如旧、建新如故"的重点保护区和"因地制宜、分类分区"的更新改造区三类，对其进行有针对性地采取更新改造模式，把保护文化资源落到实处。

（3）管控机构

成立"三旧"改造工作领导小组，由市政府主要领导担任组长，分管副市长担任副组长，各区政府和各相关部门为成员单位。成立市"三旧"改造办公室（正局级），作为市"三旧"改造工作领导小组日常性工作机构，统筹全市"三旧"改造工作的常设性工作部门，负责集中办理"三旧"改造项目市级权限范围内的立项、国土房管、规划、建设等各项审批、审核事项，实行"一站式"服务。

（4）参与主体

主要是"政府主导、市场参与"。政府主导：各区政府是"三旧"改造的第一责任主体，负责改造前期摸查、编制改造方案和拆迁补偿安置方案、拆迁安置、行政强拆、建设本区就近安置房、土地储备整理、项目运作、建设管理、维护社会稳定等工作，形成了"三旧"改造参与主体的重心下移、权责一致、统筹高效的职能分工体制。市场参与：市场开发商可通过投标的方式，参与到"三旧"改造的项目中。

（5）资金来源

"三旧"改造的资金主要源于市场主体。《工作意见》提出，"三旧"改造要拓宽融资渠道，以土地有形市场为平台，公开吸引市场主体全面投资"三旧"改造项目；积极探索选择有社会责任、有品牌、有实力、有经验的开发企业参与"三旧"改造项目；建立公平、合理的利益补偿、分配和平衡制度，激励原用地主体参与改造，在符合政策法规和一定条件的前提下，允许"三旧"改造项目的原用地主体采取合作合资等方式自主实施改造。

《补充意见》则优化了旧村庄社区改造的资金来源，鼓励通过土地公开出让招商融资。若村集体经济组织开展前期工作有资金困难，可向区政府申请从"三旧"改造专项资金中调剂周转，相关费用纳入改造成本在土地出让收益中一并返还。

此外，针对为保护历史文化风貌而控制建筑高度、不能就地平衡且已纳入年度实施计划的"城中村"改造项目，经市"三旧"改造工作领导小组批准后，在"三旧"改造专项资金中予以补贴。

（6）实施效果

《工作意见》实施以来，通过各级各部门的努力，广州市"三旧"改造工作取得了明显成效。在2010～2013年，广州实现了"三旧"改造用地超过30平方公里的奇迹，相当于广州1年的供地总和。其中涉及珠江钢琴、珠江啤酒、广州药业等数家上市公司，涉改造的旧厂房等用地数千亩。广州"旧城改造一村一策、一厂一策"的核心是城中村、旧厂房土地的出让收益由政府、房企和村民或工厂三方分成；具体分成比例由三方议定。而按照国家相关法律规定，集体土地转变性质出让，必须先由土地管理部门按规定收储，再严格按照招拍挂出让。

"三旧"改造时期的社区更新主要关切物质层面的更新，包括市政基础设施和公共服务设施的增补、危破房的拆建修缮、重要区位城中村的拆除重建等。

3.4.1.3 微改造城市更新阶段（2015年至今）

广州市于2015年成立"城市更新局"，构建城市更新"1+3+N"政策体系（图3-15），并编制《城市更新总体规划》，逐步完善城市更新的规划技术体系架构。同时，以原"三旧"改造为抓手，继续推动城市存量空间的盘活再利用，引导城市社区更新从单纯的物质空间拆建修补转向城市空间的微改造与有机修补，推进社区更新的全面改造与微改造并行，注重旧城社区更新控量提质和老旧小区空间改造与历史文化传承、产业升级和社区治理优化的有机结合，促进老城区人居环境改善。

（1）城市更新范围

依据《广州市城市更新办法》（市政府令第134号，2015年9月28日市政府常务会议讨论通过，自2016年1月1日起施行，以下简称《更新办法》），城市更新范围仍为旧厂房、旧村庄、旧社区用地为主。旧厂房用地包括：城市市区"退二进三"的产业用地；由广州市城乡规划确定的、不再作为工业用途的旧厂房（厂区）用地；国家产业政策规定的禁止类、淘汰类产业以及产业低端、使用效率低下的旧厂房用地；不符合安全生产和环境要求的旧厂房用地。旧村庄用地是指：在城市建设用地规模范围内，布局散乱、条件落后，规划确定改造的旧村庄和列入"万村土地整治"示范工程的村庄。旧城镇用地是指由政府依法组织实施的对棚户区和危破旧房等地段进行旧城更新改造的区域。

（2）主要模式——全面改造与微改造并行

《广州市城市更新办法》（市政府令第134号）和《广州市人民政府办公厅关于印发广州

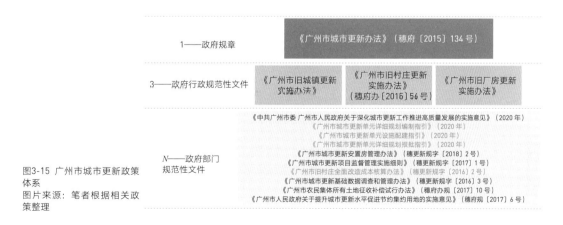

图3-15 广州市城市更新政策体系
图片来源：笔者根据相关政策整理

市城市更新办法配套文件的通知》（穗府办〔2015〕56号）中提出，城市更新方式包括全面改造和微改造两种方式（图3-16）。全面改造是指以拆除重建为主的更新方式，主要适用于城市重点功能区以及对完善城市功能、提升产业结构、改善城市面貌有较大影响的城市更新项目。其中属历史文化名村、名城范围内的地块，不适用于全面改造。

微改造是指在维持现状建设格局基本不变的前提下，通过建筑局部拆建、建筑物功能置换、保留修缮，以及整治改善、保护、活化，完善基础设施等办法实施的更新方式，主要适用于建成区中对城市整体格局影响不大，但现状用地功能与周边发展存在矛盾、用地效率低、人居环境亟需改善的地块。实施微改造的主要是旧村庄、旧城镇中的社区。

技术路线上，广州市制定了对接城市总规、详规的"城市更新总体规划—城市更新片区实施计划—城市更新片区策划—城市更新单元详细规划—城市更新年度计划—城市更新项目实施方案"的城市更新规划编制体系，管控存量资源的更新利用（图3-17）。宏观上城市更新总体规划摸查、评估城市存量资源的更新改造潜力，微观上结合地区的实际诉求，实施方案确定地区实施改造采用的方式。

近年来，广州还陆续出台了若干政策推动老旧小区微改造的进程，如《广州市老旧小区改造试点工作方案》（穗更新函〔2018〕596号）、《广州市老旧小区微改造设计导则》《广州

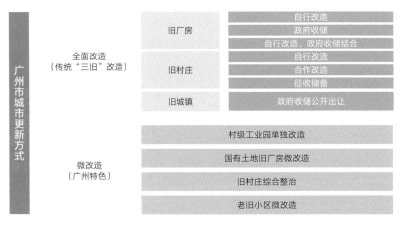

图3-16 广州市城市更新（"三旧"改造）方式
图片来源：广州市城市更新局

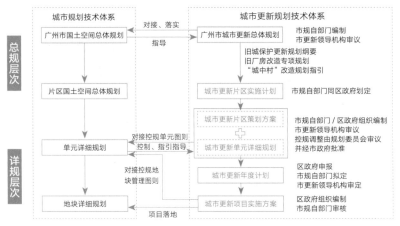

图3-17 广州市城市更新规划技术体系架构
图片来源：笔者根据相关资料整理

市老旧小区微改造三年（2018～2020）行动计划》（穗更新函〔2018〕702号）等（详见附录1）。

同时在城市更新中，对历史文化街区及各类历史文化遗产类建筑，应当根据相关法律法规的规定及规划要求进行保护，鼓励合理的功能置换、提升利用与更新活化。

（3）管控机构

市政府在原"三旧"改造办的基础上，于2014年1月组建城市更新局，将"三旧"办、市有关部门统筹城乡人居环境改善的职责全部整合划入（2019年政府部门重组后，该局职能又被分解到了住建局与规划与自然资源局）。

城市更新局负责审议城市更新重大政策措施，审定城市更新规划、计划和城市更新资金使用安排，审定城市更新片区策划方案及更新项目实施方案。市更新局是城市更新工作的主管部门，负责全市低效存量建设用地的盘活利用和城市危破旧房的更新盘活，统筹协调全市城市更新工作。各区政府是城市更新工作的第一责任主体，负责统筹推进本辖区内的城市更新工作，组织城市更新基础数据调查，组织本辖区城市更新改造计划和相关方案编制，依法组织开展拆迁安置、建设管理等工作，维护社会稳定。

（4）参与主体

城市社区更新的主体相对灵活。城市社区更新可以由市政府工作部门或区政府及其部门作为主体，也可以由单个土地权属人作为主体，或多个土地权属人联合作为主体，综合运用政府征收、与权属人协商收购、权属人自行改造等多种改造模式。危险房屋的治理，按照房屋安全管理相关规定办理。通过市场运作的城市更新项目，参与主体应当选取与更新规模、项目定位相适应，有资金实力、开发经验和社会责任感的诚实守信的企业。

（5）资金来源

《广州市城市更新办法》中，拓宽了城市社区更新的资金来源渠道，包括且不仅限于市、区财政安排的城市更新改造资金、国家有关改造贷款政策性信贷资金、融资地块的出让金收入、参与改造的市场主体投入的更新改造资金和其他符合规定的资金。

3.4.2 城市更新政策和社区更新总结

广州市的城市更新政策变迁大致分为三个阶段，多轮的政策变更实质是在积极探索适合本地特点的城市和社区更新模式（表3-11、表3-12）。

（1）2009年前的初步探索阶段。从政府主导零星改造（1992年之前）、引入市场力量（1992～1997年）、政府主导并禁止市场力量介入（1998～2006年）、再到引入市场力量（2006年底至今）。该时期由于没有形成系统性政策框架和完善的总体更新规划，城市社区更新呈现零星、散布的状态；而引入市场资本后，又造成局部老城区城市肌理和历史风貌破坏、空间不正义等现象；1998～2006年，政府严格限制市场资金进入旧城更新，由政府选择项目和投入更新，以单个项目更新为主，老城人居环境和历史面貌有所改善；2006～2009年缓慢引入开发商，总体上看社区更新进展仍然缓慢。

广州市的社区更新政策变迁及具体内容

表 3-11

城市更新政策阶段	相关机构	标志事件	关于社区更新
初步探索阶段	无	1992年前政府零星改造	城市社区更新呈现零星、散布的状态
		1992~1997年引入开发商	
		1998~2006年禁止开发商介入	
		2006~2009年缓慢引入开发商	
"三旧"改造阶段	"三旧"改造办	2009年"三旧"改造办成立	政府"三旧"改造办统筹,对52个旧村庄社区重建;成片重建改造、零散改造、历史文化街区改造,配以公共服务设施改造旧城镇社区
		2012年补充文件	旧村庄社区可自助申请重建
城市更新阶段	城市更新局	2015年城市更新局成立	城市社区更新方式包括全面改造和微改造方式

资料来源:笔者根据广州市相关政策文件整理。

广州城市更新政策变迁对比

表 3-12

政策	年份	管治机构	资金筹措	社区更新类型
《关于加快推进"三旧"改造工作的意见》	2009	"三旧"改造办	成片重建改造项目区政府为主体,建立投融资平台,采取市场开发方式进行运作;零散改造项目原则上由业主负责修缮改造,其中直管房修缮改造和街区公共设施整治费用由区政府出资;历史文化街区按上述办理;旧村社区全面改造项目,可通过土地公开出让融资,或由村集体经济组织采取其他方式融资改造	旧村庄社区:52条全部重建;旧城镇社区:成片重建改造、零散改造、历史文化街区改造,配以公共服务设施改造
《关于加快推进"三旧"改造工作的补充意见》	2012	"三旧"改造办	鼓励通过土地公开出让招商融资实施"城中村"改造	旧村改造模式差异化,除指定的52个全面改造城中村外,其他村落社区申请全面改造经村民协商,并按规定程序纳入年度实施计划后可实施
《广州市城市更新办法》(市政府令第134号)《广州市人民政府办公厅关于印发广州市城市更新办法配套文件的通知》(穗府办〔2015〕56号)	2015	城市更新局	市、区财政安排的城市更新改造资金;国家有关改造贷款政策性信贷资金;融资地块的出让金收入;参与改造的市场主体投入的更新改造资金;更新改造范围内土地、房屋权属人自筹的更新改造经费;其他符合规定的资金	旧城镇、旧村庄的更新方式包括全面改造和微改造两种方式。其中涉及社区更新的主要是微改造。2016年广州实施38个微改造试点项目

资料来源:笔者根据广州市相关政策文件整理。

(2)"三旧"改造阶段(2009~2015年)。在"三旧"改造工作领导小组和"三旧"改造办公室统筹下,广州市对52个旧村庄社区重建;成片重建改造、零散改造、历史文化街区改造,配以公共服务设施改造旧城镇社区。除指定的52个全面改造城中村外,其他村落社区申请全面改造需经村民协商,并按规定程序纳入年度实施计划后可实施。

(3)微改造与全面改造并行阶段(2016年至今)。涉及社区更新的主要是微改造,拓宽了城市社区更新的资金来源渠道,社区更新的主体相对灵活,2016年广州全面开展实38个微改造试点项目,并在2年内先后顺利完成。

三个阶段的城市更新变迁和社区更新类型变化，体现了广州城市更新目标趋向多元化和管控趋向精细化：

（1）目标趋向多元化。初步探索至"三旧"改造阶段，新区快速扩张背景下的城市更新，更多是对衰败的物质空间改造，同时看重老城优越区位和资源集中带来的经济回报，可认为一定程度上是经济驱动的城市更新改造活动。近年来的微改造阶段，政府更加强调社区更新中的历史文化保育、构建"共建共治共享"的社会治理格局。经济的增长和物质空间的优化不再是城市和社区更新的唯一追求目标，城市社区更新目标趋向多元化和社会效益。

（2）管控趋向精细化。初步探索阶段的广州市旧城改造，缺乏上位政策指引、未预先制定完善的规划方案，在实施过程中大多是零星地推进改造，未能对城市更新统筹考虑和精细管控。"三旧"改造阶段和城市更新微改造阶段，政府分别设立了专门的职能部门——"三旧"改造办公室和城市更新局，均承担着统筹、管控和协调更新改造事务的职责。这两个部门在不同时期均出台了《"三旧"改造规划》和《城市更新改造规划》。《"三旧"改造规划》设定了广州市"三旧"改造的图斑，原则上只能对图斑内土地进行更新改造，而图斑外的土地的更新改造，则需要进行额外的审批流程。机构设置、规划编制、流程规范都提升了对城市更新的精细化管控。

3.5
广州城市社区更新的机遇与挑战

3.5.1 机遇

▶ **3.5.1.1 空间提质：高质量发展需求**

新型城镇化是集约、节约高质量发展的城镇化新阶段，老城区存量空间的提质改善是新型城镇化重点内容之一。广州老城区是老旧社区的集中分布区域，承载着较高的人口密度，具备社区更新的迫切需求。根据《广州市历史文化名城保护规划》，老城区的具体范围为由东濠涌—小北路—环市中路—环市西路—人民北路—流花路—广三铁路—海旁内街—新民大街—革新路—梅园西路—工业大道北—南田路—江弯路—江湾大桥形成封闭环状地区，面积为20.39平方公里（图3-18、图3-19）。现存2000年以前建成的老旧小区共

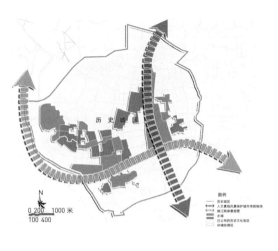

图3-18 广州旧城区范围
图片来源：广州市人民政府. 广州市历史文化名城保护规划
[R]. 2014

图3-19 广州"一城两带多区"的保护框架示意图
图片来源：广州市人民政府. 广州市历史文化名城保护规划
[R]. 2014

779个，建筑面积5180万平方米，涉及人口约80万户、260万人。老旧小区物业建设标准和配套设施指标较低，普遍存在建筑风貌破败、公共服务配套缺失、道路交通混杂、公共空间匮乏、安全隐患凸显等问题，无论是硬件设施还是社区治理水平均难以满足当下人居环境高质量发展要求，社区更新亟待大范围推进。

3.5.1.2 社会基础：第三方组织和新闻媒体

广州市一直是中国最具市民社会特点的城市，第三方组织相对活跃，新闻媒体能积极起到社会监督作用，而政府更能包容平等的对待本地和外来市民、愿意接受社会监督。

近年来，与社区文化保护和社区更新相关的第三方组织在广州相继成立。例如专注于推广历史文化建筑保育工作的"古粤秀色"，是广州首个历史文化保育的第三方组织；共同缔造委员会、公共咨询委员会等第三方组织，通过与政府和社区合作，积极推动老旧小区改造、环境整治、旧城重大公共设施规划等。

同时，广州有着活泼自由的新闻气氛，出现了一批优秀新闻媒体。如《新闻日日睇》等新闻时事评论节目，敢于发现并深挖民生问题的根源，常用系列报道的方式对民生问题跟踪报道，深受群众欢迎。在新闻媒体的努力下，广州打下了舆论监督的先河，而广州市政府也以包容开放的态度，愿意接受社会舆论与市民监督。

3.5.1.3 文化资源：文化保育与产业植入

广州作为首批国家历史文化名城，老城内保留了以历史文化街区、历史建筑为物质载体的大量历史文化资源；岭南地区重视乡风民俗的传统推动广大市（村）民积极传承文化，包括端午赛龙舟、节事舞狮庆祝等节事文化，刺绣、粤剧等非物质文化遗产。在社区更新中，居民诉求不仅在提升物质环境、改善硬件设施配套，更需要保育和传承历史文化。

目前大多数有城无产的老城区更需通过社区更新推动产业重构，挖掘有价值的历史文化和社区文化作为抓手，将文化资源转为文化资本，促进创意、创新产业在老城区布局与发展，为旧城区提供产业复兴的机遇。

3.5.2 挑战

广州的社区更新挑战与机遇并存，资金来源、人力资源、时间成本等方面是面临的挑战。

3.5.2.1 资金来源：社区更新的资金来源单一

根据广州市城市更新政策变迁的历程，目前社区层面的更新资金主要来源为政府（除了大规模拆除重建）。虽然广州是全国GDP第五高的城市（按2020年第三季度统计），但是大部分的税收需上缴广东省及中央财政进行再分配，自身可支配的不足30%，而市财政用于更新的资金比例更是不足1%。

以2019年为例，广州市税务部门的国内税收收入全年达4639.4亿元，而留在广州使用的税收收入1325亿元，税收自留比例仅为28.56%。在可支配的公共收入中，市级财政共计投入226.1亿元完善交通枢纽功能，占年度预算的23.77%；教育、医疗、社保、公共安全等支出也占市级财政较大比重；而当年投入城市更新改造资金为8.5亿元，占0.89%。在社区更新有广泛需求的背景下，亟待拓宽资金筹措渠道，解决资金来源单一的问题。

3.5.2.2 人力资本：社区更新人才匮乏

广州城市社区更新目标日益多元化，不仅仅是经济指标增长和物质环境的提升，更加关注传统历史文化保育、社区活力提升等社会效益。这就要求从事和参与社区更新的相关人员，如行政管理者、社区规划师和社会工笔者等有着较高的业务能力和综合能力。社区规划师的工作范围也需要拓展，不仅能绘制或理解社区更新的设计方案，还需要系统深入了解历史文化特色，调动当地居民的主观能动性，协调第三方组织介入社区更新，促成多方协作规划的进程等。当下中国的城乡规划师大多接受城乡规划专业知识学习，例如城市总体规划、控制性详细规划、修建性详细规划、城市设计等规划设计类课程，而如何与居民沟通、提升公众参与能力、发掘社区能人等内容仍需拓展学习。尽管广州有若干优秀社区更新案例，如泮塘五约的社区更新微改造，2018年开始实施"社区规划师制度"，但是仍然缺乏专业和综合能力兼具的大批社区规划师人才。

3.5.2.3 时间成本：更新改造时间有限

社区更新是一项需要长期推进和优化的工作，物质环境更新可以在一定期限内完成；而建构邻里和谐关系、激活居民参与热情和提升社区认同感，进而最终实现社区"共建共治共享"的治理格局，是一个累进的过程。然而，现实背景下社区更新类项目并没有被赋予过多的时间。首先，社区更新项目从立项到完成都有时间期限，政府资金拨付和使用也需要按照年度计划完成。其次，承担社区更新规划设计的单位大多工作量饱和，需在同一时间期限内担负多线任务，难以对单一项目进行长期跟踪优化。因此，大多数项目只能在期限内完成物质环境更新提升，仍然面临长期优化社区人文环境工作的挑战。

4

第4章 广州城市社区更新的类型

本章将结合典型案例分析广州不同类型的城市社区更新实践，包括蔡一村村庄规划、恩宁路历史街区保育、永庆坊微改造、仰忠社区老旧小区微改造、同德街整治规划、泮塘五约微改造等6个社区更新实践。根据社区更新规划中协作主体的差异，将案例分为基于专业服务组织、学者力量、开发商公司、居委会和街道、监督组织和共同缔造委员会的协作模式，分别对各案例的更新概况、社区更新规划发展历程、协作式规划运作机制、成效评估等方面进行系统研究。

4.1
基于专业服务组织的协作——蔡一村村庄规划

4.1.1 蔡一村概况

▶　　蔡一村隶属广州市番禺区东环街道最东部，东至旧水坑，南至竹山村、甘棠村，北至樟边村、新水坑村，西至蔡二村、蔡三村，占地面积约3.5平方公里。区位优越，靠近市桥中心区，是未来番禺中心城区的重要组成部分。交通出行便利，东部有番禺大道穿行而过，毗邻在建的地铁22号线、18号线和已建成的地铁3号线市桥站。村周边邻近集耀广场、万佳汇、蔡边市场等商场，生活配套成熟。从空间关系上看，蔡一村位于城镇建成区外、城镇规划建设用地内，属于"城边村"，是生产和生活方式半城镇化的村庄，属于本书讨论的过渡演替式社区类型（图4-1）。

蔡一村的发展历史可追溯到建立于800多年前的蔡边村。蔡边村历史悠久，开村800多年来传宗至今31代。蔡边村原名"梓林村"，村庄原先多姓并居，因蔡姓族人繁衍昌盛，人脉居首，故称蔡边。因村庄靠螺山岗，又名螺山乡。据史料记载，南宋咸淳年间（1265~1275年），蔡氏兄弟两人从南雄珠玑巷南迁，途中失散。其兄到梓林乡（即今蔡边）南街坊居住，其弟则到东莞塘厦村定居。当时梓林乡先有其他姓氏人聚居，但蔡姓人口发展较快，其他姓氏的人就把蔡姓人居住的地方叫蔡边。后来，这里其他姓氏的人口渐渐减少，并且外迁他乡。蔡姓人居住的地方最终形成现在的蔡边一村、二村和三村。

图4-1 蔡一村区位示意图
图片来源：广州市番禺城市规
划设计院

　　蔡一村建村有着深厚的历史文化底蕴，村内有着丰富的文物古迹，包括蔡元培亲笔题字命名的祠堂——光裕堂，一年四季永固干涸、清冽的泉水——日月泉，清朝文物古迹——螺山文昌塔，光绪帝颁下的——木制圣旨，早期华侨归隐的居所——侨隐，美丽的螺山传说和浦缘石传说，以及800年前流传至今仍未有人对出下联的日月泉绝联等，历史文化资源较为丰富。村中祖祠名"蔡氏大宗祠"，始建于明朝，清朝再扩建成型，民国11年（1922年）重修。大堂悬嵌"光裕堂"牌匾，堂名由蔡元培撰书。蔡氏大宗祠具岭南建筑风格，集明、清、民国时期的建筑材料，量材妙用，精心构思，工艺精巧，灰塑、木雕、砖雕、石雕惟妙惟肖，栩栩如生，是村中保存时间最长、历史价值最高的建筑物，于2010年被列为番禺区区级文物保护单位。

　　改造前的土地利用，中西部主要为村庄的居住和商业用地，居住片区的住宅楼以成片的握手楼为主；工业区主要在村外围的东北部，沿居住区周边也有少量工业用地分布，建筑以旧厂房为主，村庄整体风貌陈旧，居住环境亟待改善（图4-2）。北部和东部覆盖有大面积的林地、草地和耕地，自然生态环境优良。居住社区内公共服务设施集中分布在市新路东侧，主要的商业设施位于市新路沿线，包括肉菜市场、超市等；有两所中学，一所小学，一所幼儿园；文化室、老人活动中心各一间，酒堂三间（用于举办大型活动），社区卫生服务中心一处。2010年，广州市政府将蔡一村列为全市13个文化旅游村之一，村委会投入2000多万元，修建了螺山岗公园、日泉公园、西街公园、北街公园、休闲长廊、文化广场、孖祠堂等，丰富了村民文化生活，同时修缮了村道、安装环村路灯，改善了村民的出行环境。

　　根据2012年的调查，蔡一村集体经济年收入1825万元，以出租厂房、土地和物业的收入为主。村民人均收入1.92万元，略高于2012年广州市农村居民家庭人均收入水平（1.68万元）。村内产业以第二产业为主，音响产业为主要类型，还有家具厂、鞋业厂等。村内大部分土地已征用为国有土地，其他部分均以企业租借的形式用作发展工商业。

　　2012年底，蔡一村总人口6224人，在册户籍人口2276人、共632户，外来人口3948人

（表4-1），约占总人口63.4%；常住人口4762人，流动人口1462人。蔡一村人口结构为外来务工人员为主的城边村社区。从年龄结构看，村内老年人口319人，约占5.1%；适龄劳动就业人口5059人，占比超过80%；未成年人口846人，约占13.6%，社区年龄结构为"中间大两头小"的结构。从教育水平看，初中及以下文凭的人超过70%，统计在内的大学生不到50人，受教育水平整体偏低。

2012 年蔡一村人口信息一览表（人）　　　　　　　　　　　　　　　　　　　　　　表4-1

总人口	户籍人口	外来人口	年龄结构			初中及以下文凭人口
			0～18岁	18～64岁	65岁以上	
6224	2276	3948	846	5059	319	4552

资料来源：《2013年广州市番禺区东环街蔡一村村庄现状摸查报告》。

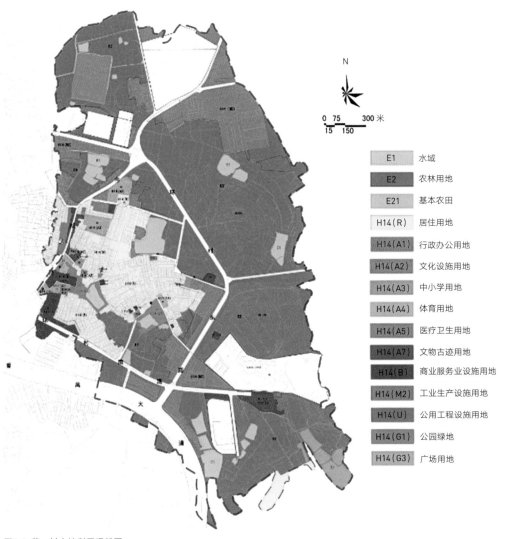

E1	水域
E2	农林用地
E21	基本农田
H14(R)	居住用地
H14(A1)	行政办公用地
H14(A2)	文化设施用地
H14(A3)	中小学用地
H14(A4)	体育用地
H14(A5)	医疗卫生用地
H14(A7)	文物古迹用地
H14(B)	商业服务业设施用地
H14(M2)	工业生产设施用地
H14(U)	公用工程设施用地
H14(G1)	公园绿地
H14(G3)	广场用地

图4-2 蔡一村土地利用现状图
图片来源：广州市番禺城市规划设计院

4.1.2 蔡一村村庄规划发展历程

4.1.2.1 事件起因

2013年以来，广州市大力推进美丽乡村建设，并要求2013年底完成全市1142个行政村的村庄规划编制，以村民参与和"三规合一"为主要方法，促进村庄规划落地。番禺区政府积极响应，将美丽乡村试点建设与名村创建紧密结合，选定21条村庄作为试点村，正式开展第一批市级美丽乡村的建设工作，蔡一村是试点村之一。

番禺区政府委托了广州市番禺城市规划设计院作为负责村庄规划的编制单位，同时，为快速摸查村庄现状和切实动员村民参与，区政府还委托了广州参客公司（城乡规划、公众参与和社区治理领域的专业咨询机构）作为专业服务组织，负责对接村庄村民摸查现状，并协调组织村民参与村庄规划全过程。由此形成了村民、村委会、规划师、东环街道办事处、广州参客公司和各级单位部门等多元主体参与的规划协作关系。

4.1.2.2 规划过程

《番禺区东环街蔡一村村庄规划（2013～2020）》编制工作于2013年5月启动，经过村民动员大会、现状摸查及调研、组建工作坊共商规划方案、规划草案编制、村民大会审议、专家联合审查、规划成果公示等阶段（图4-3），规划于2014年9月正式完成。随即启动的近期建设计划在2015年取得阶段性成果，"生态、自然、优美的宜业宜居的商贸示范村"的框架已基本搭建完成，具体建设项目的实施正在有序推进。

图4-3 蔡一村村庄村民参与规划流程图

图4-4 蔡一村规划前期会议及调研现场
图片来源：广州参客公司

在规划前期，广州参客公司在东环街道办事处的授权下组织了村民动员大会，初步向村民介绍本次村庄规划的意义和要点，宣传村庄规划与村民自身利益息息相关的重要性，并向村民强调本次规划中村民的参与权力与参与途径。随后，为了科学高效地针对蔡一村实际情况设计调研方案，广州参客公司协调各方代表组织了蔡一村初步规划方案调研征求意见会，参加会议的人员包括蔡一村村民委员会书记、村长等主要干部，部分村民代表，广州市番禺城市规划设计院设计人员。会议上由村长向设计人员简要介绍了蔡一村的各方面基本情况，以及其村民新村开发的意愿和方向（图4-4）。

现状调查主要通过定向调查（主要对象为村两位委会成员、生产社社长、村民代表、村党员）和随机调查进行问卷调查和入户访谈，调查内容主要包括个人及家庭基本情况、住房情况、村民生活满意度、村庄设施满意度以及村民对村庄规划其他方面的建议或意见。结合《现状集体经济项目摸查表》《村域公共服务设施及市政基础设施情况摸查表》《村庄历史文化现状调查摸查表》《村民住宅建设需求摸查表》《村庄近期建设需求表》等"三图十四表"的填写和核查，蔡一村发展诉求主要有以下4个方面：①设农民公寓，满足历史欠房户、新增分户的居住需求；②推进旧厂房升级改造，优化土地利用，促进村经济发展；③完善配套设施，主要包括道路交通、公共服务设施、市政设施和环境卫生等方面；④落实历史文化保护和传承开发。

为深入协商现状发展问题和讨论规划草案的修改方案，蔡一村规划工作坊于2014年1月13日正式成立。在广州参客公司的组织协调下，工作坊的与会单位和人员包括广州市规划局、广州市规划局番禺分局、东环街道办事处城建中心、番禺区国土局、番禺区农业局、东环街蔡一村村委会、广州市番禺城市规划设计院，以及50名村民代表等工作坊上各主体就现状发展问题进行开诚布公的交流，最终形成有建设性的建议，支持了规划方案的科学合理编制。规划方案草案制定完成后，在广州参客公司的组织下由村委监督委员会、村民代表、党员代表联席村民代表大会对规划成果进行审查，村民代表以举手投票的方式进行方案表决。最后，经过专家联合审查与规划成果公示，蔡一村村庄规划村民参与全过程完满结束。

4.1.3 协作式规划运作机制解释

4.1.3.1 组织架构

在蔡一村的规划案例中，参与协作的主体包括广州参客公司、村民、村委会、规划师、东环街道办事处和各级政府部门等。从村庄规划的实际运营情况来看，广州参客公司的主要职能是为村民表达意愿开辟渠道，为村民、村委、规划师和政府等多元主体的交流协作提供平台，并且监督规划成果的公正公开。在操作过程中通过走访调研、整理归纳现状资料信息、组织动员大会、座谈会、工作坊、村民代表大会等方式完成推动公众参与的任务。

村民作为村庄主体，最关心的是村内与日常生活工作息息相关的问题，在规划中主要通过表达意见，为规划师提供解决现状问题的方向，并通过监督意见是否在规划中落实来行使决策权。但总体而言，村民受教育程度偏低，大多为初中、技校中专和高中学历，受专业知识和参与意识的限制，无论是参与方式还是参与内容对村民来说都是相当大的挑战。村委会则关注村集体的长远发展格局，从结构上和方向上提出宏观的建议，并审核规划方案是否符合村庄现状和发展要求。与以往不同的是，在广州参客公司的组织协调下，村委会不再以村民代表的角色参与规划，而是从相对独立的角度出发表达意见。东环街道办事处负责在蔡一村和上级部门之间协调信息。规划师卸下了前期调查和组织会议的重任，主要负责编制、修改和解释规划方案，大大提高了效率。而政府转而主要负责发起规划，统筹规划流程，把控规划成果是否同时满足经济效益、社会效益和生态效益（图4-5）。

4.1.3.2 协作重点和过程分析

蔡一村在规划参与过程中反映最强烈的是用地问题，村书记在访谈时提到：

"我们（村）主要是地的问题，没土地就没发展。但是在普通村民眼中，村内的所有土地是没有用地性质之分的，他们觉得空着的土地就应该按照村民需求进行利用。所以规划

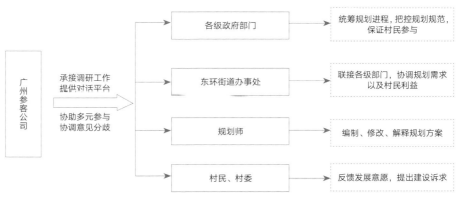

图4-5 蔡一村村庄规划组织架构图示

师强调村里已经没有可用的建设用地的答复后，村民意见很大，不仅村民就连村委干部、理事会成员都不能很好地理解这个事情。"

这样的情况致使规划编制工作一度停滞。受区政府委托，广州参客公司一方面加大对村民的政策宣讲，试图使其理解土地使用的相关规定，另一方面也积极向市规划局、国土局等部门反映情况，表达村里要求增加用地指标的诉求。

在这一过程中，广州参客公司在各部门和村民之间听取、收集并整理各方意见：村委会最开始提议利用旧村旁边的一块用地，但因无法满足建筑环境的配套要求而被放弃。随后规划局建议改造旧厂房腾出用地，得到了村委、理事会的同意，却因为涉及土地转换问题，没有相关证明国土规划无法办理相应手续，最终也被否决。规划师在没有得到用地指标的情况下不能擅自改变现状用地性质。

规划工作坊就土地问题进行多轮沟通，现场讨论经历4个环节（图4-6）：首先是由村长就村里的现状情况作介绍；其次由规划师讲解前期问卷调查统计结果，并用粤语向村民代表解读规划成果，主要围绕建设农民公寓、优化路网布局、推进"三旧"改造等三个村民所关心的问题进行介绍；再次由参客公司与编制单位人员组织开展分组讨论，50名村民代表被分成五个小组，每个小组就发到手上的规划图纸上进行讨论，充分表达自己的意见；最后环节，各组成员重新归位，推举一个村民代表到前台汇报各小组讨论意见（图4-7）。

在面对面的交流方式下，政府各部门和规划师努力对政策做出合理解释，认真回应村民的疑惑，积极争取让村民了解规划。村民们通过现场与各部门的沟通，进一步了解美丽乡村建设对蔡一村的意义，并意识到自身的意愿和诉求能改变村庄建设的方案。在平等对话的氛围中，各参与方对规划师提出的方案进行了积极讨论，采纳与否在现场就能达成一致意见。例如在用地问题上，受"不新增建设用地"的约束，合理利用尚存的建设用地成

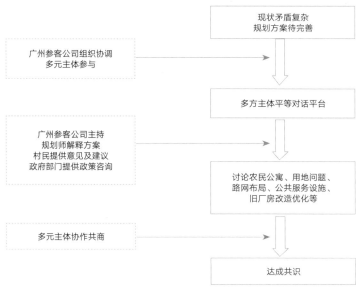

图4-6 蔡一村规划工作坊过程图示

图4-7 蔡一村规划工作坊现场
图片来源：广州参客公司

了唯一的选择。在规划师的解释下，政府各部门以及村民同意将零星分布在村庄各边角地区的闲置建设用地集中起来置换其他用地的方案，随后各方在具体哪块地作为挪换用地问题上交换意见，规划师根据参客公司提供的现状摸查报告对置换土地提出建议，国土部门评定置换的可行性，最终结合村民意见选择落地性强且真实符合村庄需求的方案。通过土地置换，既解决了农民住房需求，也保证了村庄建设用地符合土规要求，终于达成了参与各方都相对满意的解决方案。

4.1.4 规划协作的效果评估

蔡一村作为城边村，受城市辐射影响，村庄经济发展水平较其他村高，经济发展和用地之间的矛盾相对较大，人居环境改善需求的任务较重较大。主管部门一方面重视村庄发展经济的诉求；另一方面期望通过激发村民及村组织参与村庄规划的热情，建设为民所需的人居社区。在多部门全力支持下，引入专业服务组织以科学方法辅助民主决策。前期问卷调查的设计和入户访谈的实施都离不开专业组织提供的公众参与服务，参客公司在全过程中承接信息收集和活动组织的任务，起了穿针引线的协调作用，降低各主体之间的沟通成本，使得各部门力量得以整合，各司其职在规划工作中齐心为民谋发展，最终形成了真正有益于村民诉求解决的规划方案。

在规划中建立工作坊作为协作平台，使相关主体进行直接而充分的沟通，避免不必要的误解和矛盾。政府部门及专业规划单位不再是自上而下的决策主体，即使面对于村民的不合理意见，主要以解释、说服等方式交流沟通。流程的规范使得村民意见能够得到比较好的反映，村民的主体地位得到有效尊重。村民全过程参与，多方共同解决村庄建设问题的方式得到了蔡一村村民们的基本认可，村民的意见被真正采纳也进一步激发了其参与热情，从而积极配合政府领导及参客公司调研工作，共同商量解决方案。

"这个规划搞得挺到位的，来调查的人（广州参客公司）还帮我们跟上面领导反映情况，想不到他们那么热心。前段时间市人大也来过，北京那些大学的调研员也来过。今年调研都有四五次了。"

——村民蔡光杰

"以前从来没有这样过，我们都记不住上次规划是什么样的，稀里糊涂就过去了。但这一次真是不同了，许多区领导都来了。"

——村民蔡文娟

"（我）还是第一次面对那么多官员，之前都以为他们都很有架子的，没想到我们说什么他们还听。（虽然）争论得很厉害，最后还是得到了一个挺好的解决，已经很满意了。很多方案都是我们一起讨论出来的，最终的方案是经过大家一致同意才确定的。"

——参与工作坊的村民代表蔡家辉

虽然蔡一村在村民参与规划中取得了较好的成效，但是村民参与过程还是存在着以下两个问题：一方面，村民受教育程度普遍较低，缺少对村庄规划作用的了解。在参与过程中，村民由于自身专业知识的限制，更多是"提供意见"和"审核意见是否落实"部分，并不能够完全参与到规划的提出及制定过程中。另一方面，参与过程中村民个人利益导向过强。蔡一村规划中关于住房用地问题最终通过土地置换的方案得以解决，部分村民建房和经济发展要求未能满足，导致这部分村民对村自治机构并不完全信任，对村庄规划的公众参与表现出不主动和不配合的态度。村民对规划好坏的判定基本上取决于自身利益是否得到保障，一旦规划触犯到自身利益，村民们就会习惯性地对规划产生不满情绪，并表现出不支持、不配合和不参与的态度。

4.1.5 专业服务组织参与社区更新的思考

4.1.5.1 参客公司参与规划的条件分析

广州参客公司这一类的营利性服务组织参与社区规划时需要一定的前提条件，主要有以下3个方面：

（1）规划项目规模偏大，公众参与协调工作超出政府和规划师的负荷

蔡一村的规划项目是番禺区第一批21个市级美丽乡村试点村之一，受广州市政府"大力推进新农村建设"的号召，番禺区为第一批试点村规划建设定下了"一年初见成效"的目标。因此，21条试点村几乎同时开展规划编制工作，并需要在短期内取得一定成果，单凭政府和规划师的力量，在错综复杂的村庄现状中显然难以实现。面对项目规模过大且时间有限的情况，为确保规划方案真实代表蔡一村的发展诉求，需要引入第三方来承担部分协调功能，主要包括前期民意征询、中期互动讨论、后期草案公示等公众参与策划与实施的过程，这成了广州参客公司参与规划项目的客观前提。

（2）社区参与能力偏低，暂时无法自主参与规划

村民普遍教育水平偏低，规划方面的知识几乎为零，面对"违章建筑"和"建设用地

指标紧缺"等与其自身利益严重冲突的问题时，常常表现出与政府和规划部门对抗的态度，如果双方不能通过良好的沟通达成共识，规划编制工作难以推进，未来规划方案实施难度大。针对村庄社区参与能力普遍偏低的问题，有必要引入专业服务组织，在与村民建立互相信任关系的基础上，向其解释政策要求，化解对抗情绪，通过多种活动方式引导村民参与规划讨论。

（3）政府赋权，购买第三方专业服务

政府将组织协调公众参与的服务对外招标，是参客公司介入蔡一村规划编制的决定性条件。随着自上而下规划模式的弊端日益凸显，政府开始意识到"三民合一"（民主、民意、民规）的重要性；在精细化管理的要求越来越严格的情况下，对外购买部分社会服务成了多元化社会管理中更好的选择。参客公司参与蔡一村的规划在很大程度上依赖政府赋权，不过当前在"以人为本"的理念指导下，政府社会服务专业化、市场化的趋势越来越强，这为第三方组织发展并参与规划创造了良好的机会。

4.1.5.2 参客公司参与规划的积极作用

（1）提高公众参与的深度和广度

与规划师肩负多重角色、兼顾调研沟通和方案编制相比，参客公司专注于民意收集和组织协调，更有利于提高公众参与广度、深化公众参与的内容。从规划全过程看出，村民从之前对规划一无所知，只关注自己门前的一亩三分地，到后期可以提出有关公共服务设施、旧厂房改造的看法，甚至可以在规划师的解释下共同讨论土地置换的方案，这都离不开广州参客公司入户访谈、政策解释、座谈会等工作的铺垫，一系列的互动交流不仅为规划方案提供方向，还在潜移默化中培养了村民参与规划的能力。

（2）提高规划协作的效率

深入研究蔡一村协作规划中多元主体的伙伴关系，参客公司作为公众参与的组织者和协调者，通过与东环街道办事处和规划师的合作，搭建了三者各司其职的协作网络。参客公司主要负责村内活动组织协调，街道办事处主要负责协调上级各部门和各村之间资源调配，规划师则负责现状问题分析与规划方案编制，各主体得以专注于本职领域内的工作，在短期内让村庄规划实现公众广泛参与、重点协作，大大降低了多元主体沟通成本，规划效率得以有效提高。

4.1.5.3 参客公司参与规划的缺点

（1）以营利性质为主

广州参客公司是一家商业公司，属于营利性服务组织。营利性质在一定程度上限制了其在社会公共事业上的积极性，但是也符合市场运作规律。

"有时会出现个别强势的居民为了自身利益，带动大家（社区居民）强烈反对一些明明利好的政策，我们也很无奈，但我们不能改变他们的本意，只能如实反映，公司参与规划的原则之一就是公众参与的后果由公众自己承担。"

——广州参客公司员工

上述访谈内容一方面体现了来自市场的专业服务组织参与规划的客观中立性，以尊重村民本意为基本准则；另一方面也显现了其在上下协调中具有一定的被动性。

（2）服务范围受局限

参客公司的服务内容主要来自和政府签订的协议，在21个示范村项目中参客公司主要负责民意调查、组织和协调等工作。虽然协议内容和之后的相关工作，确实提高村民参与规划的意识、能力和的程度，但是培育村民自治能力、监督规划实施、规划实施评价等内容并不在本次的协议范围内，所以规划过程也未涉及该领域内容。专业服务组织参与规划的服务范围和内容还具有拓展空间。

（3）服务时效短、未能建立长期互动

规划方案正式定稿后，广州参客公司的使命也告一段落，因此参客公司与蔡一村之间的伙伴关系是短暂、有期限的。村民参与规划处于起步阶段，如果没有得到持续的培育，不利于促进内生性的社区自治。此外，后续阶段没有第三方组织公平公正的监督和跟踪，社区规划的实施难以确保有效性，不利于规划建设的动态调整。

综上，参客公司在政府赋权及购买第三方服务中参与村庄社区规划，这种模式的协作式规划有着特殊的适用性。该公司在参与过程中发挥重要协调作用，提高村民参与规划的意识、能力的程度，提高了规划现状调查和编制的效率。但是也存在着服务范围受限、服务时效短、未能与社区建立长期互动关系等问题，主要由市场的营利性质和运作规律所决定。从多元共治的角度看，这类专业服务机构参与协作规划的形式属于初步探索阶段。

4.2
基于公益组织的协作——恩宁路历史街区保护更新规划

4.2.1 恩宁路概况

▶　　恩宁路坐落在广州市荔湾区，处于老城区的核心地带，东起宝华路，西北至多宝路与龙津西路相接，与广州市传统历史文化商业步行街——上下九相连（图4-8）。恩宁路全长约750米，沿路两侧

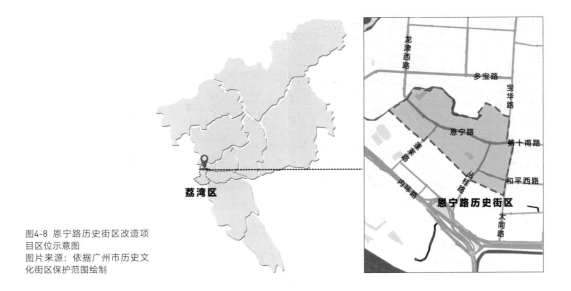

图4-8 恩宁路历史街区改造项
目区位示意图
图片来源：依据广州市历史文
化街区保护范围绘制

为商住混合的骑楼，街区内部为连片低矮密集的民居，以竹筒屋、西关大屋和民国洋房为主，至今仍较为完整保留清末民国时期西关商贸区的布局形态。它是广州现存最完整的骑楼街，是市内广府文化遗产最丰富的典型传统风貌社区，也是本书讨论的传统街坊式社区更新的代表。

在最初修建时，恩宁路的一头为恩洲村，另一头为宁溪村，修建道路正好连接两村，因而双方协议为道路命名"恩宁路"。明清以前，恩宁路街区已经有居民在此生活。明清时期，广州城西门外一带统称"西关"，恩宁路即在此范围内；因经济逐步发展兴盛，西关地区的人口开始增多。清朝后期，因地理条件优越、"一口通商"对外政策等因素，西关发展成广州的经济贸易核心区，并随着经济发展和人口增多，开始大规模城市建设，当时恩宁路所在街区被定位为以居住功能为主的综合性商住区。恩宁路以优越的地理位置和包容性文化吸引了不少社会名人、文人雅士、粤剧曲艺界从业者在此落户，该街区一直具有良好的戏曲文化氛围，是粤剧、南拳、南狮等民间文化艺术的发源地之一。恩宁路还承载了广州民间传统文化技艺，如铜器手工艺。片区内拥有众多文物保护单位和历史价值较高的建筑，例如八和会馆、詹天佑故居、李小龙祖居、泰华楼、金声电影院、宝庆大押等。

恩宁路历史文化街区保护范围总面积16.03公顷，其中核心保护范围5.38公顷，建设控制地带10.65公顷。区内保留有不可移动文物7处、历史建筑7处、传统风貌建筑5处、不可移动文化遗产保护线索31处，以及640米长骑楼街、5条传统街巷和13条麻石街巷等物质文化遗产要素；国家级非遗项目（粤剧）、省级非遗项目（西关打铜工艺）、传统节庆与民俗、传统手工艺和名人故、旧居等非物质性要素。

图4-9 恩宁路历史建筑及传统技艺

4.2.2 恩宁路保护更新规划的发展历程

4.2.2.1 规划起因

随着时间的推移到20世纪90年代，恩宁路内部物质环境逐渐老化，老建筑年久失修，公共基础设施难以负荷现代化需求，业态落后带来内城经济衰退。广州市荔湾区更新改造办公室给出的评价是"天晴怕火灾、下雨怕塌楼，公共基础设施薄弱，低收入家庭、残疾人、外来流动人员等弱势群体聚居，居民群众生活环境亟待改善"。

21世纪初，广州期望通过举办2010年亚运会的契机，展示城市现代化形象和深厚的文化底蕴，为此开展了大规模的城市环境治理工程。恩宁路由于地处最具老广州风情的西关地区，且临近热点旅游目的地——上下九路商业步行街，更新改造受到高度重视。同时，随着我国一线城市陆续进入后工业化发展阶段，文化导向的城市更新成为城市再开发的重要策略，恩宁路拥有丰富的历史文化遗产、深厚的文化底蕴、良好的区位条件，有利于打造出商业附加值高的文化经济产品。

2006年，广州市在"中调"战略的指引下，本着"保护历史建筑，打造历史文化保护街区，改善人民群众生活条件"的宗旨，将恩宁路作为广州市实施危破房连片改造的试点之一，正式启动"恩宁路危破房连片综合改造项目"。从2007年至今，恩宁路的保护更新规划方案经历了六轮易稿。荔湾区政府结合规划编制单位、专家学者、媒体、居民等多方意见，以历史文化保护与传承为首要准则，对恩宁路历史文化街区的保护规划方案进行严格把关和审查，以期能向社会和市民交出一份满意的答卷。广州市也在积极探索老城社区文化保护与更新的新路径。

4.2.2.2 规划历程

（1）第一版规划

《荔湾区恩宁路地块改造试点规划方案》于2006年正式提出。该方案采用推倒重来的改造模式，规划总用地面积81146平方米，涉及房屋1965户，计划拆除房屋1539户，拆迁量接近80%，改造后的街区主要由休闲商业街和安置小区构成，大部拆除规划范围内的老旧建筑，历史空间肌理被彻底解构。"大拆大建"模式受到了当地居民的强烈反对，并要求政府重新规划。

（2）第二版规划

2007年9月，广州市文物考古研究所介入评估恩宁路街区内的历史建筑，并形成相关调研报告，对改造拆迁提出相关建议。荔湾区政府在调研报告基础上，重新制定了第二版改造规划——《恩宁路地段旧城改造规划》，提出对有重要价值的历史建筑进行重点保护和适当保留，保留恩宁路骑楼街、永庆坊与多宝路街区，其余区域拆除重建。在该轮规划中，为实现街区内经济平衡，容积率从2006年的1.78提高到2.0；以"重塑街区整体风貌"为目的拆迁部分建筑，置换发展休闲旅游、文化娱乐、创意产业等；并规划一定量的高层住宅，完善居住功能。然而，该方案未正式通过审核，在居民毫不知情的情况下，2007年底启动了恩宁路的拆迁，拆迁行动又引起了居民的强烈抗议，也掀开了恩宁路保卫历史文化的序幕。

由于拆迁涉及了多处民宅，方案并未给出合理的拆迁安置或补偿方案，于是街坊们开始自发联名上访，要求取消拆迁。该活动引起了媒体的热议，新快报于2009年底刊登了《恩宁路改造规划不能偷偷摸摸进行》，对恩宁路规划改造的不公开以及公众缺乏知情权等问题提出质疑，正式将恩宁路改造议题推向社会，成为关注的焦点。

（3）第三版规划

荔湾区政府2009年12月22日对第三版规划方案进行公示——《恩宁路历史文化街区保护开发规划方案》，提出作为广州最具特色的老城区，恩宁路改造更新应当传承岭南文化、延续城市记忆，空间形态要与荔湾老城中心区整体协调，互相融合，功能布局应该注重与特定历史文化区位相适应等改造思路。项目定位为：具有浓郁西关风情，延续传统生活氛围，体验岭南民俗情景的精品消费街区，荔湾老城怀旧旅游的人文休憩中心。采用现场、电话、网络等方式向群众、专家和关心岭南文化保护开发的各界人士征询意见。该方案虽然提出就地平衡的改造原则，但仍以商业开发为主，且不安排回迁（图4-10），引发了新的矛盾。同时，吸引了一群大学生和社会志愿者，以历史文化保育和公众参与为共同兴趣，自发组成"恩宁路学术关注组"（以下简称关注组），主动深入恩宁路街区内部与老街坊交流探讨当地改造话题。在关注组的互动启发下，居民的关注重点从个体利益维护扩大到整体历史保护，2010年183户住户联名上书荔湾区城市更新改造办公室，以保护历史街区为由要求召开座谈会，公开论证并修改规划方案，动迁率已达77%的恩宁路项目被临时叫停。

（4）第四版规划

在内外因素的推动下，荔湾区政府于2010年10月邀请著名规划、文物保护、建筑、人大代表等专家组建"恩宁路旧城改造项目专家顾问组"（以下简称顾问组），对恩宁路保护与更新方案进行严格把关和审查。2011年6月，市规委会通过了恩宁路改造地块的《恩宁路旧城改造更新地块控制性详细规划导则更改》，该导则提出街区整治和修复"整旧如旧，新旧建筑风貌相融""保留原有街巷肌理"等原则。按照"政府主导、企业承办，居民参与"的思路，由承办企业负责投资和运营，实施修复改造工程的方案设计、房屋修缮、立面整

图4-10 第三版恩宁路改造规划方案图
图片来源：恩宁路保护开发规划方案首次公布http://www.gz.gov.cn/gzgov/s4176/200912/420612.shtml, 2009-12-22

饰、街巷整理、引入新的产业等；鼓励片区内的原居民参与改造，积极保留原来的生活方式和文化传统。在顾问组的支持下，荔湾区政府在2011年8月重新制定了《荔湾区恩宁路旧城更新规划》（图4-10），容积率从1.83降到1.36，在功能布局和改造模式上有了新的调整，重点有三：其一，扩大历史建筑保护、保留范围；其二，允许居民自主更新；其三，改变追求经济收益的思路，并进一步提高补偿标准。

同时，为保护粤剧文化、非物质文化，延续并发展历史城市的社会文化，2012年3月市政府决定利用恩宁路地块建设广州粤剧艺术博物馆，结合该区域历史街区的改造和荔枝湾三期改造工程，将整个西关片区的粤剧文化串联起来（图4-11）。粤剧艺术博物馆位于广州市荔湾区恩宁路127号，2012年11月奠基动工建设，2016年6月9日对外开放。沿荔枝湾涌三期分为南北两岸，建筑形制为岭南园林风格的仿古建筑群，以传统建筑工艺、技法与高标准材料相结合的"三雕二塑一嵌"（木雕、砖雕、石雕、灰塑、陶塑、嵌瓷）为装饰亮点，其中南岸为基本陈列展厅、主题展厅、剧场和园林景区，北岸为粤剧艺术的传承与保护等配套区域。2017年荣获中国建筑行业工程质量的最高荣誉奖"中国建筑工程鲁班奖"。

（5）第五版规划

以广州粤剧艺术博物馆建设为契机，进一步强调老城历史文化保育与传承，2012年8月，广州市规划局通过了第五版恩宁路更新规划方案——《荔湾区恩宁路地段旧城更新修建性详细规划》，细化更新措施，进一步将容积率下调至1.3，明确拆迁和规划的前提是不伤害历史建筑和不破坏街区肌理和路网，并具体将恩宁路建筑分为危破房、历史建筑和普通房屋三类进行区别处理。然而更新修规出台后，切实推动的几乎只有永庆大街的试点改

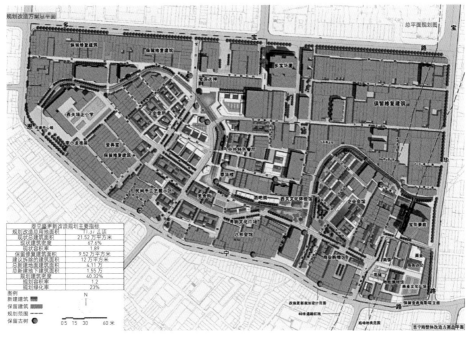

图4-11 荔湾区恩宁路旧城更新规划
图片来源：广州市岭南建筑研究中心

造。"永庆大街"更名为"永庆坊",现虽已焕然一新,但整改力度过猛,重视商业价值,忽视了居住价值。而且,一墙之隔的周边街区依然残旧破败,不仅西关建筑没被修整,连公共环境也没有得到应有的整治,电线乱拉,脏水乱排,拆迁废料乱堆等现象比比皆是(图4-12)。

(6)第六版规划

按照《历史文化名城名镇名村保护条例》《历史文化名城名镇名村街区保护规划编制审批办法》《广州市历史文化名城保护条例》等法律法规要求,广州市于2016年12月底开展了恩宁路历史文化街区保护规划编制工作。该项工作是历史文化街区保护与管理的重要依据,旨在适应新的保护要求下,更科学、更精细化的对历史文化街区进行保护与管理。与规划管理相结合,修正现有控规用地性质、边界与指标,增加土地利用兼容性,完善设施与环境改善规划,真正实现保护规划替代控规(图4-13)。

图4-12 恩宁路未改造街巷的实况

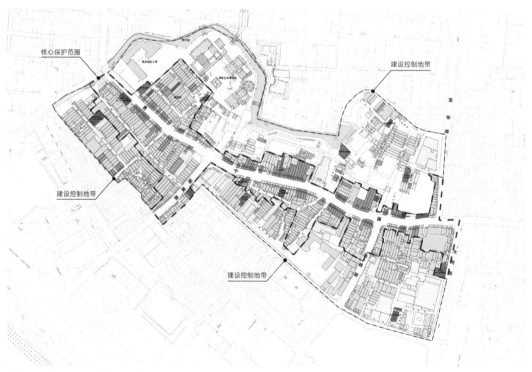

图4-13 恩宁路历史文化街区保护利用一张图
图片来源:广州市岭南建筑研究中心

2017年12月18日，荔湾区政府在修规的基础上，公示了《恩宁路历史街区保护规划》和《逢源大街—荔湾湖历史文化街区保护规划》。这是有关恩宁路改造的第六版规划，重点强调"小规模渐进性的更新"，注重整个历史文化街区传统格局和历史风貌的延续和恢复，对历史文化保护要素及其保护措施进行了相关规定，除各个文物保护单位及重要历史构筑物外，将骑楼街、麻石街巷、历史水系、古树名木等列入保护范围，明令指出禁止大规模拆建，而且新建建筑高度应控制在12米以下。2018年，发布《恩宁路历史文化街区试点详细设计及实施方案》，提出了历史城区更新和活化利用3.0的方案升级版本——保留部分现有居住功能，以提升人居环境为主，活化现有建筑使用功能，同时引入文化、轻餐饮等与整体片区协调发展的新产业。实施方案是对保护规划控制要求的响应和落实，采取渐进式分期分区实施，减量规划模式，塑造最广州、最国际的历史文化街区，形成特色突出、环境改善、文化传承、根脉延续的西关文化展示区。通过营造多元社区生态，重塑历史街区活力，并于2018年纳入了国家历史建筑试点项目。11月，市名城会审议通过了《恩宁路历史文化街区保护利用规划及实施方案》(图4-14)，成为广州首例保护规划和实施方案同步编制、相互校核的历史文化街区，探索了历史文化保护与城市发展相融合的创新发展路线，成为广州实现老城新活力的重要实践案例。

在该版系列规划指导下，荔湾区完成了永庆坊微改造项目。位于恩宁路的永庆大街，原本是危旧房林立的片区，由政府部门主导，收回产权、编制规划、公开招标，确定企业承接"命题作文"实施微改造。2016年2~4月永庆片区项目通过公开招标方式引入了投资、改造和运营的主体企业——万科房地产公司。一期工程修缮范围包括恩宁路69号~101号、至永庆大街、永庆一巷、永庆二巷、至宝大街、至宝西一巷，占地面积约8000平方米，修

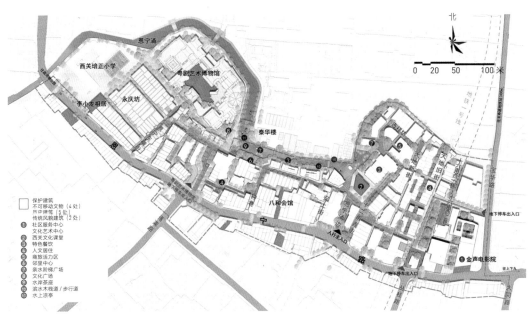

图4-14 恩宁路历史文化街区实施方案设计总平面图
图片来源：广州市岭南建筑研究中心

缮维护建筑面积约7800平方米。2019年10月1日，永庆坊二期示范段及骑楼段区域向市民开放，恩宁路沿街700米的骑楼街修缮一新（图4-15）。部分建筑已完成活化利用，如示范段的227~229号举办"永庆记忆——老城市，新活力特展"，通过图片、老物件、特色装置的展示，让观众了解广州恩宁路历史故事，深入挖掘城市的记忆。项目在国庆期间吸引了大量人流，成为继荔枝湾涌以后西关地区最具人气与活力的新热点，也是广州地区体验西关风情的热门目的地。永庆坊详细更新过程参见本书4.4.3节。

（a）示范段修缮前后对比

（b）榕树广场修缮前后对比

（c）骑楼段修缮前后对比

图4-15 恩宁李永庆坊二期工程修缮前后对比
图片来源：广州市岭南建筑研究中心

4.2.3 协作式规划运作机制解释

4.2.3.1 组织架构

恩宁路更新规划是在多元主体相互协作中螺旋式上升的过程（图4-16），由一元主导、自上而下决策向多元协作的转变，第三方力量在其中发挥的作用值得进一步剖析和探讨。

2010年之前，恩宁路改造初期的参与主体是政府和市场，改造项目完全在政府主导下进行，拆迁的同时招商引资，以实施大规模商业、住宅开发为主。2010年之后，事件得到了社会各界的关注，恩宁路改造规划形成了由政府、当地居民、媒体、顾问组、关注组和规划师等多元主体协作共商的局面（图4-17）。

图4-16 恩宁路街区改造规划发展历程图示
图片来源：笔者根据有关资料整理绘制

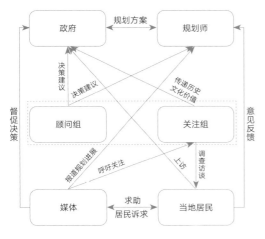

图4-17 恩宁路历史街区改造规划多元主体协作图示

当地居民作为恩宁路街区的主体，其参与规划主要以捍卫自身产权利益和改善居住质量为最终目的，参与形式包括意见反馈、上访、向外界求助、对公示方案提建议等，总体而言居民参与滞后于规划。媒体掌握着社会舆论力量，在参与过程中以公共利益为导向，主要通过真实报道规划进展、拆迁进展、居民诉求等情况，不断扩大恩宁路事件的影响力来督促政府决策，同时呼吁社会多方力量的关注。顾问组作为推进街区历史保护的重要力量，总共有15名成员，包括10名建筑和历史方面的专家学者，1名人大代表，1名政协委员，还有3位居民代表，主要利用其专业素养和社会影响力参与决策过程，在综合项目改造经济效益的同时，引导规划方案向满足社会效益的方向倾斜。关注组的成员主要是大学生和志愿者，学科背景包括城市规划、建筑、社会学、人类学、经济学、地理学、新闻学、艺术类等，在参与过程中重点以多元参与和旧城历史文化保育为导向，主要通过问卷调查、深度访谈、运营网络宣传、举办沙龙活动和社区杂志等方式向其他主体传递历史文化保护的价值。

虽然顾问组和关注组在参与恩宁路改造规划中各有特点，参与方式也不相同，但两者的主要成员均来源于相关专业的学者或学生，均能运用专业知识引导规划的科学决策，维护公共利益，并加大公众参与的有效性。因此本文将以上两种学者力量统称为公益组织，进一步讨论其作为第三方组织参与恩宁路改造规划的机制与作用。

4.2.3.2 协作重点和过程分析

恩宁路历史街区改造至今历经六版规划，第一版规划大规模的"强拆"，第二版规划容积率上调，第三版规划商业导向开发与历史建筑划定含糊不清，第四版规划居民自主更新落空，第五版规划难以推行，第六版规划尚在推进中，涉及的利益关系越来越复杂，单凭政府、居民、媒体、规划师等主体已无法在多元利益诉求和历史保护之中寻求平衡，因此学者力量作为第三方参与协作规划，贡献专业知识以促进历史文化保护，显得尤其重要。

在最早两版的规划拆迁过程中，引发了居民上诉。从第三版规划开始，有部分专家学者以个人名义透过新闻媒体对恩宁路改造提出了批评建议，重点关注历史文化建筑保护范围，以及改造的程序合法性和公共参与等问题：

"我强调，主要的历史建筑是要公示，但从未见到公示。在规划未制定、政府未公布，就开始拆除历史街区，这从逻辑上和程序上来说，都是错误的。如果媒体不介入，这个规划似乎也不会这么快就公布。而且我们作为专家、学者，根本就不知道这个规划是怎么做出来的，没有人征求过我们的建议。"

"改建不等于拆除，居民又为何需要拆迁；修复更不等于拆除和拆迁。规划中还多次提到复建，到底什么地方复建、什么地方改建和修复？规划里没有清晰的表述……"

——广州大学岭南研究所主任、汤国华教授

"居民的这个诉求（规划公示、参与方案决策）有其合理性。因为确定一个项目是否涉及公共利益，要看其详尽的规划而不是叫什么名称，旧城和危房改造并不意味着就一定属于公共利益。"

——中国国际私法学会常务理事、广州市律师协会民法委主任詹礼愿博士

"在改造规划中除让公众广泛参与外，还应进行专家委员会的论证，像老房子拆与不拆这样的问题，规划到底搞成什么样……"

"恩宁路的老城改造的商业气氛不能太浓。老城居民原来世代就生活在这里，既然是危破房改造，目前是改善居住环境，那么原来老城是什么，现在改造后也应该还是什么，我们要尊重前人的劳动成果和智慧，这才是真正的恢复西关的文化。如果把当地居民都迁移了，房子扒掉了，建设一些其他功能的房子做生意，人变了功能也变了，这还算不算西关文化呢？"

——广州市政协常委、城建资源环境委主任施红平

在公众和媒体关注下，有关部门开通了公众参与渠道，部分地吸纳居民和公众的意见，包括"向社会征求意见""媒体通报会"等，并正式组建"恩宁路改造项目顾问组"，参与规划论证并提供建议。

几乎同时，恩宁路学术关注组成立，该组织以"一个关注旧城文化遗产保护的第三方组织"的身份参与到改造中。从2010年底开始，关注组用了半年时间驻扎街区进行实地考察与深度访谈，与当地居民建立信任（图4-18）；广泛收集恩宁路相关的历史信息资料，并整理成《恩宁路更新改造项目社会评估报告》和《针对〈恩宁路地块更新改造规划〉意见书》，以期通过"第三方规划方案"的形式影响政府决策。《恩宁路更新改造项目社会评估报告》主要反映了改造项目对街坊民众（尤其是留守居民）的经济和社会生活带来的各种影响；《针对〈恩宁路地块更新改造规划〉意见书》则讨论了恩宁路的规划时序、公众参与、公共利益界定等问题，并在听取居民及专家学者意见的基础上提出一些更新规划建议。

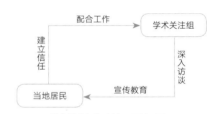

图4-18 学术关注组与当地居民关系图示

关注组在街区内开设了工作室，不定期举办西关文化科普沙龙、座谈会和展览会等活动。在深度访谈的基础上，关注组出版了记录恩宁路故事的杂志书——《城誌》（图4-19），向外界传递恩宁路的诉求以及拆迁动态，形成恩宁路历史文化保护的重要力量。同时，关注组对恩宁路保护的关注和行动又反过来强化了居民对历史文化保护的认知。

图4-19 学术关注组编制杂志书《城誌》
图片来源：恩宁路学术关注组豆瓣小组主页

　　在顾问组、关注组及各核心利益主体的努力下，2011年荔湾区政府转变了以往在规划中绝对主导的地位，引入多元力量协同决策，相继制定了第四、第五版规划，并允许社区居民进行自主更新。虽然关注组已经在2013年8月解散，但是顾问组依然发挥着作用，并针对第六版规划公示草案，学者们纷纷发表了看法：

　　"公示最大的不足是内容太简单，很多重要信息在公示图上没体现，比如所有保护要素的具体位置范围和门牌号，对街区内所有建筑的价值评估分类和'保、拆、改、留'措施。建议公示更多内容。"

——华南理工大学建筑学院刘晖副教授

　　"目前保护规划上，有些有保护价值的老房子未列入保护，恩宁路南面核心保护范围内基本上没有保护建筑。"

——华南理工大学建筑学院禤文昊博士

　　"对位于建控地带的单层的原住居民，住房困难的，允许他们不受产权限制通过补地价，适当加高一层或半层，要平等，不能说开发商可以建到18米，原住居民加一层或半层就不行，这是不合理的。"

——广州大学岭南研究所主任汤国华教授

　　从第三方组织参与的角度来看，顾问组吸纳了更多高层次专业人士的加入，在恩宁路历史文化街区改造项目中的影响力也越来越大。在"开门规划"和"以人为本"的要求下，学者力量的加入有利于规划综合效益的实现。

4.2.4 规划协作的效果评估

2006～2018年，恩宁路改造经历了六版规划变更，从推倒重来建高楼、到不改变历史街区风貌，容积率从2.8降到1.3，并为2016年后恩宁路永庆坊及此后的二期改造工程的顺利实施提供坚实基础。规划最终取消了大拆大建的商业开发模式，并将恩宁路地段全部纳入历史文化街区范围，这一切离不开多元主体之间的相互协作。居民、媒体、专家学者等参与者在过程中不断影响政府负责的决策，并进一步完善公众参与的渠道，使规划逐步更加回应民意。

恩宁路改造从一个社区更新项目逐步演化为一个公共事件，吸引了包括青年学生、专家学者和新闻媒体等第三方力量的广泛参与。他们之间构成了一个信息传递、诉求表达的社会支持网络，使得公众能够有效地动员体制内和体制外资源，影响政府决策，促进实现社会公共利益。从项目启动到现阶段，政府与规划师是恩宁路项目的决策团体，公益组织的建议改变了项目的规划理念，新闻媒体的报道引导了项目的公共价值，决策团体与影响项目进行的利益团体构成了决策施加与反馈的协作机制（图4-20）。

但是纵观整个过程，仍有不足之处。首先，公益组织的参与体现出一定的局限性，关注组与顾问组之间未能有机地相互补足、实现融合，以至于公益组织未能形成强大的合力。关注组的解散一定程度上影响了公众参与的信心，规划协作网络也随之出现断裂，多元主体沟通平台未能得到有效维持，居民与政府之间信息不对称的困局再次形成。其次，由于没有强大的组织运作与合理的资金支持，学者力量

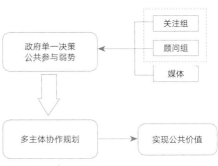

图4-20 恩宁路历史街区改造规划决策演变图示

作为第三方力量有限，但就其推动规划进展的形式和作用而言，学者力量为协作式规划的机制完善提供了一种思路。

4.2.5 学者力量参与社区更新的思考

4.2.5.1 参与社区更新的条件分析

综观恩宁路事件的发展历程，最早期是单纯政府主导下的历史街区商业改造项目，随着事件影响力不断扩大，在多种因素共同作用下，社会各领域的专业力量通过不同渠道渗透到规划当中，并通过科学理论指导与实际情况反馈等对规划决策产生积极影响。与传统更新规划流程上的专家听证不一样，恩宁路改造案例中以学者力量为主的公益组织的参与范围更广、程度更深、独立性相对更强，其参与规划的条件也有一定的特殊性，主要有以下三方面：

（1）事件曝光度足够大

无论是顾问组还是关注组的介入，都离不开媒体对恩宁路事件的持续报道。从拆迁启动以来媒体关注并曝光了规划定位、改造内容、拆迁范围等方面的不合理性，从而让更多人得以了解到恩宁路的真实情况，激发各界专业人士保育传统历史文化和捍卫公众参与权利的共同意愿，并构成学者们联合起来参与规划的动机。因此，恩宁路事件的曝光度是促成公益组织参与规划的前提条件。

（2）沟通出现断层

恩宁路改造过程中，居民反对祖屋拆迁的态度与政府追求就地平衡的改造意愿形成了矛盾。在沟通过程中居民缺乏专业知识储备，难以针对规划方案作出相应的修改建议，而规划部门缺乏对地方历史和物质环境的深入了解，两者之间缺少合适的沟通桥梁，再加上居民的参与渠道有限，在交涉过程中一直处于被动，这为公益组织的介入规划提供了充分条件。

（3）社会公共价值缺乏代表主体

恩宁路事件引起社会各界关注的核心问题是："旧城街区的商业开发与历史文化保育如何保持平衡"，即经济价值和社会公共价值的平衡。早期几版规划方案中未能合理解决核心问题，甚至表现出经济价值凌驾于社会公共价值之上的趋势。居民的参与主要以个人利益为导向，也因缺乏专业知识而无法发掘社会公共价值；政府由于过度追求经济平衡，弱化了其本该代表社会公共价值的身份。而学者力量构成第三方介入规划有助于弥补政府缺憾，促进全方位维护社会公共价值。

4.2.5.2 参与社区更新的优点分析

（1）为公众参与提供技术支持

关注组通过举办多种活动如深入访谈、科普沙龙、座谈会、展览会等，让居民了解到恩宁路街丰厚的历史价值是全广州市民共有的文化财产，这间接帮助居民在第二次联名上访时强调保护恩宁路原有历史风貌的重要性，从而引起相关部门的重视。另外，关注组通过收集整理民意形成两份规划建议报告，顾问组在参与规划论证中以专业角度对平衡经济价值和社会公共价值给出可行性建议等，为公众参与提供了技术支持，利用规划语言与政府和规划师有效沟通，这些都是单凭居民和媒体等难以达到的参与深度。

（2）全方位维护公共利益

在意识上，公益组织联合媒体在全社会范围内形成"保卫恩宁路历史文化传承"的氛围，并督促政府开放公众参与的渠道；在行动上，公益组织对内提高居民参与规划的素养，对外推动规划方案中历史文化保护的不断深化；在维护对象上，从物质文化遗产和非物质文化遗产两方面论证了历史传承的重要性及具体的保护措施。

4.2.5.3 参与社区更新的不足分析

（1）未能有效培育社区自治能力

公益组织的成员以外部力量为主，参加顾问组的3位居民代表主要是起到监督和反馈居民意见的作用，实际参与影响力并不大。总体而言，公益组织工作重心主要放在历史文化保育方面，在行动过程中忽略了社区内部居民自治能力的培育，未能有效引导组建社区组织。按照张庭伟教授对公众参与的剖析，基于个人力量的公众参与成效是微弱的，社区组织由于拥有更大的社会资本，在参与规划中的影响力将大大提高。因此，恩宁路街区内生组织的缺失，很大程度上削弱了居民在改造规划中的话语权，不利于形成公众参与长效机制。

（2）专家学者和大学生志愿者未能有机结合

以专家学者为代表的顾问组集中了具有社会影响力的行业专家，以大学生志愿者为代表的关注组则汇聚了敢想敢做的年轻人。顾问组在引导规划决策方面更有影响力，关注组则在倾听民意开展多形式宣传活动方面更有灵活性。虽然两个组织都以维护公共利益为目的参与恩宁路规划，但两者却没有很好地融合互补，导致关注组过于强调历史文化保育而忽略综合效益平衡，所提的建议过于理想化；顾问组难以深入街区，未能切实反映居民所需，也没有对社区自治能力培育进行指导。专家学者和大学生志愿者的现实分离导致公益组织在参与规划中力量分散，未形成组织凝聚力，未能更好地发挥多元主体沟通桥梁的作用。

4.3
基于开发商公司的协作——恩宁路永庆坊微改造

4.3.1 永庆坊街区概况

▶ 永庆坊（又名永庆片区）是广州市荔湾区恩宁路上一条具有浓厚生活气息的内街。永庆坊的区位十分优越，紧邻恩宁路主街，位于历史文化街区西北部，背靠粤剧博物馆。片区占地面积约8000平方米，包括：永庆大街、永庆一巷、永庆二巷及两边建筑，部分恩宁路东北侧建筑，至宝大街及至宝西一巷西南边建筑（图4-21）。街区结构为一纵三横式，其中纵向的永庆大街与恩宁路相连，永庆一巷、永庆二巷、至宝大街、至宝西一巷均与永庆大街相连（图4-22）。永庆坊在经历微改造之前，一直被称作永庆大街，街区内部有民国大宅、李小龙祖居和銮兴堂（图4-23、图4-24）等历史

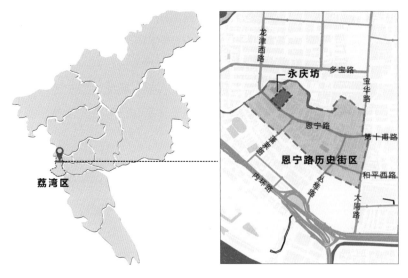

图4-21 永庆坊区位示意图

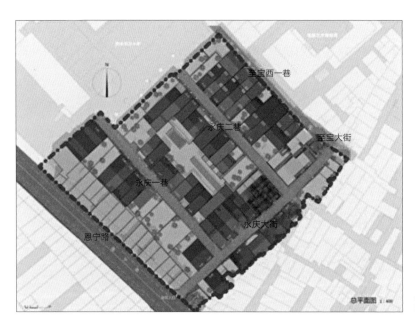

图4-22 永庆坊街区结构示意图
图片来源：陈楚宇. 广州恩宁路永庆坊微改造模式研究[D]. 华南理工大学，2018

图4-23 恩宁路骑楼街（左）与詹天佑故居（右）

图4-24 李小龙故居（左）及粤剧博物馆（右）

图4-25 恩宁路主要历史文物
分布图
图片来源：谭俊杰，常江，谢
涤湘. 广州市恩宁路永庆坊微
改造探索[J]. 规划师，2018，
34（08）：62-67

建筑以及传统民居，是一个典型的广州市传统风貌型社区。本书以其为代表讨论传统街坊式社区更新（图4-25）。

　　恩宁路昔日为西关最繁华之地，街区有大观河流经，河涌上有8座桥，在清朝被誉为"八桥之盛"。尽管整体呈现繁荣之景，但是繁华背后的恩宁路居民贫富悬殊，且存在居住分异的现象。在恩宁路南、北两侧的恩宁涌边，集中建设了一片环境欠佳的简易民居，居住于此的原置家人文化程度和技术水平低，大部分从事服务周边富裕家庭的生活服务业。恩宁路内部的居住分异延续到了民国时期，富裕家庭居住在沿街骑楼，采用造价高且制作工期长的满洲窗作为装饰，通常是富贵人家的身份象征；收入较低的平民则只能住进骑楼背后的内巷。而位于永庆坊片区的普通民宅几乎没有使用满洲窗的迹象，可以推测该时期此处大多是平民住宅区。

21世纪初，随着粤剧文化式微，街区内砖木结构的建筑群日渐腐朽破败，加之采光、通风和卫生等居住环境条件较差，包括永庆坊在内的整个恩宁路片区已成为广州市危旧房最集中的地区之一。2015年12月，荔湾区相关部门对永庆片区内43栋征而未拆的公房进行了建筑质量和结构相关的安全鉴定，有30栋属于严重损坏房，其中多栋几近倒塌，修复工作刻不容缓。改造前永庆坊片区的状况主要呈现以下特点：

（1）片区产权情况复杂

恩宁路住宅样式以西关大屋为主，大多房屋建于清末民初，为私人所建。中华人民共和国成立后被收为公有，并用作各单位公房或廉租房。这段时期原单栋西关大屋的使用情况发生了变化，由单一家庭居住转变为多家庭混合居住，且居民私自对房屋进行改建。其后归国华侨要求认领房屋，部分产权明晰的私房被归还给原屋主，这些私房大多用于租赁，由于房屋质量低下、周边居住环境较差，租金较低，租住人群多为低收入者。而新世纪以来政府的多次拆迁未果，加之房屋日渐老化，该片区多幢房屋随着居民迁离而闲置，成为低收入、外来务工人群甚至流浪汉的聚集地。原恩宁路大规模拆迁改造区域内共有双特困户29户、特困户45户、低收入户25户、人均居住面积少于10平方米的住户34户、孤寡老人17人、残疾人员82人。

改造前，永庆片区的房屋类型多样，既有清末民初的西关大屋，也有中华人民共和国成立初期的居民楼以及改革开放后的6层单位宿舍楼，房屋产权也发展为公有、私有、共有等多种产权共存的状况，该区域内有公房297栋，私房831栋，产权不明224栋。产权大致可分为三种类型：完全回收、部分回收和未回收产权。其中超过半数建筑的产权已整栋收回，这部分建筑均为产权单一、长期闲置的住屋；少量的建筑为产权部分收回，例如永庆大街11号，其首层产权未收回、二层产权已收回，由于建筑的部分结构为不同业主所共用，房屋改造前需多方协调，极大地增加房屋改造难度。此外，还有一部分建筑因为各种各样的原因而未收回产权，如部分建筑因时间久远而遗失了房产证明，部分建筑以前属于单位配套住房，由于业主原所在单位解体，配套的单位公房仍在使用中，但无法申办房产证。虽然超过半数的房屋产权在之前的改造过程中已收为政府所有，剩余房屋也多为公有产权的直管公房，但转租、群租等现象较为明显，以致使用者情况复杂。原住居民缺少自发更新动力的情况下，即便周围商户有资金和意愿收购片区内旧房屋进行更新，往往找不到具有法律效应的建筑产权主体，复杂的产权关系增加了交易成本，收购更新难以进行，因而片区内多方主体的自主更新进程均严重受阻。复杂的产权、混杂的居住情况为之后的更新改造工作带来诸多不可预计的难题。

（2）建筑质量低下，立面风格混乱

永庆片区共90余栋建筑，建筑高度主要为2～3层，建筑基底面积在50～80平方米。存在安全隐患的建筑，结构多以砖混与砖木结构为主。经技术检测，已移交的61栋楼（存在部分楼层未移交现象）中，有53栋属于危房状态，其中7栋已坍塌，23栋严重破损，而质量最差的部分危房砖墙和屋顶已严重开裂和破损，存在较大的安全隐患，亟需修缮加固。

片区内建筑建设年代以民国时期为主，局部有晚清时期院落，少量建筑为改革开放后所建。建筑类型包括骑楼、竹筒屋、明字屋、2~3层砖砌房等。大多数建筑为岭南传统建筑类型的竹筒屋，多为坡屋顶，在屋内多设置有天井，利于多雨潮湿地区建筑的室内排水。由于历经业主变迁和产权拆分，大多建筑在未经允许的情况下违规加建、改建、装饰，或在天台、阳台建棚屋或板房，或将立面白灰粉刷、加贴瓷片，或将山花、墙面灰塑、屋顶封檐板等建筑装饰抹平。大量建筑私自改变外立面，使得街区失去原本统一和谐的西关传统特色，整体风貌较为混乱。

（3）建筑密集，公共空间缺失，消防和治安隐患大

永庆片区更新工作用地面积7133.4平方米，建筑面积9213.4平方米，建筑占地面积6009.7平方米，建筑密度84.2%，容积率1.29。片区整体属于低层高密度的历史街区，公共空间匮乏。改造前片区内的非闲置建筑主要为居住用途，少用作临近商铺的仓储用房。仓储空间缺乏统一的备案和必要的消防措施，存在严重的消防隐患。闲置房屋虽然已作围闭处理，但常有无业游民、流浪人员偷偷占用，街道人员出面也只能责令其搬出，并无长期有效的解决办法。

（4）文保建筑弃置无用，维护不力。

永庆大街24、26、28号民居、永庆一巷13号为荔湾区登记文物保护建筑；永庆二巷7号"銮舆堂"为历史建筑；恩宁路71号、85号、89号，永庆一巷8号、10号，永庆二巷2号、2-1号为传统风貌建筑；另还有其他传统建筑近40栋。其中永庆一巷13号为20世纪40年代粤剧"四大名丑"、李小龙之父李海泉所建，2007年后房屋空置，现已屋瓦破损、房顶塌陷、枝木郁郁、荒草丛生。

整体而言，永庆片区微改造之前，片区内建筑在不同程度上破损，建筑结构老旧；建筑风貌由于建设年代不同、或私自加建、或人为损毁而参差不齐；大部分房屋空置，街区卫生由于无人打理而情况堪忧，整个片区呈现出一副衰败而无活力的状况。

4.3.2 永庆坊改造的发展历程

2006年5月为落实"中调"战略，广州市委、市政府决定将恩宁路地块作为广州市实施危破房连片改造的试点之一。2007年2月成立了荔湾区连片危破房改造项目办公室（现更名为"荔湾区旧城改造项目中心"）并开始着手办理项目各项前期工作，9月项目取得《房屋拆迁许可证》，11月正式实施动迁。由于在动迁过程中发现了较多历史文化资源，市政府在听取各方意见后及时修正思路，于2011年从新组织编制了《恩宁路旧城改造更新地块控制性详细规划导则更改》提出了"整旧如旧，新旧建筑风貌相融"的原则，恩宁路拆迁工作全面暂停。剩下已征未拆的旧房因长期空置而使得质量进一步受损，为做好相关修缮维护和活化利用，市政府2012年6月14日工作会议提出："将恩宁路地块除博物馆用地以外的土地及已征收的保留房屋整体打包，交由荔湾区按照'历史文化名城保护和岭南文化名城建

设'的要求进行建设开发、经营管理"，通过引入社会资本开展微改造工作。同年，政府启动两项促进地区更新改造的重要工程：恩宁涌（荔枝湾涌三期）"揭盖复涌"与粤剧艺术博物馆建设。

2015年，恰逢广州市更新局成立，区政府常务会议纪要审议通过《关于开展永庆片区微改造的请示》，恩宁路的更新被再次提上了日程。同年12月，荔湾区政府对永庆片区已征收但尚未拆除的建筑进行安全鉴定，结果显示片区中的32栋建筑已严重损坏，区政府立即展开抢险排危工作。

2016年1月1日，广州正式实施"城市更新1+3政策"，其中在《广州市城市更新办法》《广州市旧城镇更新实施办法》中首次提出"微改造"的理念，并且将其与"全面改造"放到同样重要的位置。"微改造"即通过对建筑进行局部拆建、功能置换、保留修缮、整治改善、保护、活化，以及完善基础设施，优化提升景观环境等方式对地块进行全方位改造。相比于以往一贯实施的粗放型大拆大建，微改造通过小修小补的方式对原本的旧建筑进行优化升级，可基本保持原有的建设格局和整体风貌，也能活化其用途，赋予旧建筑第二次生命。这种改造方式主要适用于城市建成区中具有一定地方历史文化特色和保留价值，且对城市整体格局影响不大，但是用地功能与周边发展存在冲突、土地利用效率低下、人居环境恶劣的城市地块。基于该"1+3政策"，荔湾区城市更新局旧城改造项目中心选择恩宁路历史文化街区中的风貌相对完整、肌理保存完善的永庆片区进行城市更新试点工作，试点的具体范围包括永庆大街、永庆一巷、永庆二巷、至宝大街、至宝西一巷（图4-26、图4-27）。

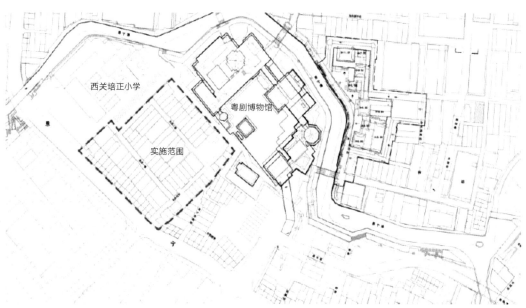

图4-26 永庆坊片区微改造实施范围图
图片来源：广州市岭南建筑研究中心

图4-27 永庆坊片区微改造实施范围航拍图
图片来源：广州市岭南建筑研究中心

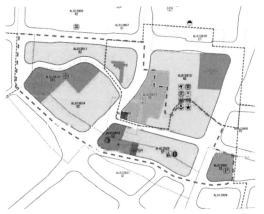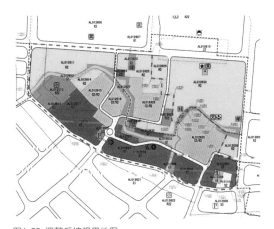

图4-28 原控规用地图
图片来源：广州市岭南建筑研究中心

图4-29 调整后控规用地图
图片来源：广州市岭南建筑研究中心

2016年3月25日，荔湾区城市更新局制定《永庆片区微改造建设导则》；2016年3月30日，荔湾区区长在政府工作报告中提到以永庆片区为微改造试点，在整体保留街区特色风貌的基础上，植入新型创业模式，以此打破恩宁路改造进程停滞的僵局；2016年4月，荔湾区城市更新局根据《荔湾分区AL0126、AL0128、AL0129规划管理单元（恩宁路旧城改造更新地块）控制性详细规划导则更改通告》和《关于申请出具建设用地规划条件的复函（穗规函〔2012〕763号）》的要求，编制了《永庆片区微改造建设方案》，聘请专门的施工图审查机构对施工图进行审核，选定符合资质的施工单位和监理单位负责建设施工，并且规定修缮的每栋房屋（都不超过300平方米）都必须在街道办事处办理限额以下小型工程开工信息备案。与此同时，2016年2~4月，永庆片区项目通过公开招标方式引入了投资、改造和运营的主体企业——万科房地产公司，采用BOT模式，给予其15年经营权，期满后经营权交还给区政府。

永庆坊项目于2016年4月动工。项目范围包括恩宁路69号至101号、至永庆大街、永庆一巷、永庆二巷、至宝大街、至宝西一巷，占地面积约8000平方米，修缮维护建筑面积约7800平方米，其中包括永庆大街24~28双号民居、李小龙祖居两处区级文物建筑（登记不可移动文物）。招标要求经营期为15年，建设期8个月，项目投资总额约为8000万元人民币。修缮方案严格遵循"修旧如旧"的原则，除部分居民拥有产权的建筑未进行处理外，项目主要采取修缮或改造的更新方式，在保留原有街坊肌理的前提下对街区进行小微式的"修补"，整体容积率基本保持改造前的水平。改造内容主要包括三方面：一是保留原有街巷肌理。传统建筑修旧如旧，建筑立面主要采用去污清洗方式重现原貌，增加以结构加固为主的实用性现代建筑元素；二是增加现代化配套设施。改善原有部分建筑功能，完善社区卫生、排水、消防等配套设施；三是产业更新活化。导入创客空间、文化创意、教育等产业，配套无明火餐饮、青年公寓、文化展览等功能。

2016年9月14日，荔湾区城市更新局制定《永庆片区微改造社区业态控制导则》。项目改造后定位为创意创业社区，重点建设众创办公（万科云）、教育营地（梅沙教育）、青年公寓（泊寓）三大核心区域，其中众创办公面积不少于2000平方米，并植入了创客空间、文化创意、教育等城市服务配套产业，并引进创客企业，如广告传媒、文创设计、动漫艺术等，并配套精品咖啡店、美食烘焙店等休闲商铺。微改造对建筑进行修缮加固、翻新以及屋顶平改坡处理，片区房屋倒塌处植入公共空间，如绿地广场和文化活动中心，整个街区得到风貌产生了巨大的变化（图4-30）。2016年10月，永庆坊片区被打造成为创客小镇，建设完成并进入试运行。冷清已久的住宅街区变得热闹繁华起来，周末吸引了不少游客过来拍照游玩，但是也有媒体报道在建设过程以及建成运行之后，当地居民受到很大困扰。社会各界对这次改造的看法褒贬不一。

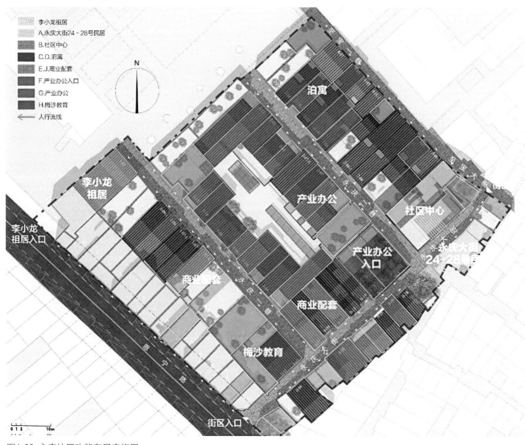

图4-30 永庆片区功能布局实施图
图片来源：广州市岭南建筑研究中心

2017年广州市政府根据恩宁路的现实情况，创新组织了保护规划与实施方案同步编制，在街区风貌保护基础上，进一步突出"见人、见物、见生活"的理念，通过营造多元社区生态，重塑历史街区活力，并纳入了国家历史建筑试点项目。2017年12月，新一版的《恩宁路历史文化街区保护规划》进行为期一个月的公示，规划当中明确了保护范围，范围内建筑控高，以及用地属性的转变，同年，政府部门让万科对恩宁路二期项目进行了设计，但是方案未予通过。2018年7月政府通过BOT模式确定二期中标企业，实现对粤剧博物馆及永庆坊一期以外的全部区域进行建设、投资、运营。

该阶段顺应城市发展需求，广州市政府充分吸收以往经验教训，总结出微改造模式，完整保留并且提升了街区内的历史文化价值；采用了BOT模式，与社会资本的合作让更新改造的资金更加多元，是历史文化街区更新有意的探索。由于是首例运用"微改造"模式的项目，过程中也存在诸多不足，值得分析探究（表4-2、表4-3）。

恩宁路永庆坊历程示意 表4-2

发展阶段	时间（年）	大事记
恩宁成路	1931～1991	其时恩宁路的两端分别为恩洲村与宁溪村，因而协商以恩宁作名。 恩宁路扩建为18米的新式马路，两侧出现骑楼街，基本形成了现代的风貌
水系消退	1992～2005	包括恩宁涌在内的荔湾涌水道被全部覆盖成暗涌
拆迁改造	2006～2009	2006年5月，恩宁路连片危破房改造项目启动，是广州市第一个旧城改造项目。 2007年3月，成为重新引进开发商资金进行旧城改造的试点项目。 2007年5月，广州市荔湾区连片危破房改造项目办公室取得建设项目选址意见书。 2007年7月，取得《建设用地规划许可证》。 2007年9月，《恩宁路地段旧城改造规划》完成，发布拆迁公告。 2008年11月，恩宁路改造规划区内正式开始拆迁
思路转变	2010～2011	开展荔湾涌一期综合整治（事件：亚运会） 2011年11月，（恩宁路旧城改造更新地块）控制性详细规划导则更改获市政府批准，恩宁路改造思路和模式发生变化
拆迁暂停	2012～2013	2012年2月，重新核发恩宁路连片危改拆迁项目规划条件，拆迁工作全面暂停。 2012年3月，粤剧艺术博物馆项目正式启动，11月奠基动工，连通荔枝湾三期改造
确定身份	2014	恩宁路历史文化街区纳入广州历史文化名城保护规划确定的26片历史文化街区之一
开展微改造	2015～2017	2015年8月，永庆坊微改造项目正式启动，公开招标引入企业。 2016年6月，粤剧艺术博物馆正式对外开放。 2016年9月，永庆坊微改造项目竣工开始试营业。 2017年1月正式对社会开放
试点启动	2018	2月，历史文化街区试点启动（国家历史建筑试点）。 7月，永庆坊二期通过公开招标引入运营主体。 11月，恩宁路街区保护规划及实施方案通过市名城委审议
二期启动	2019	1月，恩宁路街区保护规划获市政府审批通过。 2月，恩宁路街区实施方案获区政府审批通过。 2月，区规划分局根据实施方案重新核发恩宁路地区规划设计条件。 2月，示范段详细设计方案征求各职能部门意见；示范段、七楼段、滨河段等详细设计方案进行专家审查会。 6月，区规划分局核发示范段建设工程规划许可证。 8月，区规划分局核发骑楼段建设工程规划许可证；多宝街对地区内私房建筑里面整饰张贴告示。 9月，区规划分局核发粤博东段、滨河段建设工程规划许可证。 10月，恩宁路永庆坊二期部分向市民开放
持续建设中	2020年至今	整体工程预计2021年全部完工

资料来源：笔者根据有关材料整理。

年份	月份	具体事件
2012	—	项目提出
2015	8月	项目立项
	11月	编制建设导则草案
	12月	政府同意公开招标
2016	2～4月	公开招标
	3月	印发建设导则
	9月	印发业态控制导则

资料来源：笔者根据有关材料整理。

4.3.3 协作式规划运作机制解释

4.3.3.1 组织架构

永庆坊"微改造"采用"政府主导、企业承办、居民参与、社会监督"的形式，通过BOT模式公开招商引入万科集团对永庆坊片区进行改造建设和运营。在永庆坊的改造中涉及三大相关主体——政府、开发商和社区居民，基于不同的目标、诉求和立场差别，三者在改造过程中沟通、协作与利益权衡，而媒体在此过程中发挥着社会外部监督

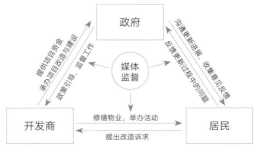

图4-31 永庆坊微改造运行机制

的重要作用，保障改造过程公正有序的推进，最终四者形成协作式规划的关系（图4-31）。

政府代表了城市公共利益，在项目改造的过程中扮演着协调者和监管者的角色，利用自身和法律规范的权威性制衡各利益主体之间的关系。一方面，政府依旧保有基地规划定位的职能以及规划管理的权力，政府在与万科集团签订协议前出台了《永庆片区微改造建设导则》与《永庆片区微改造社区业态控制导则》，指明了"永庆片区总体定位为创新创意产业社区，适当引入配套商业""永庆片区导入以下经营项目：办公、科创、文创、孵化器、青年创业公寓、社区教育营地、轻餐饮、茶馆水吧、咖啡店、创意产业零售店等"。另一方面，政府进行了开发建设方面的"放权"，通过BOT模式招商，将经营权转移给开发商，以获得开发商危房修缮投资、改造、运营、维护和整体环境优化的一条龙服务。政府还能从土地出租和城市服务设施（即永庆坊的物业）的运营中获得一定的租金或税费，用以当地公共事业的投资。永庆坊的物业属于带有私人属性的准公共物品，政府借助开发商引入市场竞争，通过市场更好地实现公共资源配置，以较低成本提升了当地的服务水平，创造了就业机会，改善了城市风貌和品质，提高人居环境质量，从而整体提高片区社会效益，实现多方共赢。

随着我国城市增量土地日益减少和房地产市场逐渐趋于饱和，大规模动迁旧城、新建房地产模式的盈利空间越来越小。2014年初，国土资源部提出将严格控制城市建设用地规模，逐步减少新增建设用地计划指标。土地紧缩政策的颁布以及实施，标志着广州城市建设与发展从土地"增量"时代正式进入土地"存量"时代。开发商顺应国家"新常态"下高质量发展的要求，也在探索商业模式转型，从地产开发转向城市配套服务运营，从土地开发转向土地价值深耕，从单纯的"制造"转向"服务"。永庆坊作为广州"微改造"的第一个试点项目，成为了万科集团的"转型试点项目"。万科将自己定位为"城市配套服务商"，在产业、养老、物流、医疗、家装等领域多线并行，从专注传统房地产产业到渗透至人们生活的各种配套产业。万科期望借微改造机遇积累转型经验，培养自己专业的团队，探索旧城更新这一新兴市场，在未来需求逐渐增大的旧城更新市场中占据先机。

在微改造实施的过程中，万科集团充当了出资者、建设者和运营者的角色。作为出资者，万科几乎包办了改造全过程的支出，包括测绘、设计、建设、施工、运营、维护等各个环节，大到整个街区的基础设施、公共空间，小到每栋房屋的修缮加固。此外，万科还承担了基础设施建设，公房修缮和居民临迁费用等。作为建设者，万科在开发建设中所涉及的土地或物业来自政府回收的零散用地或居民出租的已有物业，并按照政府规划和微改造建设导则进行功能植入和物业改造建设。而作为运营者，万科策划了一系列商业和社区活动以吸引客流量，激发商业业态需求；通过城市配套设施不动产出租和管理来获得可持续、可增长的租金收入来逐年回收投资。从传统的重资产业务向以租赁为主的轻资产业务进行过渡，这为租赁市场的发展提供了良好的契机。租赁市场的投资周期更长，资金回笼速度放慢，需要企业踏踏实实地做好经营，才能获得稳定的现金流，无疑这是对房地产企业的挑战。从"建设"到"运营"，企业需要具备更高的社会责任感，而房地产开发商角色的转变也为市场资本进入微改造的提供了可能性。

永庆坊微改造中注重保障当地居民的权益，居民有多种方式参与社区更新。首先，居民在满足政府对基地规划控制要求和产业经营需要的前提下，可以自行改造住屋或向开发商提出合理的住屋改造要求；其次，居民可将物业出租给开发商运营，或自行出租获得收益；再次，房屋亦可由政府征收，居民获得资金补偿与置换居住空间，由于改造前永庆坊地区大部分房屋危旧破败，居住环境欠佳，居民大多数会选择将房屋出售给政府。

在政府、开发商和居民三者互动的过程中，媒体充当着外部监督者的作用，引导社会舆论以尽可能保障改造的合法性和合理性。一方面，本地的新闻媒体时刻关注各主体的动向和改造过程中所发生的摩擦，通过增加曝光率来引起社会公众的关注，从而调动更大范围的社会监督。而在社会公众的舆论压力之下，政府和开发商将更加自觉地规范行为，保证了改造过程的公正性。另一方面，媒体及时记录和报道改造中的重要事件和正面事迹，如习近平总书记参观永庆坊、永庆坊微改造成效等，不仅提高了永庆坊的知名度和公众关注度，还充分激发了社会正能量，有利于"微改造"模式在更大范围推广。

4.3.3.2 基于开发商公司的协作过程

纵观永庆坊改造更新的十多年历程，2015年是永庆坊社区从衰败逐步恢复活力的转折点，前后主要存在两方面变化：一是更新模式从大拆大建转向小微式、针灸式的微改造；二是开发建设主体从区政府大包大揽转变为引入市场力量承办建设，永庆坊的改造更新进入"政府主导，企业承办，居民参与"的模式，有助于在城市更新中找到尊重既有物权和通过市场化运营盘活城市存量服务设施的平衡点。

2015年以前永庆坊改造项目屡屡受阻的重要因素之一就是以拆迁补偿和公房修缮费用为主的资金压力过大，据公开的测算数据，2007年恩宁路拆迁规划的总拆迁概算为12.401亿元，其中规划道路部分占地38825平方米，拆迁费概算为4.702亿元，道路红线外的直管公房的拆迁成本为7759.97万元，扣除以上两部分后，用于地块拆迁的费用仍有6.923亿元之多，所有均由政府财政承担，导致拆迁后地块建设的资金极其有限。此外，由于政府早前对永庆坊片区进行过拆迁，严重影响了当地居民的正常生活，居民对政府一直有着较强的抵触心理，两者之间几乎无直接沟通联系，加大了政府推进片区更新改造的难度。

引进开发商万科集团不仅可以解决永庆坊改造项目政府资金不足的关键问题，还能充当两者间沟通媒介的角色，既接受政府下达的改造要求和进度安排，同时收集社区居民的相关意见。居民与万科集团之间的沟通，主要通过万科驻永庆坊的专门人员来完成。在开发阶段由万科设计部的负责人来专门协调万科和居民的关系，运营阶段则由物业和负责运营的部门来负责该项工作（图4-32）。在这种模式下，政府的更新工作将更容易落实和推进。

经过改造实施前的多次协商，政府与企业间已形成了较为成熟的沟通协作模式。通过政府出台引导政策、开发商具体承办改建，政企之间形成了明确的合作关系；在利益分配上，开发商承担更新项目的所有建设资金，并通过15年的运营权取得收益，政府没有取得土地出让金，但也不需承担更新费用，并享有15年之后的项目收益，满足了双方各自目标。双方推动下，永庆坊耗时一年就完成微改造，避免了之前由于后续建设乏力而导致项目停滞的情况。

图4-32 永庆坊活化提升项目现场指挥部（左）与物业服务中心（右）
图片来源：广州市岭南建筑研究中心

居民与政府、企业的关系则经历了一段磨合期。在万科介入更新改造的初期，居民与政府、居民与开发商之间均未达到良好的沟通效果。一方面，各方主体之间缺乏信息共享。居民完全处于被动接受改造的地位，从政府和万科集团获取的改造相关信息极少，因而与政府、万科集团在工作形式和施工安排等方面仍未形成共识，三者之间经常就开发建设的问题发生冲突。以永庆二巷16-1的叶先生为例，施工队未经屋主同意便擅自在住屋加装窗户。而因向万科投诉无果，叶先生决定自行拆除新装的窗户，自此双方多次拆建，僵持不下，最终叶先生将问题反馈到城市更新局，待局长出面调解才真正解决了问题。又如永庆大街14号的首层住户王阿姨，其因商铺电闸加装和排水排污问题与10号商家、14号二层商家发生摩擦等。再如，商业进驻引起的加租和噪声等问题也激发驻场商家与当地居民矛盾，咖啡馆的建设施工来带了严重的噪声和粉尘污染。另一方面，社区居民曾多次向万科提出不合理的要求，如高于常规价格数倍的高额拆迁补偿费，直接增加了万科推进改造项目的工作难度。这段磨合时期使得开发建设的进展较为缓慢。

随着改造更新的深入，居民与政府、万科集团三方逐渐形成了初步的对话协调机制。

政府与居民之间的沟通状况也随着政府角色的转变有所好转。政府改变了之前作为规划方案制定者、实施者和监督者的角色定位，转而作为引导者和沟通者活跃在更新进程中。政府注重与居民共同交流社区更新工作进展，探讨问题的解决方案，并收集居民的反馈意见，大量的沟通有效地消除了居民多年来的抵触心理。

在改造过程中，开发商逐渐加深与居民和公众的沟通。如在一期工程改造完成后征求商业改造区域内所有在住居民（共12户）的房屋修缮意见，针对街区活力、居住环境、历史文化、产业经济等规划内容向居民、游客、商家和规划师开展意见咨询等。为保持与社区居民的良性沟通，万科集团每年都在社区内组织、举办上百次活动，包括展示展览、武术、粤剧、婚庆、文娱活动、学术研讨会、汽车发布等（表4-4）。各种类型的活动既促进社区文化和归属感的形成，又有利于企业与居民在活动中增加相互了解。此外，万科集团还向私人产权住户征求意见，提出无偿帮助住户修缮房屋立面，并在逢年过节到各家各户上门拜访和送礼，以期增加居民对企业的好感度，促进双方交流，建立良好的企民互动关系。

永庆坊活动概况 表4-4

活动类型	具体内容
主题展览	广州主题展、广州抗日历史展、李小龙主题展、恩宁路周边建筑改造主题展、第七届艺交会分会场展览等
沙龙讲座	"如何防范保健品'坑老'营销陷阱？"讲坛、咏春研讨会、时尚尖チ沙龙、学术研讨会等
社区文化	多宝街道"西关文化日"、西关培正小学画展、恩宁路摄影大赛、武术及粤剧文化相关活动等
公众参与	找回恩宁——恩宁路历史文化街区保护规划公众参与活动
节日庆典	婚庆、圣诞节主题活动、跨年倒数、元宵粤剧表演、"华光诞"巡游庆典等

资料来源：参考相关文献整理，有增补。吴凯晴."过渡态"下的"自上而下"城市修补——以广州恩宁路永庆坊为例[J]. 城市规划学刊，2017（04）：56-64。

随着政府角色转变和万科集团主动寻求改善关系，居民在各方对话中获得了更高的地位，开始理解万科集团和政府的工作，更加主动的参与到社区改造中。在改造建设和运营的过程中，居民会主动向政府或万科的物业提出合理的改造要求和意见。虽然各方尚未建立起定期会议等成熟而有效的平等对话机制，但是相较改造前期政府和万科确实更加重视居民的公众参与。在整个改造过程中共召开了3~4次会议，集中处理居民的意见，一定程度上改善了三方的关系，助推了改造项目的顺利完成。

针对前期经常引起冲突的开发建设相关问题，各主体之间更多地是通过和平沟通的方式来共同解决。其中难度最大的是怎么解决设计方案与銮舆堂冲突的问题。由于最初测绘数据部分缺失和不准确，房屋拆通后设计师发现原设计方案会遮挡銮舆堂住户的窗户，对他们采光和通风造成较大影响。设计师在与銮舆堂的负责人多次沟通的基础上，对方案进行了优化：用磨砂玻璃代替原方案所采用的走道楼板，以避免光线遮挡的问题；銮舆堂方面也积极合作，同意把原来窗户和抽风机调整位置，协助设计方案的实施，使得设计方案在冲突最小化的基础上得到了最大化的落实。

总体而言，基于开发商公司的协作模式仍处于探索阶段，利益主体之间的对话机制在逐步完善中。

4.3.4 开发商参与社区更新的成效评估

鉴于"微改造"模式的开创性，永庆坊微改造在国内几乎无前例可鉴。接手项目后，万科集团"摸着石头过河"，且行且探索。在介入之初，万科集团逐渐发现了永庆坊项目条件的复杂性——建筑基本资料缺乏、产权状况复杂、当地居民的历史症结等客观和主观方面的限制因素，大大增加了建设难度。在建设过程当中，由于缺乏沟通与当地居民产生摩擦，老旧房屋建设状况的不可控等，产生了不可预料的变更以及费用，增加了成本投入。

永庆片区微改造项目实施后，取得了"环境提升，文脉传承，功能转变，老城新生"的效果，为广州市历史文化街区活化树立了典范。优化建成环境，为居民及各类群体提供了更好的生活、工作、休闲、购物空间。有效改善了人口结构，从日益老龄化、低收入化，转变为既有原住居民、又有外来年轻化、高学历和中高收入人口。新业态特别是根植于文化创意产业的引入，大大激发了旧有街区的活力，继承、延续并创新了传统文化。现代物业管理保障了工作和生活的宜居宜业品质。具体而言，得到了以下方面的成效：

4.3.4.1 建成环境优化

建筑方面，文物建筑聘请具备相关专业资质的公司、单位进行测绘，修缮设计（图4-33），置换建筑功能，活化历史建筑，借此向使用者展示街区的历史风貌与历史文化。一般建筑采用修旧如旧的方式，保留修缮建筑的历史风貌；保存原有空间肌理，对部分建筑适当拆除和原址重建，新建部分则通过采用全新的结构和材料以区别传统建筑，且尽可能与传统建筑达到风貌和谐的状态。改造后的永庆坊保留了原有"两横一纵"三条巷道的肌理和街巷空间格局（图4-34）；危旧建筑外立面得到恢复，基础结构大幅改善，

图4-33 改造后的建筑及行人专用道

（a）改造前　　　　　　　　　　　　　　　　　　　　（b）改造后

图4-34 改造前航拍鸟瞰图（a）与改造后航拍鸟瞰图（b）

图片来源：广州市岭南建筑研究中心

达到7级抗震要求。对已经坍塌的房屋进行拆除清理，改造为绿地或公共空间，对原有狭窄的街巷进行抽疏和翻新处理，基地的环境得到改善。交通方面，在该基地西侧开辟行人专用道，形成"两横两纵"的交通流线。配套设施方面，完善片区内的基础设施，解决环境以及安全隐患；消防、管网路线等基础设施也进行了升级改造，加装全新消防管网，增设一个小型消防站，配备合格的消防管理员。通过改造用电更安全，老化的电线全部更换，增设配1个电房。搬迁了街区的大部分人口，街区的人口密度降低，当中的居住职能得到了部分保留，居住环境和质量明显提升，住区治安和卫生环境得到显著改善（图4-35）。

图4-35 改造后的公共空间

4.3.4.2 新产业植入和经济活力提升

永庆坊积极拓展新的商业空间，植入以文化创意、精品民宿、创意轻食、文化传媒为主的新兴产业，丰富街区业态，发展网红经济；并配套创业指导服务、银行等产业配套服务。

经作者实地调查，微改造极大地提高了永庆坊的经济活力。改造前，原住民私房大多被出租用于物流仓储，平均租金只有30～40元/（平方米·月）；改造后出租价格达到60～70元（平方米·月）；商铺价格则更高，租金为150元（平方米·月），租金因永庆片区微改造上涨2～5倍。现运营中的商铺约60家，招租率已超过90%，主要为文化创意、精品民宿、创意轻食、文化传媒等等商户和企业，大幅提高了永庆坊的土地经济效益。通过对相关商户的访谈和分析，目前永庆坊内的商铺主要依靠游客经济维持，2019年永庆坊月均人流量约20万人次，其中周中日均人流量约为5000人，周末和节假日的日均人流量可超过10000人，而国庆等长假则可达20000人，且观光游玩的游客比普通居民更具消费力，永庆坊内的经济活力得到一定提升（图4-36）。

图4-36 周末永庆坊游客情况

4.3.4.3 人群结构多样化

永庆片区人口结构，改造前多为租住公租房的低收入居民，或者外来租住人员，间杂少量小型家庭式商户（如家里一楼小卖部等），人口结构较为单一。2016年永庆片区项目启动改造后，仅有12户原住居民选择继续居住在此，其中一部分为较低收入公租房户，一部分为租房户主，收入状况相对较好。永庆片区改造引入新型产业以及运营管理人员，增加年轻化、收入中高等化、高教育水平人群（图4-37）。人口结构多元化提升了永庆片区活力。

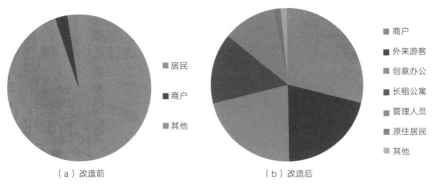

图例：
■ 商户
■ 外来游客
□ 创意办公
■ 长租公寓
■ 管理人员
■ 原住居民
□ 其他

（a）改造前　　　　（b）改造后

图4-37 改造前人口结构（a）改造后人口结构（b）

图4-38 改造后坊中原住居民的生活

　　永庆片区地块为传统居住型社区，周边恩宁路的骑楼街、宝华路及多宝路主要为沿街商业设施。由于功能区内导入以文化创意、零售商业为主的新兴产业，引入一些艺术文化产业之后，随着年轻人增多，生活行为习惯也会年轻化。同时，永庆片区内还有居民居住，仍然保留一定的传统生活气息（图4-38）。商业、办公、居住、文化活动、游客、物业管理等各类人群的行为活动在此交融，永庆片区范围内的生活方式将日益多元、年轻化、时尚化，但也不乏传统韵味。

4.3.4.4 文化活力提升

　　运营阶段，万科希望有效地带旺园区实现产业溢价，通过积极地举办活动，吸引流量。在运营一年多的时间内实现客流量的稳步递增，商铺运营状况也逐步稳定。自2016年下半年以来，万科在永庆片区内策划举办了近百场各种主题的文化活动，包括广州非遗或传统文化研讨与展示、革命记忆展览、品牌发布、主题游园、摄影展、绘画展、音乐鉴赏、手工制作、派对、共青团团日活动、文化论坛、艺术交流会、拍卖会、历史街区规划设计展、公益沙龙、体育健身等（图4-39）。参与群体包括儿童青少年、大学生、年轻白领、创业者、商户、广州传统文化爱好者、老街坊等，平均每月举办8场，每周1~2次。这些节事活动吸引了大批游客客流量7500人/日，月均人流量约20万人次，提升了街区的人气指数，促进了人们之间的交往，同时也体现了浓浓的人文精神。

图4-39 永庆坊"老城市,新活力"特展

　　2018年10月24日,习近平总书记考察永庆坊时指出,城市规划和建设要高度重视历史文化保护,不急功近利,不大拆大建;要突出地方特色,注重人居环境改善,更多采用微改造这种"绣花"功夫,注重文明传承、文化延续,让城市留下记忆,让人们记住乡愁。项目自开展以来,引起了包括《人民日报》等主流媒体的争相报道,引发了民间团体与民众的热议,形成了历史文化保护的社会共识,永庆坊模式在全国推广。

4.3.5 开发商公司参与社区更新的思考

4.3.5.1 存在问题

（1）公众参与力度不足

永庆坊开发模式预设为"政府主导、企业承办、居民参与"，在实际改造过程中居民参与度不高，部分居民的利益、生活反而受到不同程度的影响。小部分私房居民不在此居住一直将房子出租，改造之后房租得到大幅度提升而成为受益者；部分居住在此的居民因受到不同程度的影响而感到不满意。居民在永庆坊动工之前没有收到任何形式的告知，也没有看到企业的设计方案，在完全不知情的情况下动工。施工期间有部分居民房屋出现不同程度的损坏，并无专门的调解或协调组织接受居民投诉和向居民反馈意见；居民只能分别向施工队、企业、政府各个渠道反应情况，对于房屋相对轻微的损坏问题，企业或者政府后续给予调解和解决；但部分受到严重影响（如窗户被彻底遮挡）的问题至今仍未解决；施工末期，由于赶工存在连夜施工的状况，对居民的日常生活造成较大影响。项目的运营阶段，永庆坊几乎完全由万科集团管理，社区居民并未参与到社区治理当中。

在《广州恩宁路永庆片区微改造实施评估研究》终审会上，荔湾区城市更新局工作人员总结："项目公众参与有待加强。"公共参与机制不完善是社区居民游离于微改造过程之外的主要原因。永庆坊微改造项目是一种探索，从"自上而下"开发导向更新模式，向"自下而上"运营导向的社区更新模式转变。"自下而上"更新模式强调居民的自组织能力和多元力量，应建立在社区赋权的基础上，包括社区培力（即居民的民主意识和向政府部门表达自身诉求的能力）与社区权力（居民具备影响公共政策部门决策的权力）。由于目前民主参与制度设计尚不完善，社区赋权较弱，在微改造中，2018年底荔湾区更新局、多宝街道办牵头，调动各方推荐和选举成员，成立了恩宁路共同缔造委员会，旨在建立居民与相关部门直接沟通的平台，将居民和商家遇到的问题和意见直接反馈到荔湾区更新局、街道办。尽管25位委员中居民占据了12席，但是委员会并未发挥理想的沟通作用，政府、企业和居民各执一词，众口难调。由于缺乏公众参与的程序化和精细化，缺乏长期参与途径及方案修改公示渠道等方面的规定，使公众参与无据可依，大部分还停留在象征性参与阶段。

（2）改造过程摩擦不断

在理想状况下，政府应当扮演协调多方关系的角色，但是区政府和街道办在处理居民诉求等问题上略有不足。对于困扰居民的问题，并没有形成良好的投诉渠道，居民通常选择向物业和万科相关人员反馈，在问题严重时则直接反馈到各个政府部门，然而各部门往往相互推诿，办事效率低下，致使问题无人受理，迟迟不能解决。

在万科和居民的关系上，起初，双方对改造工程的意见不合，频频爆发冲突，关系始终僵持不下；随着项目的持续推进，万科集团开始主动改良双方关系，如在改造阶段万科集团定期收集居民的意见，并根据居民的需求，帮助居民修缮房屋（包括结构加固、弥补改造造成的损坏等小修小补工作）；逢年过节，万科集团会主动到每家每户上门拜访、赠送礼物。在万科的努力下，居民似乎逐渐理解了微改造项目对其生活带来的利好，双方矛盾随之得到缓和，双方关系也显露出"破冰"的迹象。

政府和万科集团的合作并完全未达到1+1＞2的效果。由于永庆坊微改造项目是旧城更新市场化的探索，政府未充分考虑万科集团作为唯一项目承办方的巨大压力，对项目进度施压。对于万科所接受的居民意见，政府未予以较大力度的支持和帮助。在政府施加的压力下，为保证改造进度和工程质量，万科只能在短期内加班赶工，对居民的生活带来了一定的噪声影响。在项目中，万科往往身处政府和居民的双方压力之中。

（3）实施路径仍需探索

恩宁路地块产权复杂、建筑质量参差不齐、实施主体多样，这类旧改项目尚未有相关程序指引。规划层面，历史文化街区保护规划与落地之间缺少有效衔接，造成实施依据不足；更新层面，大规模城镇改造只有宏观层面的原则性指导，微改造主要针对整饬性修缮和历史文化保护性整治，缺少保护规划控制下的保护与利用的实施机制。

面对延续历史文脉、优化功能、改善人居环境等综合需求的更新规划，具体路径仍需进一步探索。政府无法在短期内解决整个永庆片区内的房屋产权问题，并完成一系列繁杂的手续。为了按时完成永庆坊的改造计划，区政府和企业决定规划与建设先行。这种追求效率而跳过手续的建设思路看似有利于推进项目进程，实则为长期的运营和维护埋下了隐患。因此，在恩宁路改造二期项目中，政府和企业均表示会更加注重相关手续的办理，保证恩宁路改造项目合法合规地进行。

4.3.5.2 适用性分析

永庆坊微改造中，开发商公司参与社区规划的模式仍处于探索期，"政府主导，企业承办，居民参与"的开拓性工作模式确实取得了一定成效。永庆坊社区的经济活力和人居环境得到大幅提升，街区的传统肌理和历史文化载体都基本保持原有的特征。在社区更新中引入开发商的做法，能够弥补政府资金不足、提高社区更新建设的质量和效率；借助开发商成熟的企业运营经验和能力来充分提升社区运营的专业性和经验效益，进而实现循序渐进地社区造血能力、激发社区活力。但是引入市场机制也意味着企业在实施过程中拥有更高的自主性，政府监管的难度会有所增加。企业的加入使得各方利益平衡难度加大，企业自身携带逐利的属性，居民由于缺乏话语权而可能利益受损。

永庆坊微改造揭示了基于开发商的更新模式，对于政府、企业和居民三方均存在一定要求。政府方面，须认清自身角色和职责，明确与企业之间在微改造过程中的事权划分，担起自身应有的责任；发挥协调者和监管者的作用，协调各方利益诉求，监督企业开发建设的规范性和合法性；同时保持规划编制——规划实施——成果反馈过程的完整性和公开性，完善公众参与的制度设计，积极听取企业与居民的意见反馈。企业方面，参与社区更新事业意味着承担更多的社会责任，需要在建设和运营时严格遵守政府的控制条件和规范，同时与居民保持良性的沟通互动关系，将项目实施进展对居民公开。居民方面，应具有良好的民主意识和公众参与热情，积极了解微改造的工作进展，及时向政府和企业表达诉求与建议。此外，为提高该模式的协调度和专业性，有必要成立专门的协调委员会和引入社区规划师，保障整个微改造过程的专业、有序推进。

综上，作为广州的第一次微改造实践探索，虽然永庆坊引入开发商公司的社区更新方式难免会遇到一些问题，但是未来城市更新日渐成为城市建设的主流，引入开发商的模式不仅有效地减轻了政府的财政负担，并且其市场化竞争机制也有利于提升城市更新的整体质量。广州应进一步深入探索开发商公司参与社区更新规划的运作模式和实施路径，特别是完善其中的沟通协调机制，为老城市更新模式的多元化注入新活力。

4.4
基于居委会和街道的协作——仰忠社区微改造

4.4.1 仰忠社区概况

▶ 　　仰忠社区位于广州市越秀区珠光路以北、东横街以南、文德南路以西、北京南路以东，占地面积约5.9公顷。社区毗邻广州地铁六号线北京路地铁站，周边公交密集，交通便捷。仰忠社区邻近有千年上商业传统的核心街区——北京路文化旅游区，是老城区中的历史沉积地段；也是由原厂后社区和原仰忠社区部分合并而成，属本书讨论的单位制社区和传统街坊社区的结合（图4-40、图4-41）。

　　仰忠街原名为高第里，在明朝期间出了不少文人雅士，如"铁面御史"周新。周新，原名志新，字日成，祖籍南海，世居高第里，曾任大理寺评事、监察御史等职，其人疾恶如仇、耿真敢言，以断狱公允著称。《明史·周新列传》记载，在一次对千户的惩治中，周新反遭奸臣诬陷被枉杀，临刑前仍高呼："生为直臣，死为直鬼！"后案件平反，周新被追封为浙江城隍之神。广州百姓为纪念周新的刚正不阿，便将周新的故居高第里改名为仰忠街。20世纪80年代初，受惠于附近的高第街发展成全国闻名的服装批发市场，仰

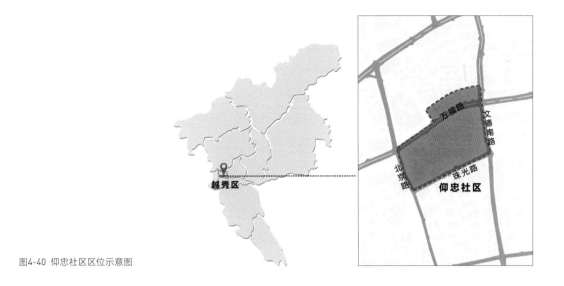

图4-40 仰忠社区区位示意图

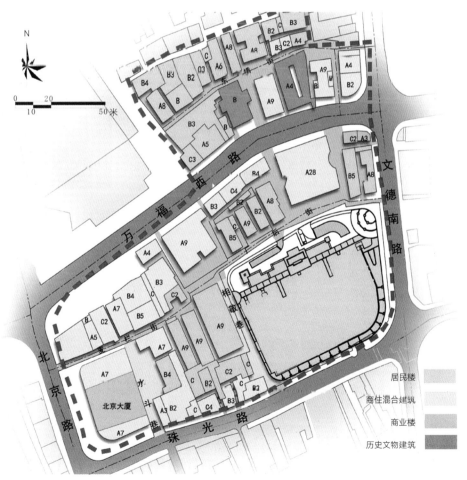

图4-41 现状用地功能分区图
图片来源：广东省集美设计工程有限公司，珠光街仰忠社区改造

忠街从1983年起逐渐成为以销售服装配件为主的一级批发市场。2000年，政府考虑到在建筑密布的老城区布局服装批发市场的消防隐患，仰忠街的批发市场搬迁，从此产业逐渐衰落，同时伴随着居住物质环境的老化。

在微改造前，仰忠社区存在着市政设施老旧、三线混乱、公共空间不理想、消防和治安隐患大、物业管理不全等较为严峻的人居环境问题（图4-42）。

第一是市政设施老旧。仰忠社区的电水表设施陈旧，未实现"一户一水表"。供水管、排水管、消防管等三管损坏率达73%，包括供水管损坏、加压水泵老旧、排污管破旧、消防器材缺损、排污管堵塞等。供水管部分损坏共15栋大楼，排污管破损共50栋楼。居民反映自来水管渗水漏水、排污堵塞、化粪池满溢、水压低及水阀失灵等问题亦较为突出。

第二是房屋年久失修，建筑破损率高达36%，主要是建筑外墙墙体、建筑内楼道墙面脱落、建筑内的公共门窗破损、遮雨棚损坏严重、建筑内楼梯踏步、建筑内楼梯扶手需修复等。外墙有脱落现象的共37栋楼，楼道墙有脱落现象的共有50栋楼。

第三是三线杂乱。部分建筑的电力线、通信网络线、有线电视和宽带线等存在凌乱横穿、乱拉乱扯现象，影响社区美观。三线多数裸露在外，电线残旧、电箱老旧等带来安全隐患（图4-43）。三线问题突出的街巷有厂后街、麦栏街、东横街、珠光路等。

图4-42 微改造前仰忠社区环境情况
图片来源：广东省集美设计工程有限公司. 珠光街仰忠社区改造

图4-43 三管三线现状
图片来源：广州市规划和自然资源局

第四公共空间不理想。部分内街巷路面破损，居民反映石板路越来越少，补丁越来越多，影响老年人和儿童出行。公共活动场地不足（图4-44），社区内小公园、小绿地、小广场欠缺，仅有2个小广场、面积约150平方米。图书室、文化室、健身器材等休闲娱乐设施较少且陈旧；社区缺少休闲坐椅、部分石桌破旧且放置位置不合理。社区辖内停车位不足，违停乱停情况严重，部分内街巷缺少统一的自行车停放点；缺乏无障碍通道。社区内绿化带稀少；宣传栏分布不合理。

第五是社区消防和安全隐患突出。消防通道和消防设施周边堆放障碍物，重要节点无消防设施和照明设施，消防水管不能正常供水共有20栋楼、消防箱器材缺损共22栋楼，均影响紧急情况下的消防活动。晾晒衣物靠近裸露的三线，建筑栏杆及支撑铁架生锈严重，存在较大的安全隐患（图4-45）。社区门禁系统并未完善，物业管理人员大多年纪较大，盗窃案件时有发生，存在居家安全隐患。

仰忠社区居委会门前宣传栏及健身器材　　　　　东横街健身器材　　　东横街石椅

仰忠社区宣传栏　　　　　　仰忠社区收信箱　　破损障碍通道　　街道垃圾

图4-44 公共休闲设施现状
图片来源：广州市规划和自然资源局

楼与楼之间的电线　　　　　　　　　　　　居民楼楼道

居民楼消防设施　　　栏杆及支撑铁架　　　　遮雨棚的破烂及衣物乱挂

图4-45 消防及安全隐患现状
图片来源：广州市规划和自然资源局

第六是缺乏专业的物业管理服务。仰忠社区仅有2栋高层住宅有专业的物业管理公司提供服务，其他住宅房屋均缺乏物业管理。部分单位房、房改房、宿舍楼等产权不明晰，整治和管理的成本较高，物业管理公司不愿意介入。居委会经常成为楼宇物业的临时管理者，社区内居民群众自我管理、自我服务的能力较低。

2016年广州市提出微改造，仰忠社区成为当年38个微改造项目试点之一。广州市成立了仰忠社区微改造工作领导小组和仰忠社区微改造办公室，负责对政府各部门进行组织协调。而在政府与基层之间的联动上，仰忠社区居委会起到了重要的桥梁作用。在微改造办公室、居委会和政民之间的有效协作下，仰忠社区微改造得以顺利实施，成为了广州市微改造的示范案例社区。

4.4.2 仰忠社区微改造的发展历程

仰忠社区的微改造范围南起珠光路，北至东横街，东起文德南路，西至北京南路。社区内有大小街巷19条，共有房屋138栋，其中4层以上（不含4层）30栋，4层以下（含4层）108栋。改造工作自2016年春节展开后，至2018年末基本完成，分为两期工程。第一期工程开展于2016年春至2017年春，主要针对包括自来水管、煤气管道、供电通讯网络等规模较大的公共设施改造。第二期工程始于2017年7月，国庆期间正式动工，到2018年末结束，主要针人文景观、无障碍设施等涉及居民切身利益的、小规模的项目改造。在第二期工程的尾声，依托良好的公众参与，仰忠社区成立了社区自治物业管理组织，逐渐形成社区自治的模式。

仰忠社区微改造社区更新发展历程经历了以下图4-46所示四个阶段。

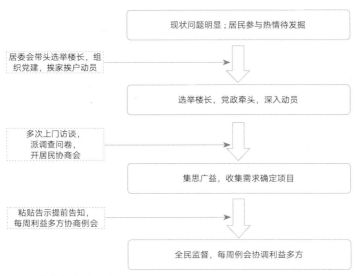

图4-46 协作式规划发展过程

4.4.2.1 选举楼长，党政牵头，深入动员

项目筹备阶段，居委会从党政牵头和楼长选举两方面出发，调动当地居民参与社区更新的积极性。首先是党政牵头，在项目开展前居委会多次召集党员，呼吁他们在微改造中起带头作用，积极支持并鼓励周边居民参与项目。其次，通过举荐、选举的方式，为社区内全部30栋居民楼选取"楼组长"，集中向居委会反馈本楼居民对微改造的意见与建议。楼长的人选一般由居委会举荐，其必须要热心于公共事务，有一定的号召力与威望、具有良好的人缘及处事能力的居民。居委会举荐后，邀请社区的居民通过投票的方式确定楼长的人选。

在选举楼长后，居委会通过"五加二、白加黑"的工作模式，挨家挨户上门拜访居民。"五加二"是指部分住户工作日不在社区居住，居委会需要周末上门拜访；"白加黑"指白天拜访在家的居民，而大多年轻居民白天上班，只能在晚上接受拜访。这种工作方式牺牲了居委会的休息时间，但是提高了拜访居民的成功率。居委会要是向居民介绍社区更新微改造的原因、过程、愿景等，令社区居民初步了解微改造的必要性与重要性，同时鼓励他们积极参与到社区微改造的出谋划策中。居委会还会询问、收集居民对社区现状的不满，推进微改造初步意见征集工作。

在动员全体居民并初步收集意见后，仍有几十户居民反对微改造，主要是对"违建房屋"的拆迁、对微改造效果存在疑问。居委会多次回访持有异议的居民，深入了解他们反对微改造的动因，并邀请居民楼长作为中间人，动之以情、晓之以理地说服这些居民同意微改造。而对部分认为自身利益被侵犯的居民，居委会与他们协商，通过免费修缮其危破的房屋等方式补偿损失，以此获得他们对微改造的信任与支持。

4.4.2.2 集思广益，全面征集改造项目

城市更新局制定了"微改造固定项目+自主改造项目搭配"的体系，其中自主改造项目采用"居民来点单，政府来买单"制定，包括"三改造一落实"：老旧房屋改造、公共设施改造（图4-47）、人居环境改造，及对物业管理、居民自治的落实等方内容。

仰忠社区的微改造的具体项目在集思广益、全面征集的基础上确定。首先，居委会在前期初步动员及了解居民诉求的基础上，派发调查问卷系统性收集居民对微改造的诉求。仰忠社区共有常住人口5500多人，流动人口1000多人，居委会随机派发了1200多份问卷来总结居民的诉求，随机抽样的比例达15%，问卷调研的样本容量有足够的代表性。

其次，居委会在选举出社区党组织负责人、楼长、"两代表一委员"、居民代表中，召集其中11人成立"仰忠社区微改造居民咨询委员会"（以下简称咨询委员会）。针对问卷整理、资料总结的居民诉求，并与咨询委员会进一步讨论、核查微改造涉及的项目内容是否有缺漏。

最终，通过多次咨询委员会议的裨补阙漏，历经四个版本的修改后，仰忠社区微改造确定了45个项目，牵涉到了"三改造一落实"的方方面面，从最宏观的市政公共服务设施配置、更新和维护到最微观的节点、细部景观设计和环境改善，从工程量最大、最复杂的"三线下地"到工程量最小、最简单的改造居民防盗网和加装楼梯扶手等（45个项目一览表见附录2）。

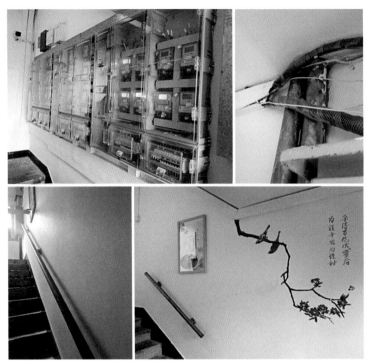

图4-47 楼道内部改造

4.4.2.3 全民监督，每周例会协调多方利益

在微改造工程推进中，仰忠社区实现了"改造项目全民告知、改造进度全民监督"的优良状态，并通过每周例会协调多方利益。

居委会将实施项目上报街道，并由街道组织公开招投标，寻找方案设计公司及相应的项目施工方。在改造项目开展时，居委会联合珠光街街道办，制作各类型的居民告知书，粘贴在居民楼楼下及社区宣传栏，提前公告施工计划及施工单位的联系方式，方便居民及时监督和求助。

街道办和居委会在微改造期间实行每周例会制度，每周邀请楼组长、热心居民、施工方等利益多方共同讨论，商议上周微改造中遇到的问题及对策，并根据实际情况，微调未来微改造的施工方案。仰忠社区还成立了居民议事平台，建立了包括《仰忠社区重大事项公示和听证制度》《仰忠社区居民会议议事规则》等一系列议事的规章制度，制度规定在涉及社区未来发展的重大事项，需召开不少于4/5成员参与的议事大会，在会议中超过半数人同意方能通过事项的提议。

社区居民对微改造施工的监督与反馈可通过两条途径来实现。一是在告知书中寻找相应的项目负责人，直接对项目实施中出现的问题进行监督并提出意见，比如噪音扰民、建筑垃圾妨碍出行等问题；二是将自己对微改造的意见告知各自的楼组长，由其作为代表在每周例会中与利益多方沟通协商，如优化施工方案的商议等。第二条途径中若涉及重大事项，则需要全组人员共同讨论：

"包括每周例会都是由代表参加。楼长代表，还有街道的、社区的，说明上一周做了什么，下一周要做什么，存在什么问题，这些都是会议中讨论的。楼长就会在会议前把所有涉及施工的意见都收集了，他可能不仅反映他那栋楼的情况，其实会包括整个社区的情况，包括我们都是一起去做这个。比如说楼梯扶手可能长度不够喔，按照标准是3米的，但这里要三米半才可以。这些小问题都要互相去讨论。"

——居委会成员

4.4.2.4 社区管理和社区自治形成

在微改造工程基本完成的时候，居委会以调查问卷的形式向全体社区居民展开咨询，包括：是否开展物业服务管理、是否设立物业服务议事会、及是否同意举荐的议事会成员名单。统计问卷发现，居民对这些事情的同意率均达到"双过半"。整合"两代表一委员"、楼组长和热心居民等党群资源，成立仰忠社区物业服务中心，以楼组长和热心居民代表组成的议事会正式组建，以居民自治为核心的社区物业管理模式正式形成。此后，通过问卷与听证会等形式了解民意后，居委会联合相关组织制定了《仰忠社区物业服务方案（初稿）》和《仰忠社区物业服务工作制度》，规定了相关岗位的设置、工作内容、时间等标准。

4.4.3 协作式规划运作机制解释

4.4.3.1 组织架构

在仰忠社区的微改造工程中，参与协作的主体包括仰忠社区的居委会、珠光街道办、全体社区居民、社区能人（楼长及党员）和施工单位等，并逐步形成了由多元主体协作共商的局面（图4-48）。

社区居民作为仰忠社区微改造的主要受益群体，参与协商主要以捍卫自身产权利益与改善居住质量、提高生活品质为最终目的，在协作过程中扮演诉求提出者和自觉监督者两个角色。首先，作为"居民点单，政府埋单"改造模式中的诉求提出者，当地居民在仰忠社区微改造中，参与协作的形式包括在居委会家访时提出意见诉求、参与调查问卷填写、对公示的施工方案提出即时的建议等，提供微改造需要的在地知识等。其次，作为施工进程中自觉的监督者，在被调动起积极性后，当地居民运用其在地知识，监督施工单位的施工进程，若发现不合理或可改善的地方，则将反馈意见及时传达给楼组长等居民代表。

楼长、党员等社区能人在仰忠社区微改造的协商进程中，扮演着重要的上传下达的角色，是当地居民与其他利益主体高效沟通的重要桥梁。其参与协作主要以提高自身社区居住环境、实现精神上的满足等为目的。社区能人包括了两类型的热心居民，一是起示范作用的党员，二是推选出的30名楼组长。一方面，他们是通过居民推选或党员选拔而产生的，均具有一定的群众基础和社区威望，与周边居民有着良好的社会网络。他们能够较为畅顺地收集、归纳、整理居民各方面的意见与建议，向居民解释协商的内容与结果时也有较强的说服力。另一方面，他们也是居委会及当地党组织推选的，居委会与他们有着良好

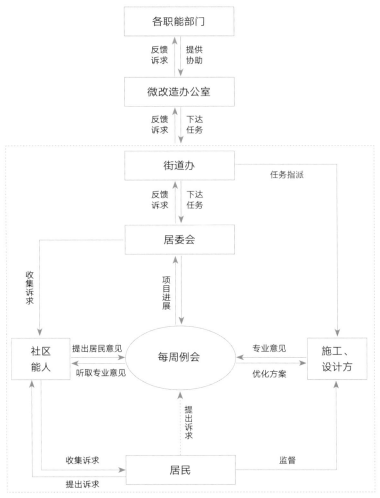

图4-48 仰忠社区微改造多元主体协作图示

的沟通，能够增强沟通的效率。在协作进程中，首先，在动员阶段，社区能人陪同居委会多次上门对不愿参与微改造的居民做思想工作，运用他们在居民中间的威望，配合居委会对这些居民动之以情、晓之以理，引导其以平和的方式表达自己的利益诉求，从而通过合理的利益交换解决问题。其次，在施工进程中，社区能人每周收集、归纳居民们对施工方提出的意见诉求，在每周例会上集中提出意见并讨论各方案的可行性。

仰忠社区居委会真正起到基层自治组织的作用，在微改造过程中扮演主导者的角色。居委会主导协作式规划的主要目的：实现政府下达的任务，力争提高微改造的效率和提升品质，并在广州市社区微改造中探索出一种值得推广的示范模式。首先，居委会在微改造项目施工开展前，带头上门拜访所有居民住户，调动他们参与微改造的积极性。其次，在微改造项目实施过程中，则与街道办每周共同主持召开咨询委员会例会，邀请社区能人、施工方等利益多方进入协商会议，共同沟通协商过去一周的情况与未来的发展建议。最后，在微改造完成后，他们牵头将微改造进程中推举出来的楼组长义务服务制，升级为常态化的"左邻右里志愿服务队"，将每周的咨询委员会例会常态化为"居民圆桌"。

施工、设计方提供微改造的具体服务，参与仰忠社区微改造的协商过程主要有两个目的是：其一在于获取更多在地知识，提高施工服务质量；更为重要的第二个目的，通过有效的沟通提高工作效率，减少与居民摩擦进而缩短施工周期，保障在限定工期内高质量完工改造项目。在微改造的协商过程中，施工、设计方充当着专业服务者的角色，针对热心居民代表提出的改造需求和方案，从专业的角度提出包括工程造价、施工时长、项目难度等方面的可行性建议，提高协商的专业性。

4.4.3.2 主导协作式规划的过程解释

仰忠社区微改造进程是等多元主体通过矛盾协调和利益博弈，最后建立方案和行动共识，推动社区走向环境提升、共治共享的过程。本节以仰忠社区微改造进程中发生的矛盾较为突出的事件，解释居委会在参与仰忠社区微改造过程中的具体协作机制。

在微改造项目依始，协作平台和机制尚未完全形成，出现了涉及居民切身利益纠纷无法得到妥善解决的情况，例如某位楼长谈论道：

"之前（微改造刚开始）有次施工的时候，施工队把原本别人家不要动的地方弄了，居民就到居委会大闹。居委会就把我们叫过去（一起协商），刚好我们成员里有那户人家的楼长。叫来后，楼长就与施工、居委、居民和我们一起协商，然后就让施工队把那里修好。这种事都是居民卖个面子给我们，大家是老邻居比较好说话。"

此时居民的利益诉求表达方式只能是到居委会将事情闹大，以期居委会秉承"人事化小"的原则，积极处理问题。闹事求解决问题的方式偶尔运用，效果较为明显，正如上文所述居委会及时组织楼长、施工方和居民一起协商。但是长期采用该模式是不可持续的，居委会仅有6名在职人员，难以及时和全部了解居民在微改造中遇到的大小事务，无法仅靠居委会逐个调解居民与施工方的纠纷。

居委会协同珠光街街道办，在30名楼长中选取11人成立咨询委员会，负责收集各栋居民对社区更新微改造的意见与诉求。街道办与居委会牵头，每周均举办咨询委员会例会，并邀请热心居民代表、施工方与会，共同商议上周的微改造施工进展、施工遇到的问题，下周的工作进度安排及居民们提出的施工优化方案的可行性等。

这种制度化的例会形式，即是居委会构建的协商平台，为利益多方沟通搭建桥梁。利益多方可以及时、平等地共同商议项目的进展，沟通项目的难处，互相表达意愿，大大提升了社区居民在项目中的参与广度与深度，提高规划方案的在地性、民主性和有效性。

4.4.4 居委会参与社区更新的成效评估

经历两期微改造工程后，仰忠社区从物质环境脏乱差、缺乏物业管理服务的老旧小区，变成环境优美、邻里互帮互助、社区自治成效显著的广州市微改造示范区（图4-49）。这种从物质到治理的多方面优化提升，离不开仰忠社区居委会在微改造进程中主导的利益

图4-49 仰忠社区改造后的社区绿化、社区设施

相关者的协作过程。

居委会致力于鼓励居民积极参与，登门拜访、选出楼长、举行每周例会，是微改造成功推进的关键环节。在微改造中，居委会主导组织了社区内包括党员干部、热心楼长等社区能人在内的重要利益相关者广泛参与，他们与社区居民、居委会、政府部门及施工、设计方之间构成了一个信息传递、诉求表达、商议决策的社会支持网络。

居委会主动介入并构建政民沟通渠道，大大提高了居民与参与沟通的广度和效率，居民受鼓舞后在社区更新中主动策言，提供在地知识，并主动监督项目进展并影响项目进度，居委会、施工方、居民和居民代表构成了良好的方案设计、执行与监督反馈的互动协作机制。

4.4.5 居委会参与社区更新的思考

4.4.5.1 居委会主导更新协作的适用性分析

仰忠社区微改造中以居委会为代表的基层组织主导，有效拓展了多元参与的深度和广度，但是参与规划的条件也有一定的适用条件。

（1）社区邻里关系和谐

良好的城市社区更新过程离不开社区居民的积极参与。仰忠社区多为居住年限长久的本地居民，邻里之间、居民与居委会之间有着长期稳定的联系，邻里关系较为和谐。仰忠社区微改造项目启动以来，通过居委会成员挨家挨户的上门拜访、讲解，居民大多对更新改造持欢迎态度，亦较为支持居委会的工作。此后，居民亦积极参与到居委会组织的各类协商和协调活动中，有序推动微改造进程。社区邻里关系和睦和居民的积极参与，是促成居委会主导更新规划的基础条件。

（2）改造资金支持充裕

资金支持是社区更新改造得以推进的必然条件之一，仰忠社区是2016年广州实施的38个微改造试点项目之一，得到了市区两级政府充裕的改造资金，使项目得以顺利推行。

4.4.5.2 居委会主导更新协作的优点分析

（1）深入动员群众

仰忠社区居委会一方面通过挨家挨户上门拜访阐述微改造的优点，另一方面通过挖掘社区能人及动员党员带头参与，从上述两方面深度动员居民参与到社区更新中。这些积极行动大大提升了仰忠社区更新中公众参与的广度与深度。

（2）高效沟通多方

作为基层居民自治组织，社区居委会与政府街道办、社区居民的联系均较为密切，一方面，作为上级下达的试点任务，街道办必然需要协助居委会顺利完成任务，其配合程度较高；另一方面，居委会作为日常协助居民处理事务的机构，居民与其之间有较深厚的感情，在社区更新中亦积极配合其工作。

（3）有效培育社区自治能力

仰忠社区居委会咨询居民意见后，通过投票选举代表的方式组建了社区的物业服务议事会和后续的物业管理服务中心，以居民自治为核心的社区物业管理模式正式形成。

4.4.5.3 居委会主导更新协作的问题分析

虽然仰忠社区微改造成为广州老旧小区微改造的试点示范区，全国各地均来学习取经，但是其在广泛推广上仍存在需要解决的问题。

（1）改造资金筹措

仰忠社区微改造资金几乎全部来源于市、区两级政府的地方财政，改造总资金2950万元，广州市市财政出资1450万元（49.2%）、越秀区财政出资1490万元（50.5%），居民仅集资10万元（0.3%）。而政府的资金有限，仰忠社区作为示范点可以有充足的资金支持，但是难以大范围在其他老旧小区推广。

（2）人力资源有限

仰忠社区微改造起源是其作为广州38个微改造试点项目之一，需给全市提供更新改造的范本。这种更新改造的任务历经市、区城市更新局、珠江街道办的层层下达，成为居委会必须要顺利完成的任务。这种项目制推动的模式是中国当下常用的行政组织动员模式之一，优点在于能在短时间内动员不同组织、不同部门的通力合作，缺点在于这种项目制通常是不连贯的，可能存在朝令夕改的情况。此外任务的层层下达，为按时完成任务的日夜加班，社区基层的工作压力将很大。居委会成员通过"五加二""白加黑"的高强度工作模式，调动居民的参与积极性、主导协调组织过程。在"上面千根线，下面一根针"的工作模式下，基层社区的工作任务量大，这种动辄几个月的高强度工作模式，需考虑到基层人员的承受能力。

4.5

基于监督组织的协作——同德街综合整治

4.5.1 同德街概况

▶   同德街道位于广州市白云区西南部，西至石井河，东临新市涌，北至德康路，南到西湾桥；东面与白云区棠景街、越秀区矿泉街接壤，南端与荔湾区西村街为邻，西部与松洲街连接，北侧与石井街道相连。同德街总面积为3.59平方千米，街道内辖19个社区（图4-50），是保障性住房的社区更新的代表。

    1990年前，同德街道所处地区是以农田菜地为主的市郊村庄。1994年11月经广州市政府批准设立街道，本地居民亦称其为同德围。1990年，它被规划为大型住房解困区，接收来自全市的困难户。1996年始，解放桥、内环路、地铁等建设项目的数万拆迁户从老城区搬迁至此。1998年，千户规模的"教师新村"竣工。由于紧邻老城中心、房价租金也比较便宜，原村庄保留的居住用地吸引了大量外来工租住，形成横滘村、上步村、粤溪村、鹅掌坦村、田心村5个城中村。2000年底，同德原2250亩农田已全部征用。2010年六普总人口16万，2011年实际总人数已达21万人，也有新闻统计达30万人。历经20多年发展，昔日的传统村落，已经演化成解困小区、拆迁安置小区、廉租房、经济适用房、城中村等低收入社区。按照广州市居民家庭收入分类（最低收入户、低收入户、中等偏下户、中等收入户、中等偏上户和高收入户），前三种代表低收入家庭，2012年的问卷调查显示同德街低收入家庭比例占到68.3%。

    同德街发展问题集中在两方面：一是交通拥堵，由于西有河流阻隔、东有铁路分割，只有中间一条双向两车道的西槎路和西湾路贯穿南北，连接老城区，鱼骨状的交通组织，导致西槎路常年拥堵。内部的同德货场带来居住和仓储用地混杂，货运车流与上下班、上下学车流争夺有限的道路空间，这里真正成了一座被"围"困的地方（图4-50）。二是设施滞后，近年来居住人口急速膨胀，交通、教育、医疗等设施建设滞后，让"出行难、上学难、就医难、如厕难"成为居民的心头之痛。

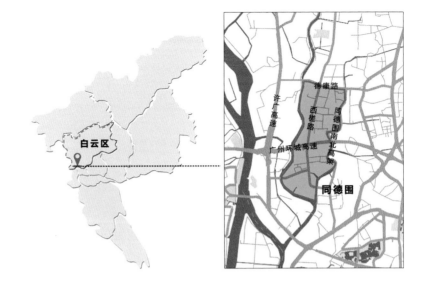

图4-50 同德街区位示意图

2005年5月广州电视台《走进同德围》报道了现状问题，之后该片区经常见诸各类媒体。同德街的民生问题在媒体的持续曝光下引起了广州市政府的高度重视。2012年广州市政府提出要"问计于民、问需于民、问政于民"，同心同德建设"幸福围"，并确立了同德街地区整治要"全民参与"的思路。政府先后委托了《同德街控制性详细规划》（2007年，以下简称控规）和《同德街控制性详细规划优化》（2012年，以下简称控规优化）编制工作。从"被围"到"解围"，体现了规划实践中由政府单一力量主导型，到小规模前置型公众参与，最终走向了多元参与主体的互动和协作。随后，广州市针对同德街综合整治工作成立了以广州市政协委员韩志鹏为核心的社会监督机构，称为公众咨询监督委员会（简称"公咨委"），主要负责促进公众参与和吸纳公众意见，并协调监督规划实施过程。在公咨委的有效协作下，同德街整治规划得以顺利实施，逐步将"幸福围"的构想付诸行动。

4.5.2 同德街整治的发展历程

4.5.2.1 早期规划：政府主导型

1990年《大型解困房居住区详细规划》、2003年《白云区分区规划》和2005年《同德街综合整治规划》都是典型的政府主导型（表4-5）。虽然各轮规划根据当时预测的人口，配置了各类公共设施、安排了公交线路，并明确了综合环境整治措施，但是都赶不上居住人口的激增。加上同德街特殊的地理区位、交通分割和货运混杂问题，为地区发展埋下隐患。

成果名称	内容特点	编制时间	审批时间	委托方
大型解困房居住区详细规划		1990年	—	广州市规划局
白云区分区规划	政府主导型	2003年	2005年2月	广州市规划局
同德街综合整治规划		2005年	2005年	广州市规划局
同德街控制性详细规划	小规模公众参与	2007年	2011年	广州市规划局
同德街控制性详细规划优化	多方利益协调	2012年	2013年11月	广州市规划局白云分局

资料来源：广州市城市规划设计所提供，"—"表示没有数据。

4.5.2.2 规划突破：小规模公众参与

2005年，广州电视台发布了《走进同德街》专题纪录片，重点报道了同德街"出行难、上学难、就医难、如厕难"的问题，将同德街居民日常生活的境况呈现在公众面前，出行难等问题引起了市政府的重视，政府开始筹备同德街控规编制事宜。

在2007年《同德街控制性详细规划》的编制过程中，规划师深入了解地区发展问题，开始尝试小规模公众参与，并前置于规划编制，重点对本地居民进行需求问卷调查、行为活动日志调查，充分了解居民对各类交通、市政和公共设施以及公共空间的需求，并根据居民的行为特征有针对性的提出规划建议；对街道、居委会、规划分局等参与各方进行深度访谈，了解低收入社区发展存在问题，联系物质要素与非物质要素提出协调建议。规划成果也获得业界认可，因"该规划是以解决社会问题为主要导向的弥补性规划，通过设施配置等引导该区走'社会—经济—环境'的平衡之路"，获得了住房和城乡建设部、省和市的优秀城乡规划设计奖。虽然部分问题得到深入了解与高度重视，但是本轮控规4年以后才获审批，问题解决速度较慢，居民满意度有待提升。当时现状建成区约占总用地面积的90%，规划实施中只能小范围改善，根本性的交通问题一时还无法解决。

4.5.2.3 控规优化：多方利益协调

为了提高规划的可实施性，广州市政府在2012年启动《同德街控制性详细规划优化》编制工作。2012年6月的同德街居民532份纸质问卷显示：利用SCWS分词引擎的Excel轻量级词频工具分析居民建议，被访居民最关注"交通""地铁""道路""设施""公园""治安""环境""学校"等民生问题。具体建议（可多选）：要增强与老城的交通联系、疏解拥堵问题，呼声最高的是增设地铁站点（82%）、打通对外交通通道（31.3%）、建设北环互通立交（18.%）和高架路（13.1%）等（图3）；需要增加的服务设施依次有综合医院（78.3%）、公园（77.9%）、大型购物中心（58.9%）、公共厕所（58.4%）、中学（56.5%）、银行（56.5%）等（图4-51、图4-52），都涉及周边单位协调和村赔偿问题，问题趋于复杂化，必须全面注重多元主体的沟通与协作。

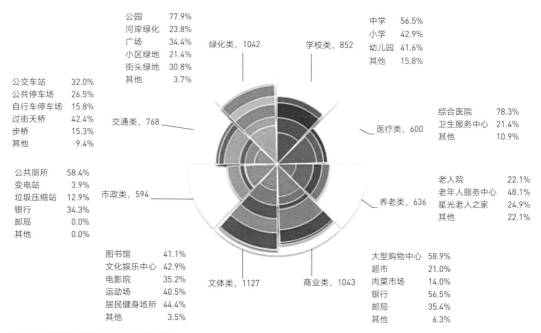

公园　　　　77.9%
河岸绿化　　23.8%
广场　　　　34.4%
小区绿地　　21.4%
街头绿地　　30.8%
其他　　　　3.7%

绿化类, 1042　　　　学校类, 852

中学　　56.5%
小学　　42.9%
幼儿园　41.6%
其他　　15.8%

公交车站　　32.0%
公共停车场　26.5%
自行车停车场15.8%
过街天桥　　42.4%
步桥　　　　15.3%
其他　　　　9.4%

交通类, 768

医疗类, 600

综合医院　　　78.3%
卫生服务中心　21.4%
其他　　　　　10.9%

公共厕所　　58.4%
变电站　　　3.9%
垃圾压缩站　12.9%
银行　　　　34.3%
邮局　　　　0.0%
其他　　　　0.0%

市政类, 594

养老类, 636

老人院　　　　22.1%
老年人服务中心48.1%
星光老人之家　24.9%
其他　　　　　22.1%

图书馆　　　41.1%
文化娱乐中心　42.9%
电影院　　　35.2%
运动场　　　40.5%
居民健身场所　44.4%
其他　　　　3.5%

文体类, 1127　　　商业类, 1043

大型购物中心 58.9%
超市　　　　21.0%
肉菜市场　　14.0%
银行　　　　56.5%
邮局　　　　35.4%
其他　　　　6.3%

图4-51 同德街需要增加的服务设施调查

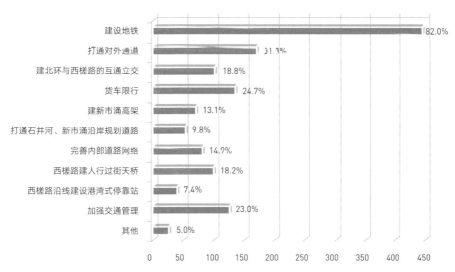

图4-52 同德街交通问题解决意向调查

　　与上一轮规划中规划师主导的被动式公众参与不同，新一轮控制性详细规划优化方案以社区内外多元主体的切身参与为主要抓手，充分吸收当地利益主体的意见与建议，制定出符合当地人居环境需求的规划。为促进多方良好协作关系，市政府授权组建了"同德街公众咨询监督委员会"，专职负责协调信息对接以及监督规划过程。

　　2012年8月，市政府在控制性详细规划优化的基础上，公布了《同德街地区综合整治工作方案》。该方案不再局限于解决同德街交通问题，而是针对规划滞后、设施落后、服务空缺等问题，对严重影响居民日常生活的设施及环境进行重点规划建设，从完善城市交通、教育、卫生、消防、环卫等公共基础设施和服务体系建设的角度进行标本兼治。整治工作方案中规定了"9+1"重点工程（图4-53），即鹅掌坦垃圾压缩站扩建、北环高速上步桥底涵洞整治、广清高速路庆丰收费站掉头铺道、同雅东街通往石井河岸边道路、同德公园建设、公共厕所建设、同德社区医院建设、同德中学建设、地铁8号线北延段建设、南北高架路建设。

为了推动同德街经济发展，市政府于2013年5月公布了《田心村"城中村"改造工作实施方案》和《白云区田心村"城中村"改造拆迁补偿安置方案》，强调"1+9"重点项目，其中的"1"即田心村城中村改造，"9"即改造了9个存在安全隐患、用地低效的地块或物业。目前"9+1"重点工程中只有地铁8号线北延段尚未建设完成，其余工程已基本全部建成投入使用；田心村目前改造签约超过90%，于2018年1月22日正式启动拆迁。

综观同德街规划编制与实践的过程，由早期政府单一力量主导，向小规模公众参与，再到多元主体互动协作的转变，其中公咨委的成立有效地推动了同德街从"被围"到"解围"的过程（图4-54），在专项工程中成立专门的社会咨询监督机构的模式，也推动了广州在探索城市多元治理道路上迈出关键一步。

图4-53 同德街整治规划"9+1"重点工程主要布点图
资料来源：笔者根据有关材料整理绘制

图4-54 同德街整治规划发展历程图示

4.5.3 协作规划机制运作解释

4.5.3.1 规划组织架构

同德街整治规划与实施是一个多方力量协作共治的过程，涉及的主体主要有政府、同德街道办、规划师、居民、公咨委、媒体等（图4-55）。政府担当规划主导和决策者的角色，主要负责统筹协调同德街地区综合整治工作，提供政策和财政支持，目的是优化城市空间。同德街道办是政府职能在基层的衍生，在整治工作中主要负责反馈协调，综合管理各项社区建设任务。而规划师在规划编制过程中主要承担技术人员角色，中立地分析各方面需求，负责规划方案技术协调和政策解释。居民作为整治规划的最终受益者，明显表现出支持和信任与自身利益相符参与主体，排斥和反抗损害其利益的方案。公咨委作为其中的协调者和监督者，其成员中居民代表的占比高达78%（表4-6）。公咨委主要通过线上和线下两种渠道征求民意，具体包括调查表、电子邮箱、微博、现场咨询会、定点深入访谈等方式。新闻媒体则通过信息发布平台，传递各方声音，成为整个过程的舆论监督者和评价者。

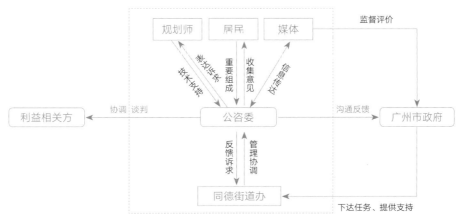

图4-55 同德街整治规划组织架构图示

同德街公咨委人员构成表   表 4-6

职务	人数	人员
主任	1	广州市政协委员韩志鹏
副主任	5	横滘村村委会主任、越秀区矿泉街道办领导、荔湾区西村街道办党工委副书记、当地居民和村民各1名
秘书长	1	同德街街道办工作人员
副秘书长	2	19个社区居委会联合推荐出2名居民
铁路委员	1	铁路部门推荐人员
媒体代表	1	媒体记者
社区委员	23	同德街街道所属19个社区，每个社区产生至少一名委员
企业委员	3	同德街的企业代表，其中一名同时担任白云区政协委员
总计		37人

资料来源：笔者根据有关材料整理绘制。

4.5.3.2 公咨委参与社区更新协作过程解释

同德街综合整治规划是多元利益主体进行矛盾协调，最后建立共识的过程，其中公咨委作为第三方组织参与，一方面促使居民内部达成一致，搜集的意见有广泛代表性，从而缓解规划矛盾，避免居民通过上访等较为偏激的行为把事情扩大化；另一方面作为一个政策解释的角色，为上下沟通搭建桥梁，从而提高规划决策的效率和规划实施的有效性。以下将以综合整治过程中矛盾较大的事件为例，来解析公咨委在参与同德街综合整治过程中的具体协作机制。

鹅掌坦地铁站的征地拆迁及交通疏解是同德街整治决策中最复杂、最难协调的问题之一。在地铁线路设计之初，8号线进入同德街的第一站设在鹅掌坦站还是增埗站的问题，曾引发了当地居民的争议。鹅掌坦村是一个南北向地形狭长的自然村，村内人口密度较高。若在鹅掌坦设站，从鹅掌坦村中部走到规划中的鹅掌坦站只需7~8分钟，步行至增埗站则需要近20分钟。从区位来看，如果地铁站设在鹅掌坦，其辐射范围相对比较合理，而且鹅掌坦公交车站与地铁口可以实现无缝对接。但是鹅掌坦站选址地点为中国水产科学研究院所拥有，其是直属农业部的事业单位，在初期曾明确拒绝了征地拆迁请求，才有了增埗站的备选方案。鹅掌坦站面临"被撤"，引起了同德街居民强烈反响。由于交通不便、长期"被围"的同德街居民，都无比渴望开通地铁，若鹅掌坦站被增埗站取代，在鹅掌坦及附近较大范围内居住的市民，乘坐地铁须多走10多分钟，这对"解围"的作用不大。

为此公咨委跟同德街居民进行了深入地交流，在明确居民争取鹅掌坦站的强烈意愿和决心后，公咨委主任韩志鹏在新浪微博上直接点名"@广州地铁"，为同德街30万居民出行难问题喊话（图4-56），该微博并引发网友的积极回应，也获得了广州地铁官方微博回复并转发（图4-56）。

同时，韩志鹏以公咨委主任的身份在同德街综合整治工作咨询监督委员会上，就"鹅掌坦地铁站"的设点问题与政府相关部门和地铁公司进行了深度讨论，申明设点鹅掌坦站

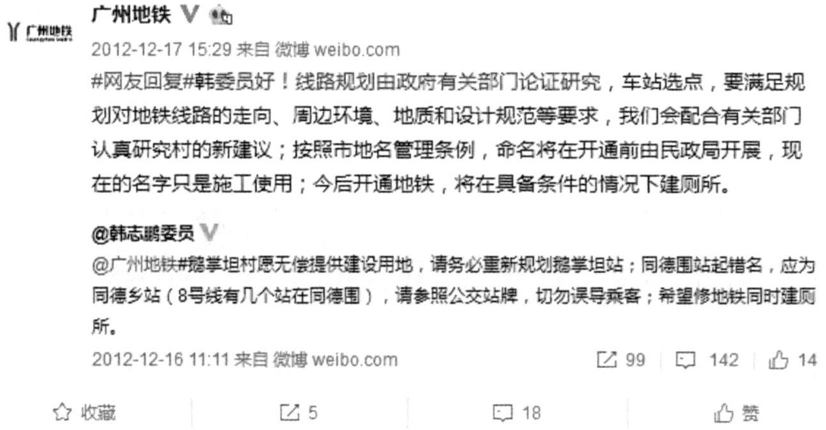

广州地铁 V
2012-12-17 15:29 来自 微博 weibo.com
#网友回复#韩委员好！线路规划由政府有关部门论证研究，车站选点，要满足规划对地铁线路的走向、周边环境、地质和设计规范等要求，我们会配合有关部门认真研究村的新建议；按照市地名管理条例，命名将在开通前由民政局开展，现在的名字只是施工使用；今后开通地铁，将在具备条件的情况下建厕所。

@韩志鹏委员 V
@广州地铁#鹅掌坦村愿无偿提供建设用地，请务必重新规划鹅掌坦站；同德围站起错名，应为同德乡站（8号线有几个站在同德围），请参照公交站牌，切勿误导乘客；希望修地铁同时建厕所。
2012-12-16 11:11 来自 微博 weibo.com   99 | 142 | 14

☆ 收藏   ↗ 5   ☐ 18   👍 赞

图4-56 公咨委主任为鹅掌坦地铁站发微博
图片来源：新浪微博

图4-57 同德街在建地铁

对同德街交通疏解的必要性。相关领导在详细询问新址方案和困难后表示，考虑到同德街居民的便利性，只要能把拆迁问题解决好，可以将站点设在鹅掌坦站而不再变动。后经过多方反复沟通调整具体路径，广州地铁将新站位置再次确定于鹅掌坦，作为进入同德街的第一站，南接西村站，北联同德街站（图4-57）。调整后的站点选址大约是原鹅掌坦站向北移320米左右，在满足交通需求的同时，新方案还重新论证了线路开通带来的振动、噪声、生态、文物保护等问题，尽量减少对沿线居民的影响。

4.5.4 公咨委参与社区更新规划的成效评估

2012年至今，在《同德街地区综合整治工作方案》"9+1"重点工程中，同德公园、南北高架路等10项近期工作任务已完成9项，有效改善了出行难、读书难、看病难等民生问题（表4-7、图4-58）。地铁8号线北延段途经同德街地区的4座车站，已进入土木建筑工程的建造阶段，部分主体结构开始施工（图4-59）。

同德街整治规划实施情况一览表   表4-7

序号	项目名称	整治前状况	实施现状	是否投入使用
1	鹅掌坦垃圾压缩站扩建	容量小，不够用	新建扩大面积	是
2	北环高速上步桥底涵洞整治	涵洞高1.8米，下雨天漏雨，治安欠佳	降低地面，增加高度，架设路灯	是
3	广清高速路庆丰收费站掉头铺道	收费站口拥堵	增加辅道	是
4	同雅东街往石井河岸边道路	沙土路面高低不平	已全部硬化，方便出行	是
5	同德公园建设	没有市政公园	2万平方米，免费开放	是
6	公共厕所建设	没有公厕	新建4座市政公厕	是
7	同德社区医院建设	没有公立医院	广州中医院同德分院	是
8	同德中学建设	没有公立中学	新建65中同德校区	是
9	南北高架路建设	进出同德街只有一条西湾路-西槎路	2014年底通车	是
10	地铁8号线北延段建设	没地铁，出行困难	设4个站，总土方开挖约完成总量的66%	否

资料来源：笔者根据有关材料整理绘制。

图4-58 同德街整治规划实施效果

合理的协作规划机制是同德街整治得以顺利推行的关键。首先，各参与者有共同的利益诉求，就是将同德街建造成"幸福围"，同德街综合整治工作方案的确立和实施是多元参与者寻求共识的协作过程；其次，公咨委从组成上涵盖了所有重要的利益相关者代表，并通过沟通协商和媒体报道，避免信息不对称，对所有的整治工程进行持续地监督和评价，过程能够确保协作机制的有效性。再次，政府能够鼓励和支持公咨委的工作，尊重参与主体多样性，为所有参与者提供平等对话的平台，并针对实际需求对设计方案进行多次协调；最后，媒体的持续关注，让以上过程公开、透明，所有的行动和过程都能得到公共解释。

多元主体在协作过程中建立了高质量的共识，形成了完善的综合整治工作方案，并获得绝大部分街坊的认可。

图4-59 地铁8号线同德街段规划图
资料来源：笔者根据有关材料整理绘制

图4-60 田心村签约现场村民向韩志鹏提意见

在田心村集中拆迁签约会上，居民就回迁房的户型和面积问题向韩志鹏提出了意见，韩志鹏当即在现场跟万科地产公司的负责人沟通了相关事项，获得万科规划设计部丁总的正面回复（图4-60）：

"户型问题一定会在启动设计之前召开座谈会，了解清楚大家的需求再折中设计，虽然我们不可能满足每个人的需求，但设计方案一定会是跟村民一起商量出来的，到时还请各位村民和韩委员多多提供意见。"

——万科田心村项目规划设计部

同德街的实践得到社会各界的好评，公咨委模式被政府视为改善民生的重要手段。2013年4月，广州市政府在总结同德街经验的基础上，出台了《广州市重大民生决策公众意见征询委员会制度》，公咨委模式成为我国首个决策过程征询民意制度化的试验。

从鹅掌坦地铁站的案例中也可以看出，同德街公咨委作为一个利益均衡机制和博弈的平台，它可以综合多元的利益主体不同的利益诉求，一方面，它扮演了群众直接与政府对话、谈判的角色；另一方面，它为政府排忧解难，分化、制止了群众与政府之间可能发生的激烈性对抗。公咨委在公众与政府之间发挥了信息交换、协商平台的功能，从而实现了公共决策吸纳公众意见并使双方达成共识。

4.5.5 公咨委参与社区更新的思考

4.5.5.1 公咨委参与社区更新的适用性

同德街整治规划的发展历程中，公咨委这类监督组织的加入起到了至关重要的作用，并非所有地区、所有类型规划中建立起来的公咨委都能顺利推行，监督组织参与规划需一定适用条件。

（1）热心参与社区事务的社区能人

公咨委与社会各界的高效沟通交流，为同德街整治规划争取自身的合理权益起到了至关重要的作用。公咨委中最为核心的人物是政协委员韩志鹏主任，他本身非常关心同德街综合环境提升，又拥有一定的社会知名度与人脉资源，能够起到有效协调、推进更新进程的作用。

（2）新闻媒体的积极介入

同德街交通不便、配套设施不足等问题，受到媒体的长期关注及追踪报道。媒体对同德街问题的重视能令同德街居民、公咨委等群体的声音得以传播，令政府和社会各界对其关注度显著提高，对同德街社区的整治更新规划起到实时监督、反馈作用。

（3）地方政府的政策支持

广州市政府鼓励和支持公咨委的工作，尊重参与主体多样性，是同德街整治规划取得成功的原因之一。

4.5.5.2 公咨委参与社区更新的存在问题

广州确立公咨委制度之后，被快速推广到其他大型项目规划建设中，如广州市重大城建项目公咨委、金沙洲地区公共配套设施公咨委、广州城市废弃物处理公咨委、东濠涌中北段综合整治公咨委等。"推广版"的公咨委并没有取得预期的效果，如在东濠涌中北段综合整治中，公咨委存在活动次数少、委员积极性低、信息反馈失真、居民认同感不高等问题，公咨委一度被质疑其成立目的究竟是民意代表还是政府意志表达。又如广州市废弃物处理项目中，公咨委的功能定位太空泛，没有针对某一具体事项作出安排，导致该组织成立至今未解决过具体问题，作用甚微。有研究提出公咨委制度仍然存在参与组织结构不完善、参与范围受限、制度化建设不健全等问题。

4.6
基于共同缔造委员会的协作——泮塘五约微改造

4.6.1 泮塘五约概况

▶　　泮塘五约位于广州市荔湾区西郊，北连中山八路，东至泮塘路，西、南均与荔湾湖公园接壤，旧村占地面积约4公顷，原有约400户住户，是广州为数不多结构保存良好的传统村落。泮塘五约毗邻中山八路地铁站、中山八路公交总站，邻近有荔湾湖公园、荔枝湾涌旅游景区和恩宁路历史街区等历史文化深厚的地带，是本书讨论的传统街坊式社区更新的代表（图4-61）。

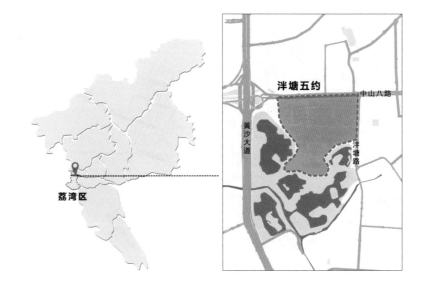

图4-61 泮塘五约区位示意图

　　泮塘西边毗邻珠江河，古为江河与陆地交界处，在唐朝时因地势低洼，长年沉积泥土，当地居民便于此开基筑塘，令该地区出现"半基半塘半陆半溪"的景象，于是"自浮丘以至西场，自龙津桥以至蚬涌，周回廿余里"的西郊地带被当地居民约定俗成称为"半塘"，后又为了寓意吉祥，通假为"泮塘"。

　　泮塘地区自唐朝至今已有900多年历史，曾有首约、二约、三约、四约、五约等五个聚落，王、李、植、暨都是大姓。"约"是珠三角地区对人口聚集地的一种特殊称呼方式，其实质与村落类似。泮塘村管辖范围广大，北至槎头、南至石围塘、东至荔湾路、西至大坦沙（图4-62）。明清时期，泮塘地区属于广州城西门外一带的"西关"地区。晚清时期，十三行商人潘仕成在泮塘建设的个人别墅海山仙馆，更被誉为"岭南第一景"。自20世纪40年代以来因城市化发展，泮塘首约、二约陆续被政府征用，转变为城市用地，即今天的荔湾北路、华贵路地区。此后，泮塘三约、四约等村落亦逐渐随着城市化进程消失，泮塘村仅留下五约。

　　泮塘五约空间肌理上保留有较为完整的清代格局、肌理，建筑风貌是典型的朴素民居风格，这在广州历史城区中十分罕见（图4-62）。泮塘五约已列为重点文物保护建筑有仁威庙（省级文保单位）、五约亭（区级文保单位）、暤遟书舍（区级文保单位）、三官庙；而被列为推荐历史建筑线索有15处之多，属于过渡演替式与传统街坊混合的社区。2016年，泮塘五约作为广州市首批微改造试点项目之一，由政府牵头展开微改造。

　　泮塘五约的村民们近几十年来不断外流，或主动或被动离开他们世代居住的土地。20世纪60年代因城镇化需要，泮塘五约的耕地被转为城镇交通用地（中山八路）及公共绿化用地（荔湾湖公园），部分村民失去赖以生存的耕地，被迫外出谋生。改革开放后，部分村民外出经商。2007年以来，泮塘五约整体被征地改造，大量村民迁出。近年的房屋征收，令2/3的泮塘五约村民被迫搬出，五约内本土村民不断减少。

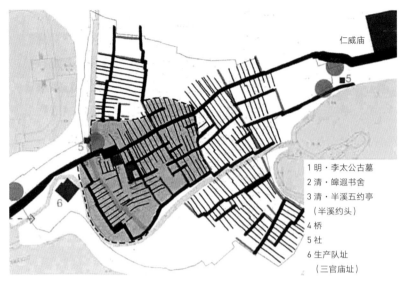

图4-62 泮塘五约肌理图
图片来源：徐好好，李芄，李睿. 五图五书：泮塘五约微改造记录［J］. 建筑学报，2017（01）：113-117

1 明·李太公古墓
2 清·皞遐书舍
3 清·半溪五约亭
（半溪约头）
4 桥
5 社
6 生产队址
（三官庙址）

泮塘五约村发展至今存在较多问题：村北面中山八路以及批发市场带来巨大的批发库房需求，泮塘村北部大量新建、翻新房成为物流库房，无序翻新建设导致村落肌理不断被侵蚀、历史价值遗失。村落的东、南、西面与荔湾湖公园用围墙相隔，使村落与周边城市基本完全隔断，交通不畅，公共服务设施配套不完善。老旧的房屋及街道存在消防、内涝灾害等安全隐患。古村落的历史保护、功能优化和人居环境提升任重道远。

4.6.2 泮塘五约更新改造历程

泮塘五约的城市更新过程并非一帆风顺，自2007年始，村被列入荔湾湖拓建工程范围、需要被拆迁改造，中途数次停滞，像是被人遗忘的角落（表4-8）。

泮塘五约的城市更新历程   表4-8

历程阶段	目标	开发方式
拆迁不顺 （2007~2013年）	用于拓展荔湾湖的休闲绿化用地	全部拆除，村落消失
控规调整 （2013年4~9月）	用于建设西关广场的文化商业用地	推倒重建，村落消失
再次停滞 （2013年9月~2016年4月）	用于建设西关广场的文化商业用地	推倒重建，村落消失
微改造一期工程 （2016年4月~2017年3月）	打造成岭南园林式城市客厅，非遗创意产业园	保留肌理，小修小补；村落保存，历史文化延续
社区规划师介入 （2017年3月~2018年12月）	二期工程改善村落重要公共空间环境质量	保留肌理，小修小补；村落保存，历史文化延续
共同缔造委员会成立 （2018年12月至今）	多方协作，共同缔造千年历史泮塘五约	保留肌理，小修小补；村落保存，历史文化延续

资料来源：笔者根据有关资料整理。

4.6.2.1 政府主导更新改造（2007～2016年）

（1）计划全部复绿并部分实施（2007～2013年）

泮塘地块控制性详细规划在2007年启动，控规将泮塘五约地块的用地性质从村庄建设用地转变为公共绿化用地，用以扩建荔湾湖公园。然而，在迁走300多户居民后，征地工作处于停顿状态，拆迁也一再拖延（图4-63）。

图4-63 断壁残垣的泮塘五约
徐好好，李芃，李睿. 五图五书：泮塘五约微改造记录[J]. 建筑学报，2017（01）：113-117.

（2）改规划为"西关广场"（2013年4月～2013年9月）

2013年4月，政府公布了泮塘地块的控制性详细规划调整（图4-64），包括五约在内的泮塘地区拆迁的命运并未改变。依据新的控规调整，这座并未被政府定义为城中村或古村落的泮塘村，将会被打造成一个"浓缩并展示岭南文化、广府文化的重要平台"，隶属于"西关广场"的历史文化博览区。其中，在五约新街西侧和五约直街北侧的泮塘村仓库将被改造，与村社合作建设西关精品酒店；原来规划中的公共绿化用地则将变为文化商业用地。依据规划泮塘五约地区将面

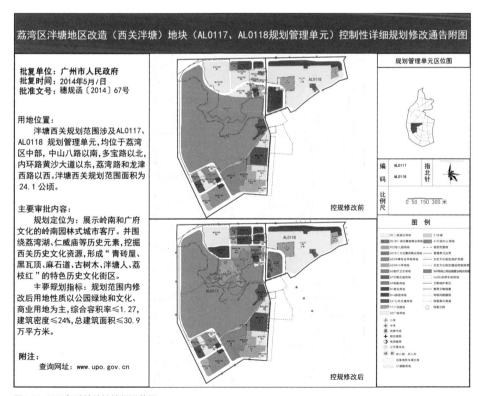

图4-64 2014年泮塘地块控规调整图
图片来源：广州市规划局

临大拆大建。同年，泮塘三约拆迁工作开始启动。

（3）拆迁搁置（2013年10月~2016年）

2013年10月，泮塘五约的拆迁工作再度被叫停，原定改造方案因种种原因被搁置。

泮塘五约第一到第三阶段的规划决策主体、更新改造方向均是地方政府主导，村民没有发声渠道与政府平等沟通，亦逐渐失去了沟通的信心，是一种典型自上而下的规划决策方式。

4.6.2.2 微改造一期——非遗创意产业园（2016 ~ 2017 年）

2016年4月，泮塘五约成为广州市首批38个微改造试点项目之一，也是唯一全部由政府出资，以政府为主导的微改造项目。微改造要完善各项市政基础设施和生活服务设施配套，保护和修缮重要的历史建筑进行，结合立面整饬和街巷景观设计，对公产建筑进行适当的改造和活化，从而整体提升五约村的风貌。对于大量村内的私产建筑，需要通过微改造提供完善的社区公共配套，为居民自发活化及改造提供坚实的基础。

微改造项目工程范围东至仁威庙直街、西至五月直街西口尽头、南达涌边街、北至五约新街排放口，具体包括泮塘五约二巷、三巷、四巷、五巷、七巷、八巷、五约直街、五约南横街、五约外街、涌边街、三官庙前街、泮塘青春里及五约新街等街巷，涉及用地面积31206平方米，总建筑面积53064平方米，其中改建建筑面积10773平方米（图4-65）。

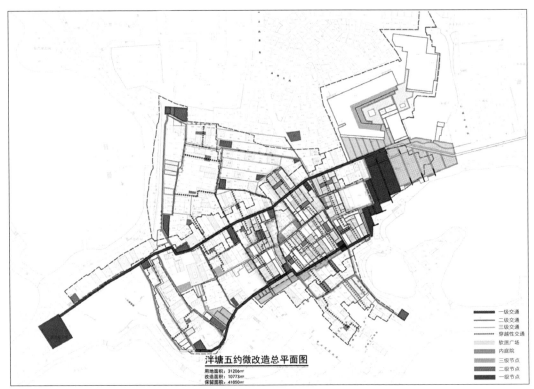

图4-65 泮塘五约改造总平面图
图片来源：李芃."得体"——广州泮塘五约村微改造的设计原则[J].华中建筑，2018，36（10）：69-72

微改造项目分为两期,一期示范工程于2016年4月动工,主要对此前政府已征收的公房进行更新改造,包括仁威庙至五秀桥的东西向龙脊石板巷—五约直街、南面涌边街为主线,串联两处历史建筑线索和11处传统风貌建筑;对街道进行三清三拆,整治街道立面、路灯、消防设施等;与老旧危房改造工作相结合,片区内直街、外街、涌边街等区域内危险房屋较多,且部分为文物及历史建筑,通过微改造项目实现全面消除老旧危房的目标。

改造后的房屋按照规划只发展相应的文化创意产业。在西关文化集群发展的格局下,将泮塘村打造成具有"最广州"特色的西关传统建筑群,传承与提升地方建筑要素,创造最具西关地方性与风情的核心地带;并结合荔湾湖公园景观的升级改造,重现具有传统岭南村落特色的景观风貌。

4.6.2.3 微改造二期——改造村落公共空间(2017 ~ 2018 年 12 月)

2017年初,针对公共空间修补的泮塘五约微改造二期工程开动,同时引入了社区规划师,更新模式也发生相应改变。二期主要改造对象为三官庙、五约亭、三官庙前广场(图4-66)、五约亭前广场等公共空间,均需要深度咨询当地村民的意见。

承担规划项目的象城设计有限公司引入了两名有社区营造经验的社区规划师。社区规划师进驻之后,长期扎根社区,与村民聊天交友,逐步了解村民们的日常生活作息、节事活动流程的空间使用情况。社区规划师发现:村民对泮塘五约一直以来都有较强的归属感,然而从2007年开始的一波三折、数次停滞的社区更新历程,令村民对五约的发展前景失去信心,也没有机会参与到村落的发展规划中。

"征房子是要弄'西关广场''(荔湾湖)公园扩建'以及说'泮塘要重建'这样的项目,所以才征房子。当时部分的人,政府给钱就搬走了,所以现在五约就剩下这么少人了。那段时间人们的心情比较低落,五约很多街巷都已经是颓垣败瓦,对于居住、治安等环境的信心就不是很强。应该搬迁出去的那部分人来说,就会认为,泮塘都没有了的。"

——泮塘五约村民

社区规划师与热心村民一起,组建各类活动,重新唤起了村民对泮塘五约的归属感、自豪感,激发他们主动参与规划设计的热情。代表性活动有"我家在五约"

图4-66 三官庙及其前广场

照片展。泮塘五约有着十分深厚悠久的历史底蕴，老一辈村民知道很多泮塘五约的历史传统，却鲜有机会向其他人讲述；同时，年轻一辈村民也有了解过往历史、宣扬五约文化的渴望，奈何缺失契机。一次聚会上，年轻村民主动向长辈们诉说，要求共同举办展览，展示当地特色：

> "年轻人跟老人家都说，我们这么多重要的东西，讲了这么久，真的好想要把它展出来，好想有个机会，让我自己的亲戚朋友，也让外面的人知道。我听到这句话的时候我心里可高兴了。"

——泮塘五约村民

于是社区规划师协助村民开展开"我家在五约——泮塘五约古照片展"系列活动。该活动得到了村民支持，包括提供老照片、核实照片真实性、搭建展览场地及展览时期的日常管理等。照片展览设有泮塘地图、泮塘历史、泮塘生活和泮塘五秀四个主题，运用设置悬念、询问主观意愿等特别的展览形式，令展览活动中有更多的互动与交流。照片展览在每一张照片的旁边设置与照片主题内容高度相关的选择题，而正确答案并没有在展览中公开。观展的游客以及村民们，若是想知道这些问题的正确答案，需请教老一辈村民。为期超过一个月的照片展，通过现场面对着老照片一问一答的活动，增强了老一辈与年轻一辈之间的沟通与交流，强化了泮塘五约中村民之间的社会网络，增强了五约村民对村落的归属感与自豪感。社区规划师顺势推出"未来的五约——策划展"活动，询问参展村民对泮塘五约的展望，让他们在地图上画出对五约公共空间的愿景。通过循序渐进的方法增强了泮塘五约的纽带型社会资本，强化村民们社区主人翁精神，增强参与规划的积极性。

尽管村民们参与到社区更新规划的意愿逐渐增强，纽带型社会资本得到培育，但是由于缺乏与上级政府部门之间直接联系的链接型社会资本，协作规划仍未形成。例如，由于没有合适的平台让有关部门直接了解五约村民的诉求，微改造中村民告知社区规划师的想法难以实现，因为社区规划师也没有渠道将声音传达到相关职能部门并要求反馈：

以泮塘五约的祠堂为例，敦本堂是泮塘五约古老的祠堂之一，但在"文化大革命"期间被政府征收为公房。此后至今，敦本堂一直由政府出租给两户低保户。微改造期间，村民们一直想把敦本堂作为村落的公共空间，重新装修利用。由于产权问题和仍有低保户居住其中，社区规划师也努力告知相关情况，但是一直没有相关政府部门牵头操作。

经过社区规划师一年多的收集意见和充分准备工作，二期工程在2018年10月正式动工。

4.6.2.4 共同缔造委员会建立（2018 年 12 月至今）

广州市荔湾区城市更新局作为泮塘五约微改造工作的主管部门，一直以来积极引领各方力量共同参与到微改造工作中，主动承担和推动参与式规划设计的制度化、常态化工作，全力推进"共同营造委员会"及其机制的成立和运转（图4-67）。2018年8月，荔湾区城市更新局牵头举办"共同缔造委员会"鼓风会，咨询当地居民意见；2018年9月，社区规划师和村民们共同展开五约居民代表的推举工作，荔湾区更新局和昌华街道办也积极衔接各方沟通与招募代表，经过多方共同努力形成的"泮塘五约微改造共同缔造委员会"成员名单并正式公示。2018年12月，泮塘五约共同缔造委员会成立，宣告着泮塘五约的链接型社会资本逐渐形成。

该委员会由4名政府代表，6名村民代表，2名社区规划师，2名新闻媒体代表等共18个成员组成，属于非政府和非盈利组织，可归为第三方组织。成立委员会之后，凡涉及泮塘五约微改造及此后村发展的重大事务，都可以在委员会里召开会议，大家一起出谋划策商讨具体对策，多方参与的协作式社区更新规划逐渐形成。

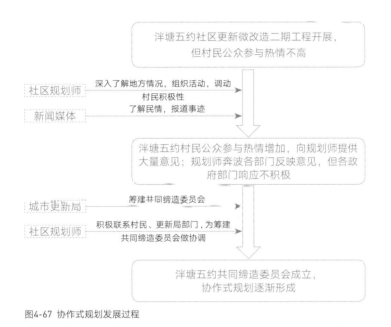

图4-67 协作式规划发展过程

4.6.3 协作式规划机制运作解释

4.6.3.1 组织架构

在泮塘五约微改造二期工程中，参与协作的主体包括泮塘五约共同缔造委员会、当地村民、昌华街街道办、社区规划师、荔湾区城市更新局、新闻媒体等（图4-68、表4-9）。

从微改造的实际运营情况来看，泮塘五约共同缔造委员会的主要有两个职能。一是提供多方协作交流平台。通过召开重大事务决策会议，为村民表达意愿开辟渠道，为村民、社区规划师、街道办、城市更新局等多元利益主体的交流协作提供平台，并且监督社区更新成果的公正公开。二是作为泮塘五约社区更新项目与外界联系沟通的代表。社区更新的重大事务需要面向社会公布时，例如下文所述的牌楼设计方案征集、牌楼方案投票渠道公布等，共同缔造委员会则会充当五约的代表，主动发布相关信息。

"它（共同缔造委员会）不算政府机构，它主要是政府牵头，然后里面有政府、记者、

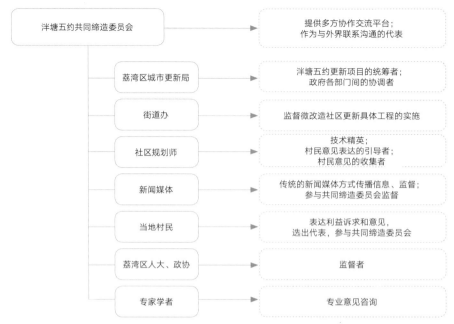

图4-68 泮塘五约微改造规划设计的多元主体协作图示

居民、街道、人大政协，有点像是政府牵头的一个小组，它的意见可以传递给政府。其实不算是一个明确的政治机构的组成，所有人都是义务的。我们开一个会，提一些建议或者干嘛，都是义务来做的，性质是不一样的。"

——泮塘五约微改造的社区规划师

"广州微改造启动了2~3年，改造了很多小区。但你说真正社区居民能够参与，意见能够反映到规划里面还是比较少的。恩宁路是一个广州的样板工程。后来泮塘五约来做（公众参与），其实是一个延续。"

——新闻媒体记者

泮塘五约共同缔造委员会人员构成表   表4-9

职务	人数	人员
区政协委员	1	荔湾区政协委员林创雄
区人大代表	1	荔湾区人大代表李洛德
社区规划师	2	象城设计中的两名社区规划师芮光晔、黄润琳
业主代表	2	区城市更新局江伟辉、西郊经济社陈传浩
街道代表	1	昌华街党工委副书记、街道办主任叶辉
媒体代表	2	媒体记者，新快报何珊、羊城晚报何伟杰
村民代表	6	3名村民由居委会指派，3名村民由选举产生
专家委员	3	广州市规划协会会长潘安、中山大学城市研究院院长李郇、华南理工大学建筑学院教授冯江、副系主任苏平
总计	18人	

资料来源：笔者根据有关材料整理绘制。

荔湾区城市更新局在泮塘五约微改造中担当两个角色。首先，作为更新项目主导者和统筹者，更新局主动牵头成立了共同缔造委员会，接收并及时反馈村民、规划师、街道办等各方的信息，从而统筹泮塘五约微改造的整体工作进度，并提供政策和财政支持。其次，作为更新项目中政府各部门间的协调者。在微改造中遇到的各种问题往往会涉及与其他政府部门的合作与协调，例如与主管政府公房使用的文化商业旅游发展中心协调未来的业态分布，与主管历史遗产使用和保护的荔湾区文化广电新闻出版局（以下简称：区文广新局）协调五约地区的文物使用。

昌华街道办是政府职能在基层中的延续，在泮塘五约微改造工作中负责监督微改造具体工程的实施。

社区规划师在社区更新的过程中主要作为技术精英，是村民意见表达的引导者及村民意见的收集者。首先，在社区更新中，社区规划师通过组织一系列的活动，重塑村民们对五约的归属感与自豪感，引导村民主动表达自己的利益诉求及对社区更新的意见及建议。其次，社区规划师通过多次与村民的沟通，广泛征集村民的意见与诉求，在共同缔造委员会尚未成立时，探索将居民诉求送至政府各部门的方法。再者，规划师亦会从专业视角中立地向村民解释方案的可行性，分析现实情况对更新进程的限制，负责规划方案的技术协调和政策解释。

村民作为泮塘五约的核心主体，其参与微改造的目的是保育历史文化和提升现有人居环境。泮塘五约是村民世代居住的地方，尽管近2/3的村民都主动或被动地搬迁出去，但他们对村还是有着深厚的感情。他们参与到微改造的方式是向社区规划师、新闻媒体表达利益诉求和对更新改造的意见；选出村民代表，参与到共同缔造委员会的商议中。

新闻媒体代表着社会舆论力量，主要的参与方式有两种。第一种是传统的新闻媒体方式，主要通过报道微改造的进展、居民的诉求、社区规划师和专家学者对规划的建议、意见等，运用发达的信息传播手段不断扩大泮塘五约的影响力来督促政府决策，同时呼吁社会多方力量的共同关注。第二种方式是参与到泮塘五约共同缔造委员会中，在委员会中了解更多事实的情况，并在其中起到监督作用。

区人大代表、区政协委员主要通过参与到共同缔造委员会，起监督项目实施情况的作用。

专家学者一方面参与到共同缔造委员会中，在需要时提供专业上的意见咨询服务，提出合理的建议，并从专业视角评估方案实施的合理性；另一方面则可以直接接受媒体采访，对社区更新的进展提出意见。

4.6.3.2 共同缔造委员会参与协作过程解释

微改造二期的重点是改善村公共空间，村民最关心的是微改造是否会对公共空间造成破坏，无法实现他们期望的用途；村民们还希望合理改造部分利用效率不高的公共空间。以三官庙前广场古牌坊的重新设立为例，论述泮塘五约共同缔造委员在微改造中具体协作过程和机制。

（1）三官庙门楼出土文物的问题

三官古庙建成年代不详，依《重修三官古庙碑记》记载，古庙在乾隆十四年（1749年）、乾隆五十六年（1791年）曾重修，即三官古庙至少有250年历史。三官古庙是泮塘五约中极为重要的信仰空间与活动空间，20世纪50年代在原址基础上加盖而成的西郊大队石井人民公社泮塘第三生产队，也承载着泮塘五约数十年来几代村民的共同记忆（图4-69）。至今，三官古庙仍是泮塘五约开展传统活动和日常休憩的重要场所。

村民回忆，在三官古庙周边埋藏着一副石门额与一对石门联，是相关历史文化的重要遗存见证，也是村民最为牵挂的回忆载体之一。三官古庙的石门额已被挖掘出来，藏于荔湾区历史博物馆中，而石门联则仍被埋藏。2018年12月，通过多方商议，埋藏多年的石门联在三官古庙广场微改造施工进程中被重新挖掘，得以重见天日。而挖掘出来的三官庙石门联，该如何修缮、如何摆放，如何合理地保护利用，成了亟需多方沟通解决的问题。

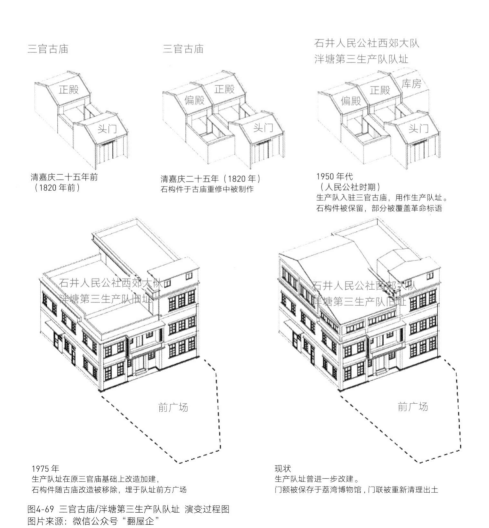

图4-69 三官古庙/泮塘第三生产队队址 演变过程图
图片来源：微信公众号"翻屋企"

首先是文物归属权问题。石门联题名"道贯三才崇泮水；德孚万物被卤郊"，寓意着人与自然的和谐相处，是泮塘五约村的历史遗产，承载着村民的共同记忆，是维系五约凝聚力、认同感的重要载体之一。村民们希望将该石门联与此前留存在区博物馆的石门额，一并原址保存于三官庙广场附近；由村民作为保护责任人，使其充分发挥社会价值，共同承载三官古庙和泮塘村的历史记忆。而按照规章制度来说，三官古庙石门联属于历史文物，归属区文广新局的非物质文化遗产和文物保护科管理和监督。

其次是如何利用和放置的问题。门楼的形式如何重现，是现代形式还是传统形式？门楼的朝向和位置如何确定？2018年12月，共同缔造委员会组织关于此事的第一次正式会议，村民们踊跃发言，提出打通荔湾湖与五约的围墙，修缮敦本堂，重新建立三官庙牌楼，并尝试性地提出了两个初步方案：一是放置于三官庙前广场正门，同时也位于三官庙中轴线正前方；二是放置于三官庙前广场西侧荔湾湖公园广场的入口处，作为进入泮塘村的重要标识。

（2）委员会邀请利益多方协商文物保管和归属权

共同缔造委员会的第一个任务是与区文广新局协商门楼的保管和归属权问题。委员会主动与区文广新局负责人探讨保管和归属权问题协商，邀请社区规划师、居委会、区城市更新局、村民代表等共同与会协商。协商地点定在共同缔造委员会所在地——泮塘五约88号。村民代表表达了保护与合理利用本村出土文物的愿望，社区规划师表达了能用专业知识保障文物能被合理利用，区文广新局决定将石门额、石门联等文物交由村保管、保护和合理使用（图4-70）。

（3）门楼放置的设计与商议

原三官古庙、现泮塘第三生产队旧址和其外的五秀广场，不仅是三官古庙石构件原来所在的空间，也是泮塘五约村民进行岭南传统醒狮、舞龙、蔡李佛拳武术、龙舟结契、三月三北帝诞、五月五端午节等非物质文化遗产传承的场所，是泮塘村特有的文化地景。这种类型的公共空间，是联合国教科文组织所倡议的社区参与文化遗产可持续保护和利用、乡亲互动与社区凝聚的生生不息之所，这也对三官古庙石构件保护利用的方案，提出了更高的要求。

针对门楼的放置位置和样式设计，2019年2月，共同缔造委员会组织社区规划师和村民们就门楼的两个实施方案进行讨论。他们一起制作了1：1等比例的大型

图4-70 三官庙石牌匾、石牌楼
资料来源：微信公众号"翻屋企"

门楼模型，并将其放置在3个不同的位置上，测试可能的实体效果（图4-71）。为了保证门楼放置方案的专业性及足够的公众参与，2019年5月共同缔造委员会主办了"三官庙重立门楼设计方案征集"活动，吸引了城乡规划、建筑学、传媒等多元界别人士参与，其中既有来自华南师范大学、香港大学等团队报名，亦有长期关心泮塘五约的建筑师和媒体人参赛。

"为了三官古庙门额和门联石构件保护利用方案的进一步推进，推动泮塘五约微改造的共同缔造工作，特有奖公开征集三官庙重立门楼设计方案。要求该方案能满足复合目标，具体标准如下：①重立的门楼能符合文物保护利用要求；②依循传统风水信仰；③符合本地自主文化传承的空间模式；④符合日常社区的空间使用习惯；⑤承载历史景观亮点的专业设计复合目标.

本门楼位置的方案设计场地，围绕着三官庙/生产队址，西邻荔湾湖公园和五秀广场，东连泮塘五约居住区及半溪五约亭、李氏敦本堂等重要历史文化节点，南接原洪圣公庙大榕树。其中：①南侧为三角形空地，是目前活动的主要大片场地；②北侧和东侧为通行性道路，为以前龙舟入泮塘的重要河涌所在处，另五约中青年会自主利用北侧空地传承学习蔡李佛拳；③西侧为3米宽的空间，连接队址与五秀广场的秀山造景。"

——共同缔造委员会主办"三官庙重立门楼设计方案征集"活动宣传文案

共同缔造委员会主导牌楼重建项目进程主要体现在如下几方面（图4-72）：与政府管理部门协调，研讨石门额、石门联的管理归属权问题，极力争取将管理权留在泮塘五约；向社会各界征集合适的牌楼摆放和设计方案，主办了"三官庙重立门楼设计方案征集"活动；整理征集到的社会各界对牌楼的建议，并最终交由大众投票评议；聚集利益多方协商，广泛征集村民、规划师、专家学者、媒体记者等关于牌楼重建的意见与建议。

"这个共同缔造委员会还有后续很多活动的，包括后来三官古庙的牌坊如何再次设立，后来他们找了荔湾区文广新局进行一个研讨；包括这个五约牌坊（牌楼）这么设立他们都有小范围的讨论。后来他们的几个会议，我所知道的一共会有三到五次。"（新闻记者）

图4-71 三官古庙门楼方案
图片来源：微信公众号"返屋企"

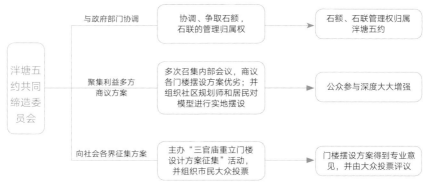

图4-72 泮塘五约共同缔造委员会在三官庙牌楼重建中的推动作用

4.6.4 泮塘五约社区微改造的成效评估

2007～2019年，泮塘五约的更新改造经历了数次的变迁，从最初的完全拆除建设绿地或商业设施，演进到大部分保留村落的肌理和历史建筑、尊重村民意愿实施微改造，泮塘五约逃离了整条村落被拆除的命运。在微改造中，实现利益多方平等友好沟通，村民大多数意见被接纳，过程顺利推进，这一切都离不开多元主体之间的相互协作。而泮塘五约微改造的相互协作机制的逐渐建立，主要源于下列两方面的基础。

一方面，微改造项目有了明确的政府管理职能部门。广州市政府从2016年始设立市、区城市更新局，承担着统筹、管控和协调更新改造事务的职责。城市更新中当地村民的诉求、社区规划师和新闻媒体反映的意见有明确的接纳对象，不再出现政府各部门对城市更新问题互相推诿的情况。城市更新局可以牵头在各政府部门之间或政府部门与当地居民之间，就微改造相关事宜安排沟通协商。城市更新局主动筹划组建的泮塘五约共同缔造委员会，对微改造的"共同缔造"、多元协作的顺利推进有巨大的帮助。

另一方面，社区规划师长期的工作增强了泮塘五约的社会资本，夯实了多元协作的社区基础。

首先是重塑纽带型社会资本。虽然泮塘五约的主要公共空间和传统活动一直延续，但是由于在不同时期的城市更新政策中前途未卜，大多村民流出并分散在外，留下的村民也认为五约要消失了，村民之间的联系仅限于节事活动中。在微改造二期工程的前期准备工作中，来自象城的两位社区规划师进驻现场后，协助村民们举办了泮塘五约照片展和口述史等活动，促进村民们就村落历史、未来发展进行密切交流，鼓励他们主观能动地参与社区更新规划，推动了纽带型社会资本的重塑。

其次，丰富各种类型的桥接型社会资本。社区规划师协助组织的泮塘五约照片展和口述史活动，吸引了新闻媒体的关注，并把村悠久历史和事迹传播出去，为后续微改造得到媒体持续关注提供桥接型社会资本。社区营造工作坊、口述史活动吸引了一群对历史文化感兴趣的大学生志愿者，提升了泮塘五约的社会关注度，提高了泮塘五约的桥接型社会资本。

"因为这里有一定的居民参与基础，一定的资料基础，所以我们做了一些的分享，也带了他们走一圈，做了一些导览。然后我们也参加评图，也请居民过来现场和他们一起评论。这就是我们能做的事。"

——社区规划师

"一年前开始关注（泮塘五约微改造）。因为我们是搞传媒的，我们都有了解到他们（的行为，认为他们）一个算是比较超前的社区规划师的职业。"

——媒体记者

"之前吧，大概是2018年4月的时候，参与了他们（社区规划师）的一个讲座，讲述了他们在五约的故事，觉得很有意思，就过来参加了。"

——五约口述史志愿者

最后，促进链接型社会资本的逐渐形成。社区规划师和村民们共同展开五约居民代表的推举工作，荔湾区更新局和昌华街道办也积极参与组织，经过多方共同努力形成的"泮塘五约微改造共同缔造委员会"，为后续微改造中村民意见收集、向政府各部门反馈提供了链接型社会资本。

4.6.5 共同缔造委员会参与社区更新的反思

4.6.5.1 参与社区更新规划的适用性

泮塘五约微改造作为广州市首批微改造试点，其成功得益于以下一些特殊因素，共同缔造委员会参与社区更新有其适用性条件。

一是产权较为清晰、资金来源有保障。微改造的资金来源全是政府出资，项目不受资本的限制；其先决条件在于泮塘五约中有大量私产房已被政府征收，微改造的沟通、协作和实施等工作不受产权问题的干扰，可操作性高。

二是有供参考学习的范本。在国家倡导"共建共享共治"的社会治理背景下，因早前大拆大建方案而引起舆论压力的"恩宁路事件"也发源在荔湾区，之后"恩宁路历史街区共同缔造委员会"的成立，令泮塘五有了学习的范本。

三是坚实的社区基础。作为有近千年历史的古村，泮塘五约部分公共空间和传统活动仍然保留，村民们因有血缘、族群和传统活动的维系，对村落有一定的感情基础，仍未脱离差序格局下的"熟人社会"。村民较容易在社区规划师的介入下和专业活动的策划中进一步加强社会资本，在共同缔造委员会组织的社区更新征集活动中参与的主观能动性高，这是一般社区更新不具备的优势。

上述是泮塘五约共同缔造委员会成功推进微改造沟通、协调工作的基础，也是未来推广泮塘五约经验时需要考虑的适用条件。

4.6.5.2 共同缔造委员会参与社区更新规划的问题

微改造中共同缔造委员会参与协作也存在问题。首先，协作的准备周期较长。从2017年4月社区规划师进场到2018年12月委员会正式成立，经历1年半左右，这还得益于传统村落的社区凝聚力和纽带型社会资本。只有提高社区居民对更新规划的参与意愿及信心，共同缔造委员会的相关工作才可能顺利推进。

其次，长期效果和可持续性仍存在疑问。共同缔造委员会是为推动泮塘五约微改造而组建的，当微改造项目结束后，该组织是否会继续存在，其地位又将如何变化，是否能持续促进社区自治力的培养，仍有待考察。

再次，共同缔造委员会的权责尚未明晰。目前并未有相应的规章制度明确共同缔造委员会的权责内容和边界，这令委员会有充足的弹性空间、灵活地参与到社区更新的各类型事件中；但是模糊的边界也容易产生权责纠纷，不利于项目的持续推进。

5

第 5 章　广州城市社区更新的
协作机制

第4章分析了广州市具有代表性的六个城市社区更新案例。本章从多元协作主体的视角切入，基于"政府—市场—社会"3种主体划分，将6个案例归纳为3种不同力量主导下的社区更新，分析参与主体作用、总结规划协作机制、评估协作结果，探讨不同类型协作机制的适用性和优缺点。

5.1
城市社区更新的参与主体

▶ 在本书典型案例中，参与社区更新协作的多元主体有：社区居民、政府（代表政府管理基层社区的街道办和居委会、统筹社区更新的管理部门、各相关部门）、社区规划师、新闻媒体、专家学者、公益组织、监督组织、议事组织、专业服务组织、开发商公司等（图5-1）。

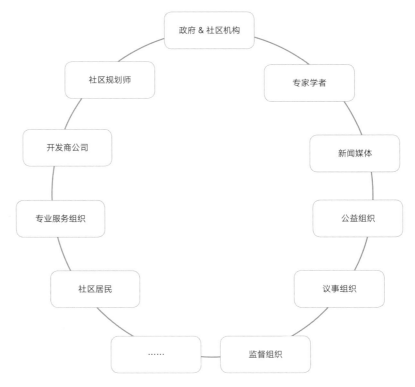

图5-1 广州社区更新协作主体关系示意图

社区居民是社区更新中最重要、最有影响力的群体，是最本源的社区发声者，也是社区在地性知识的提供者。社区居民参与社区更新协作有两种目的：一是对切身利益——改善人居环境的重视；二是对社区整体利益和社会公共价值的关注。本书案例中，居民对居委会、新闻媒体、公益组织和规划师等积极诉说改造难处，协助和监督微改造实施等行为，为微改造顺利进行提供信息、配合行动，都是为了促进人居环境改善。而居民为社区更新提供彰显历史价值的故事、信息和相关资料，积极参加规划设计和改造中的各项决策探讨，都是希望通过提供在地知识推动社区文化保育和传承。

政府（代表政府管理基层社区的街道办和居委会、统筹社区更新的管理部门、各相关部门）在认同多元主体的前提下，可能承担组织规划、政策支持、最终决策、监督实践以及适当的财政支持等作用。政府参与社区更新根本目的是为更好地推进项目、改善城市面貌和提升社区品质，个别情况下也可能是被新闻媒体和社会舆论推动下参与。本书案例中，仰忠社区街道办和居委会是核心力量，主动完成市和区政府预定的更新目标，组织规划，调动居民参与的积极性、构建居民的沟通网络，提高沟通效率，有效监督实践；同德街案例也是在政府政策和最终决策支持下，组建了监督组织并存进项目顺利完成。而本书案例中的恩宁路保护规划则是居民、专家和媒体推动政府转变社区更新思路，并注重保障居民利益和保护历史文化价值。

社区规划师在协作过程中促进平等对话，推动参与者讨论规划问题，进而确定规划的发展目标。规划师需要提供充分的政策和规划信息，帮助参与者了解和理解社区更新，进而能够提出自己的构想建议；规划师还需负责汇总各种观点和要求，扮演各主体间的协调者，尝试解决诉求冲突，降低沟通成本。本书案例中，泮塘五约的社区规划师协助居民举办社区活动，培养居民的社区归属感，了解与反馈居民诉求，并利用专业知识为居民提供规划指导和政策解释，保障社区规划的公众参与，凸显居民的社区更新主体地位。

新闻媒体作为信息传播的媒介，起着提升公众参与意识、提供发声渠道、推动组织工作、影响组织决策、监督政府和市场行为等作用。本书案例中，同德街、恩宁路和泮塘五约更新中的新闻媒体，均通过持续追踪报道项目进程，扮演社会舆论监督者的角色；还为弱势群体、专家学者提供发声渠道，争取更大的社会关注度。

专家学者的话语具有一定权威性和说服力，也易于透过各种媒体表达传播。本书案例中，恩宁路专家学者持有中立立场，在社区更新中发挥专业优势，代表社会公正和公众利益，以专业知识保障规划决策的科学性，引导社会关注和公众参与，促进社区更新的有序推进。

公益组织在社区更新中通过的学术研究、知识科普、文化传播、保护咨询和管理监督等方式，维护公共利益，通常由专业学者、志愿者构成，是社区更新中重要的社会力量。本书案例中，公益组织主要通过学术研究、历史挖掘、文化传播等方式，扩大居民的参与，并自发组织社区活动，宣传旧城的历史文化保护价值，维护公共利益。

监督组织的设立方式和组成人员不尽相同，但通常均承担着意见征集、过程监督、协调矛盾、结果监督与评价四大职责。本书案例中，由当地居民、政协委员、规划师、媒体等构成的监督组织征集汇总了公众的意见，对规划实施过程进行了有效监督，并协调解决了利益相关者之间的矛盾，有效推动协作进程。

议事组织可承担组织沟通、协调利益、培育共识，推进更新方案实施落地的角色，一般由地方政府部门牵头成立，可涵盖社区居民、商户、业主、街道办、人大、政协、专家学者、运营商、社区规划师和媒体等多元主体。本书案例中，泮塘五约更新的议事组织涵盖了地方政府、街道办、人大、政协、社区居民、社区规划师、媒体等多元主体，提供利益多方沟通平台，协调和促进了共识的形成与规划的推进。

专业服务组织在社区更新中主要承担调研工作，组建工作坊，提供对话平台，协作多元参与协调意见分歧。本书蔡一村规划案例，政府购买专业服务，服务组织提供规划前期调查、组织村民参与等专业工作。在规划编制时间紧迫、工作量大的背景下，有效提升了公众参与规划的广度和深度。

开发商在社区更新中除了追求短期经济利益，也会追求长期社会效益，以此提高企业知名度、建立友好政商关系，其参与到社区更新主要扮演更新资金提供者，开发统筹协调者的角色。本书永庆坊案例中，开发商万科集团在社区更新中以BOT的模式参与，提供社区更新改造资金，并统筹推进社区更新项目的运营，负责与利益相关者协调。但受迫于时间成本较高，开发商统筹协调中与居民并未形成稳定的伙伴关系。

5.2
城市社区更新的三种协作机制

▶ 希利教授认为在协作规划中最重要的是多元主体认可发展策略，即能够达成规划共识，这需要满足以下四个基础命题：①在建立共识进程中，逐步形成多元主体之间的相互信任和信心；②重视实践知识和在地性知识；③共识是在多元主体形成的社会关系结构中能动形成；④建立共识后有助于增强策略的可实施性。因此，社区更新的协作重点在于构建利益相关者之间的相互信任，建立涵盖多方的沟通平台分享知识，尤其是在地性知识，逐步形成利益相关者之间能动的社会关系结构，建立共识共同形成发展战略。以下从上述关键点分析市场力量、政府力量、社会力量主导的社区更新协作机制。

5.2.1 基于市场力量的协作

在已选取的案例中，市场力量主导协作的社区更新分别是：由专业服务组织主导的蔡一村村庄规划和由开发商公司主导的恩宁路永庆坊微改造社区更新。

服务组织在社区更新的决策过程中，主要承担沟通者、协调者和组织者的身份。他们通过问卷调查、深入访谈、组织工作坊、座谈会等方式为公众参与拓宽渠道（图5-2）。首先，政府购买第三方服务，制定公众参与要求并支持组织工作，服务组织为政府提供公众参与服务，向政府反馈民意以及组织相关活动。其次，服务组织与村民形成伙伴关系，通过长时间的交流接触建立信任，帮助社区居民正确理解社区规划的目的，从而收集和反馈村民对社区发展的意见与需求，而村民们的支持与配合有利于参客公司日常工作的顺利进行。再次，与规划师之间的伙伴关系在提高规划效率上起着重要作用，服务组织利用自身专业服务帮助规划师传达专业知识、解释政策等，通过组织工作坊等为规划师提供与规划主体面对面沟通的平台，其提供的现状调查成果是规划师工作的源头和最终目的。最后，服务组织与社区机构之间的伙伴关系则表现为向社区机构反馈民意，社区机构负责上下协调，整合多个部门的力量对接社区问题，从而降低沟通成本。

开发商公司在社区更新的决策中，主要承担沟通协调者、运营者、投资建设者的角色（图5-3）。首先，政府通过BOT（建设-转移-支付）模式公开招商，引入相应的开发商公司对更新片区进行改造建设和运营。开发商为政府提供项目开发、运营等服务，盘活存量用

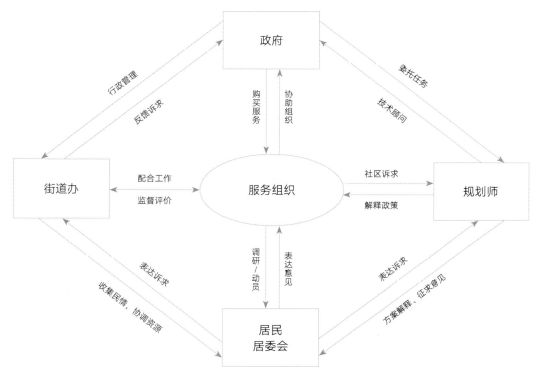

图5-2 基于市场力量的服务组织参与社区更新的协作机制

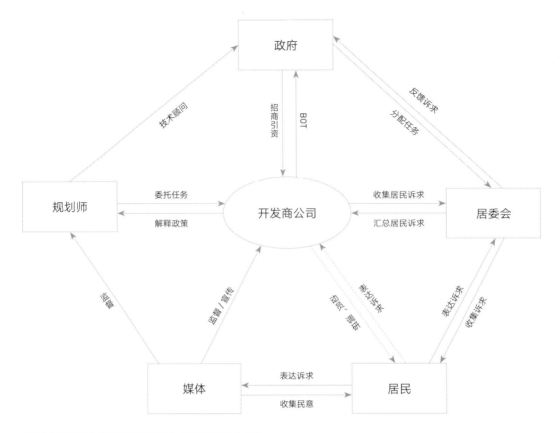

图5-3 基于市场力量的开发商公司参与社区更新的协作机制

地，同时积极推进项目内的公众参与。其次，开发商公司组建专门的团队，与居民通过多次沟通交流，组成稳定的伙伴关系模式，了解当地居民的诉求、意见，从而收集和反馈居民对社区更新的意见和需求，有利于项目的顺利推进，并委托规划师依据收集到的信息进行更新规划。再次，新闻媒体参与其中，对社区更新中值得借鉴的内容、模式进行宣传，肯定了开发商公司的企业担当，给予了舆论上的支持，也提高了企业知名度。此外，对于更新中存在的公司与居民之间的沟通问题，媒体亦通过采访当地居民与周边民众，了解详细情况，发动舆论对更新进程和内容进行监督。最后，开发商公司与社区居委会共同沟通合作，共同解决居民在项目施工运营时出现的各种问题，共同协调居民与开发商公司及政府的关系，从而尽量降低沟通成本。

综上两个基于市场力量主导的社区更新案例，可梳理出市场力量组织主导的社区更新协作机制（图5-4）：

首先是市场力量的引入，形成市场力量与政府基于合约的信任关系。政府根据社区实际情况，从市场中购买第三方专业组织服务，协助社区更新规划编制；或者是通过PPP模式招商引资吸引市场力量，由市场力量承担社区建设、运营的任务，政府予以相应的政策优惠，市场力量由此成为社区更新的主导者。其次是市场力量与当地居民逐步构建相互信

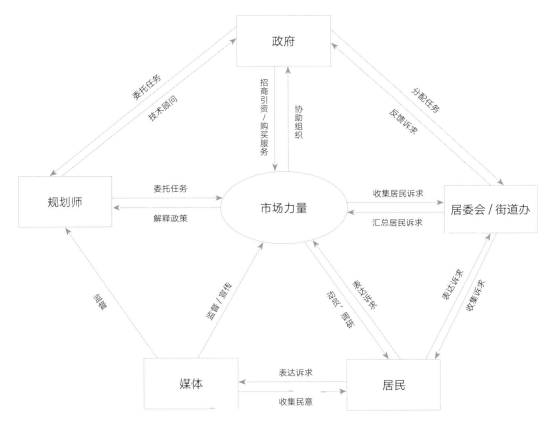

图5-4 市场力量主导的社区更新协作机制

任。市场力量的首要任务就是与当地的居民/村民交流沟通，逐渐构建利益相关者之间的相互信任。这类社区更新项目，由于早前相关方关系紧张或居民自身参与规划的能力受限，缺乏公众参与愿望或意识，亟需政府以外的第三方来调动居民公众参与的积极性。但是，市场力量与居民的伙伴关系形成需要通过与居民长时间、多频次的交流，逐步建立信任，帮助居民正确理解社区更新的目的，从而收集和反馈居民对社区发展的意见与诉求。开发商公司会因为业绩压力、时间紧张和自身利益关系，较难以与居民短期内形成深入的信任关系；不涉及利益关系的专业服务组织，更容易与居民建立互信的伙伴关系。再次是市场力量主动收集、传播在地性知识。市场力量会与居委会和街道办合作，共同收集、处理居民的诉求与意愿，尽可能降低居民与政府各部门、开发商之间的沟通难度，提高沟通效率，在合理范围内满足居民的诉求。最后，市场力量推动利益相关者之间构建社会关系，推动共识形成。市场力量会与一些"中立"的力量产生社会关系，如规划师及新闻媒体。市场力量中的服务组织可调动居民参与的积极性，提取居民的在地知识给规划师使用，提高规划编制效率；规划师可传导专业知识、解释实时政策等给服务组织，规划师与市场力量之间形成良性互动的关系，推动规划共识形成。新闻媒体通过追逐热点，报道开发商举措，起到嘉奖、监督等作用，推动利益多方信息交换，推进共识形成。

5.2.2 基于政府力量的协作

基于政府力量主导协作的社区更新案例是由居委会主导的仰忠社区微改造，承担协作任务的是当地社区的居委会和街道办。居委会在我国法律中定位是居民自治组织，但也是政府管理职能在基层社区延续的执行单位，在协作机制中主要承担组织者和沟通者的功能，所以本章将居委会主导、街道办协助的案例统一归为政府力量主导的协作机制。

首先，居委会推进微改造之前，需要调动社区居民的支持与配合。居委会从多方面加强对社区居民的动员和沟通，长时间、多层次的推动，令居民参与微改造的意愿和能力均得到提升，居民亦乐于通过多种渠道向居委会表达其利益诉求及对微改造的意见。其次，在微改造进程中，居委会、街道办通过问卷调查、深入访谈、选举楼长、组建咨委会、举办座谈、举办每周例会、推动物业服务管理中心成立等多种多样的方式，为社区更新不同阶段的公众参与拓宽渠道。居委会组织举办了众多沟通平台，如微改造进程中的"每周例会"，让社区居民、施工方、居委会等利益多方一同讨论未来的项目发展方向；又如微改造进程中多次召开的"听证会"，让居民对项目的设计充分表达自己的意见。类型和形式多元化的沟通平台，有助于推进微改造项目的高效协作。

本节梳理出政府力量主导的社区更新协作机制，如图5-5所示。

首先是政府力量向上争取更新改造资源和支持。社区居委会综合评估社区的社会、物

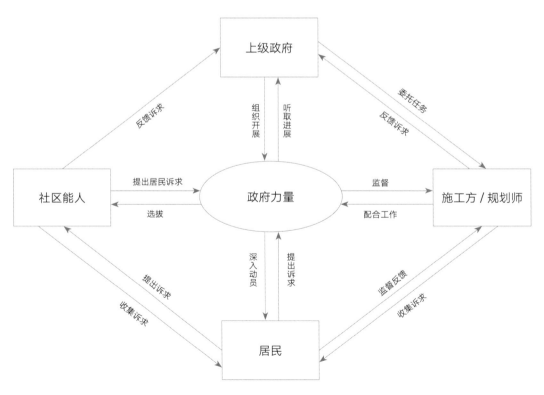

图5-5 政府力量参与社区更新的协作机制

质环境现状，拟定社区更新申请，上报上级政府。政府内负责城市更新的部门制定更新改造计划方案后，政府审批后给予社区更新项目相应资金和政策支持。其次是促进居民参与，充分挖掘在地性知识和在地性支持。社区居委会通过两个途径深入动员社区居民参与到社区更新进程。一是逐家逐户上门拜访居民，宣传社区更新的重要性；二是挖掘"社区能人"，通过社区党支部动员社区党员起模范带头作用，推举热心于公众事务的居民为楼长，建立居民与政府之间沟通的高效渠道。居民对党员、楼长、规划师和施工方积极诉说改造难处，协助和监督微改造实施等行为，均为微改造顺利进行提供在地信息和配合行动。再者是构建持续稳定的沟通平台，形成多方之间能动的社会网络，促进共识形成。通过稳定、长期的沟通平台，让当地居民在协作中充分表达意见并听取其他意见，推动利益多方之间形成互信，建立对社区更新的共识，推动更新进程。

5.2.3 基于社会力量的协作

社会力量主导协作的社区更新案例分别是：由公益组织主导的恩宁路历史街区保护规划，由监督组织主导的同德街综合整治规划和由议事组织主导的泮塘五约微改造。

基于学者力量的公益组织在协作机制中主要承担协调者、宣传者和监督者的身份（图5-6）。首先，公益组织进驻社区，通过深度调研访谈收集民意，同时强化居民对公共价

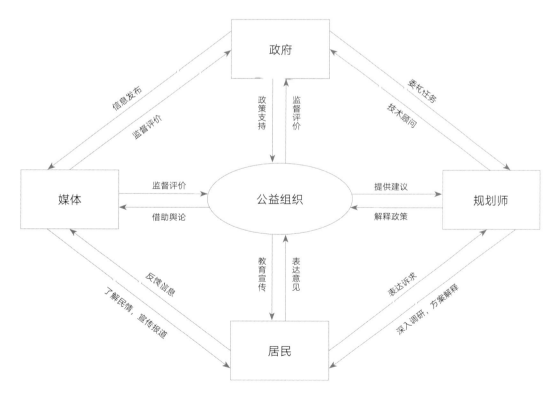

图5-6 基于学者力量的公益组织参与社区更新的协作机制

值的认知，居民反过来通过反馈意见提供有效的在地信息，帮助公益组织了解社区真实状况，使之作出有针对性的决策建议。其次，公益组织和媒体互助互补共同维护公共利益，在本书案例中媒体对事件的报道促发公益组织的成立，同时对其进行监督评价；公益组织借助媒体舆论维护公共利益，并以其专业意见及研究成果为媒体提供真实可信的素材。最后，政府和规划师通过咨询获取公益组织的专业和技术支持，提高规划决策的科学性，公益组织通过信息反馈和规划评价对政府和规划师进行监督。

监督组织在协作机制中主要承担协调者、监督者和促成者的身份（图5-7）。首先，政府需要借助监督组织在街区内的亲和力收集民意，更好地与居民进行沟通，而监督组织需要得到政府的政策支持及管理配合才能将居民诉求转化为规划落地。其次，规划师向监督组织解释规划及政策限制，监督组织则代表居民向规划师提出空间诉求，帮助规划师设计出符合实际需要的方案，两者的协调对规划方案达成多方共识有重要意义。再次，监督组织在协作中通过深入收集和整合居民意见，在居民的授权下向其他参与主体表达诉求，同时监督规划实施的正确性，反过来居民对监督组织的信任和依赖成为其参与社区更新的坚强后盾。最后，监督组织与媒体之间的伙伴关系是民众代表得以与政府代表直接对话的重要条件，媒体的舆论支持促成监督组织的成立并评价其运作过程，监督组织利用媒体的宣传作用将公众参与进展及时公布，两者的相互依存保障了规划实施的公平公正。

议事组织在协作机制中主要承担协调者与促成者的角色（图5-8）。首先，政府部门需要借助议事组织在社区内的公信力收集民意，更深入、高效地与居民进行沟通。而反过

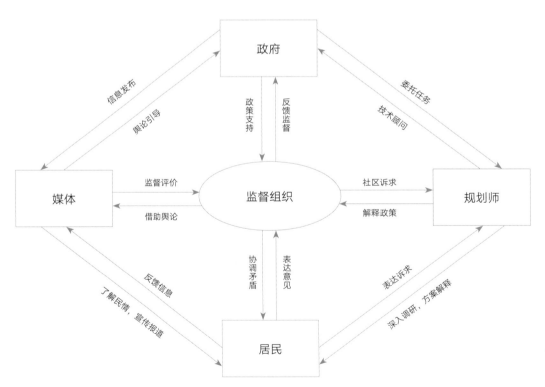

图5-7 基于社会力量的监督组织参与社区更新的协作机制

　　　　　　　　　　　　　　　　　　　　　　　广州城市社区更新理论与实践

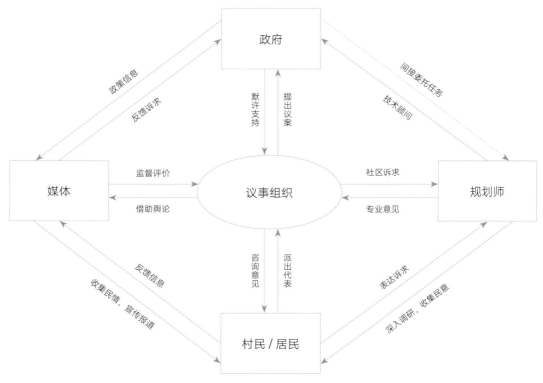

图5-8 基于社会力量的议事组织参与社区更新的协作机制

来，议事组织需要得到政府相应的政策支持及管理配合，才能将居民提出的诉求与规划师提出的规划方案转化为真实落地的方案。其次，社区规划师通过议事组织可以完成两件事情。一是向居民代表解释做规划的政策限制，二更为重要的是向政府部门有条理地呈现居民对社区更新的诉求，以及对规划方案提出一些改善建议，有政府官员、专家学者在场的议事组织中，效果更为突出。再次，议事组织在协作进程中通过居民代表深入收集、整合居民意见，在居民的授权下向其他参与主体表达诉求。同时，议事组织监督着社区更新的实施过程，居民对议事组织的信任和依赖成为其参与社区更新的坚强后盾。最后，议事组织与媒体之间形成的伙伴关系有助于推动政府部门积极参与协作。媒体的舆论支持，促成了议事组织的成立；议事组织则利用媒体的宣传作用，将公众参与进展及时公布，并向社会各界寻求相应的技术支持。两者共同推动了规划实施。

将上述三个基于社会力量主导的社区更新协作整合，本节可以梳理出社会力量主导的社区更新协作机制（图5-9）。而三种案例的共同点或未来推广共同需要注意的是：

首先是社会力量吸引利益相关者参与到社区更新中，提供专业知识与支持。通过新闻媒体的报道，吸引社会专业人士的鼎力相助，包括专家学者、人大和政协代表等。他们利用专业知识和社会影响力，从不同维度为社区的更新改造提供帮助。如在同德街，政协委员韩志鹏通过新闻媒体发声、与相关企业对话、负责同德街咨询委员会等方式，为同德街的社区更新争取更多权益。而在恩宁路历史街区保护规划中，来自高校的专家学者论述恩

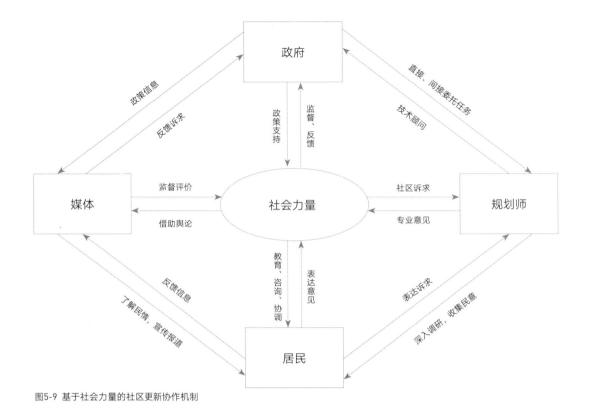

图5-9 基于社会力量的社区更新协作机制

宁路历史街区保护的文化价值，大力反对大拆大建的更新模式；高校学生志愿者长期深入走访现场，整理出具有价值的调研报告。

其次是社会力量吸引社区居民参与到社区更新中，提供在地性知识和帮助。如泮塘五约微改造，两名社区规划师通过长期的驻场调研，与当地居民聊天交朋友讲故事，获取社区重要的历史信息；两名社区规划师运用自己的专业技术力量，帮助村民重新建立社区凝聚力与社区认同感，提升社区更新中村民的参与程度和意愿。又如同德街整治规划，被调动起积极性的居民们通过监督组织和媒体渠道，为地铁站优化选址提供信息。而恩宁路社区更新中，新闻媒体的积极报道和专家学者的深入参与，更是吸引了众多热心市民参与到社区更新的协作中，市民们积极向新闻媒体表达发展需求、为公益组织提供历史信息等。

最后，社会力量推动形成多元主体间较稳定的沟通机制，推动多元主体间的能动的社会结构形成，最终形成社区更新共识。泮塘五约中构建共同缔造委员会，形成城市更新局、街道办、居委会与当地居民的沟通平台；同德街中构建的咨监委，形成政府、企业与当地居民、政协委员的沟通平台；恩宁路案例中新闻媒体的播报、专家学者的评估报告，均提供了政府了解民情民意的重要平台。社会力量在主导协作的进程中，构建了政府、当地居民与社会各界之间较为稳定的沟通平台，建立不同类型的伙伴关系，形成了相对稳定的、良性的互动、沟通机制。

5.3
城市社区更新的协作结果

5.3.1 增强公众参与的广度和深度

▶   谢里·阿恩斯坦将公众参与规划的程度划分为3个层次，8种阶梯，并形象地比喻为"市民参与的阶梯"。最低的层次为无参与，即政府权力部门和机构事前制定好方案，公众只能被动接受。第二个层次为象征式参与，即政府将部分信息和方案向公众公布和披露，公众可以就公示信息提出建议、再调整规划方案，规划中采用的"公示、公告、通示"等形式均属于象征式参与。象征式参与使公众参与的程度有所提高，但信息的流动仍是滞后的、单向的。第三个层次为市民权利层次，公众参与者在知情权得到充分保证的条件下，逐步深入全面地参与规划过程，平等发表意见并共同享有决策权（表5-1）。

谢里·阿恩斯坦的公众参与阶梯理论   表 5-1

阶梯	表现	具体内容
有实权参与	市民控制	市民直接管理、规划和批准
	权利代表	市民可代政府行使批准权
	伙伴关系	市民与政府分享权力与职责
象征性参与	政府退让	设市民委员会，但只有参政的权力，没有决策的权力
	意见征询	民意调查，公众聆听
	提供信息	向市民报告既成事实
无参与	教育后执行	不求改善导致市民不满的各种社会与经济因素，而求改变市民对政府的反应
	执行操作	邀请活跃的市民代表人作无实权的顾问，或把同路人安排到市民代表团队中去

资料来源：赵民，刘婧.城市规划中"公众参与"的社会诉求与制度保障——厦门市"PX项目"事件引发的讨论[J].城市规划学刊，2010（03）：81-86。

在传统自上而下的规划过程中，公众对规划的参与渠道有限，一般只能在政府公示规划方案阶段，才对规划有所了解，参与方式也仅仅局限于投票和提建议，公众参与停留在"象征式参与"阶段。

本书案例中，通过不同的组织形式将市民对规划的参与贯穿全过程，公众参与广度和深度得到有效提升，实现由"象征式参与"向行使市民权利的"有实权参与"转变。居民从被动参与成为了规划主体之一，意味着居民话语权的增强，可以直接地表达诉求，与政府、规划师等以平等的身份沟通、行使决策权。同时，居民在社区更新规划中地位的提升，促进了居民对规划的关心与理解，增强了居民的主人翁意识，也提高了他们对社区发展的信心。

泮塘五约被纳入荔湾湖扩建工程后，在规划实施过程被迫搬迁，但是推进过程一波三折，更新方向一变再变，使更新工作从2007年至2016年的10年间基本上处于停滞状态。这段时间内，规划决策者和参与主体均为政府，居民缺乏意见表达渠道，缺乏多方沟通的规划方式使泮塘五约发展一度受限。2016年城市社区更新"微改造"实施，社区规划师与当地居民积极沟通，并在城市更新局等主体的参与下成立了共同缔造委员会，形成了参与主体共商共议的协作式规划模式。从居民无渠道表达诉求到成为规划参与的主体之一，公众参与程度极大提高，促进了居民社区认同感的增加和主人翁意识的觉醒。在共同缔造委员会的努力下，形成了文化传承为中心的改造方案。

仰忠社区在政府的大力推动与社区基层组织——居委会积极主导下，当地居民参与微改造方式多样，居民参与竞选楼长、每周例会、居委会家访时提出意见诉求，参与调查问卷填写、对公示的施工方案提出即时的建议，多种参与渠道充分调动了居民参与社区更新工作的积极性。居民作为主要利益主体，不仅是诉求的提出者，还在实施过程中自觉地承担起监督者的职责。在微改造工作结束之后，居民的参与仍然持续，在楼长带领下，居民自愿为社区服务，"圆桌会议"的协商决策方式渗透到社区的日常决策中，形成了有理、有度、有节的居民自治组织。

5.3.2 提升规划共识的有效性

随着共建共享社会治理格局的建构、政府服务化转型的发展需要，社区更新规划也由政府主导转向多元力量协作，多元主体参与协商有助于促进形成高质量的规划共识。规划师作为社区更新中的技术人员，不仅承担着前期调研、方案制定、方案修改的任务，还承担着方案解释和规划科普的责任。承接项目编制的规划师在项目开始前对社区情况并不熟悉，前期调研和沟通中会遇到诸多问题。多元社会力量和各种类型的第三方组织参与协作后，在与居民沟通获取在地性知识提供给规划师，实地勘探、表达诉求、反馈意见等多方面向规划师提供帮助，减轻了规划师的工作难度、提高了规划效率。

恩宁路更新改造之初，政府全权主导规划编制和改造项目，对恩宁路片区编制大拆大建的规划，破坏了历史文化街区的格局和肌理，还侵害了部分居民的权益，遭到了专家学者和社会公众的反对。在人大介入调查后，政府开始被动地转变更新方式，但是居民仍然缺少反馈意见的渠道。恩宁路改造的中期阶段，专家学者对更新方案的严格把关和媒体的持续关注，大大提高了恩宁路更新的科学规划进程，形成了以历史文化保护为核心的更新规划共识。居民和媒体的关注促使更多的民间力量参与到恩宁路的更新中，带动了社会公众对历史文化街区价值的再认识，实现了经济效益和社会效益的结合。

同德街整治中，公咨委作为一个利益均衡机制和博弈的平台，综合多元的利益主体不同的利益诉求，一方面，它扮演了群众直接与政府对话、谈判的角色；另一方面，它为政府排忧解难，分化、制止了群众与政府之间可能发生的激烈性对抗。公咨委在公众与政府之间发挥了信息交换、协商平台的功能，从而实现了公共决策吸纳公众意见并使双方达成共识。

同样，改造过程中也存在无可奈何的情况，多方经过磨合、妥协达成有效共识。如永庆坊社区更新中，开发商对项目的修整翻新产生的环境污染和噪声污染不可避免地影响到周边居民的日常生活。在政府部门、新闻媒体等多方的调解下，施工团队只能在晚上施工运输建筑材料，但会影响市民休息。改造期间，此问题持续存在，只能依靠开发商与居民的相互谅解，开发商会在逢年过节给周边居民送水果、食品慰问，表示歉意，居民也会从大局观出发尽量理解并支持项目推进。

5.4
三种协作机制的适用性与优缺点分析

▶ 不同力量主导下的社区更新协作机制，有符合各自社区发展背景和特点的适应条件、有效性和局限性，下节分析市场力量、政府力量和社会力量主导社区更新的适用性与优缺点。

5.4.1 基于市场力量的协作

5.4.1.1 适用性分析

广州的社区更新实践中，基于市场力量的协作模式通常适用于物业和产权现状复杂、项目编制和实施工期紧张、改造难度较大，而居民参与意愿较低或参与途径不足的社区，一般为过渡演替社区或传统街坊式社区。根据服务组织的性质和供给产品的差异，市场力量参与社区更新主要包括两种形式，分别充当了不同的角色。

第一种是政府或规划单位通过购买服务的方式引入营利性的专

业服务组织，由经过训练的专业技术人员组成。在社区更新进程中并非直接投入资金，而是根据社区更新的需要提供相应的技术服务，主要提供规划前期居民调查、组织公众参与的专业服务，从而辅助规划编制和决策过程，引导更新进程有序而高效地推进。以广州参客公司为蔡一村改造更新提供服务为例，一方面由于蔡一村规模较大、规划编制时期短，复杂的用地和物业产权现状对政府和规划团队的协调工作造成了巨大的压力；另一方面村民自主表达诉求和参与规划的能力较弱，与政府和规划师之间难以在短期形成良性的对话机制，因而政府、村委会、村民与规划团队之间产生了一系列沟通问题。广州参客公司作为公众参与引导者的角色，加入到改造更新规划的编制和决策过程当中，利用其沟通方面的专业能力，通过深入村民进行调研与访谈，了解村民关于村庄改造和发展的空间诉求；并组建规划工作坊，在规划编制过程中为居民表达自身诉求搭建平等交流的平台。广州参客公司提供的服务有针对性地解决了规划中的沟通问题，有效地协助政府与规划师完成多方主体利益冲突的协调工作。因此，这类服务组织参与规划的模式适用于项目规模较大、编制周期短，居民参与规划的自主能力偏弱，参与协调难度大的社区。

第二种参与形式是在与政府达成公私合作（BOT）基础上，开发商公司主导社区更新全过程，统筹项目的安排。开发商公司的资金和人力资源投入所获得并不是现成的收益，而是投资所建物业在未来一段时间内的经营权，通过组织长期运营获取收益。因此，这种参与形式对开发商公司和项目类型均有一定的要求。主导更新全过程的市场组织，需要能够提供社区更新的大规模资金，有效弥补政府主导社区更新的资金不足；具有成熟的方案设计、项目管理和运营能力；有专门负责与居民、政府沟通的部门以协调多方关系；同时，在历史文化街区参与社区更新意味着要承担更多的社会责任，在建设和运营时应遵守政府的规划控制条件和相关技术规范。参与该类社区更新的开发商公司是具有较大资金规模、成熟运作体系和具备一定社会责任的开发商。对于项目类型而言，考虑到市场组织自身的盈利与发展需求，这种参与形式更适用于参与规模较大，改造后具有一定比例的商业、商务用地且未来发展潜力可观，在合理运营下可获取长线收益的项目。以永庆片区更新项目为例，主导和运营该项目的开发商是万科集团。由于历史原因，改造前永庆片区的产权复杂且政民关系紧张，改造难度大，政府在万科介入前曾多次尝试主导永庆片区的改造更新，然而收效甚微。万科集团的介入对于推动永庆片区更新具有重大的实践意义，在改造中万科集团包办了项目所有的资金投入，涵盖了规划编制、规划实施和后期运营的全过程，弥补了政府资金压力，且万科集团专业的沟通协调能力一定程度上缓解了政府与居民之间的矛盾。永庆片区的定位是发展商务商业和旅游业，且政府协定给予万科集团15年的运营期和收益权，为万科集团持续参与永庆片区更新提供动力。

5.4.1.2 优缺点

市场力量参与社区更新协作，是更新规划起步阶段调动公众参与便捷、高效的途径之一，市场组织自身具备成熟的专业水平和丰富的项目经验，能够灵活处理问题，善于协调多方关系，有利于提高规划协作效率、提高公众参与的深度和广度。然而，市场力量介入社区更新一般只对公众参与的过程负责，未能与社区建立长期互动的关系，最终目的也不是促成基层社区治理模式优化；市场组织具有逐利的本性和需求，在维护社区公共利益上是被动的。

类似于适用性的探讨，两种市场力量参与社区更新的优缺点也有所区别。第一种是营利性服务组织参与社区更新规划协作，优点在于可根据雇主需求灵活调整服务内容，大幅提高规划效率；组织具备与社区居民沟通的专业能力，善于调解多方关系，有利于推动公众参与。但营利性服务组织往往仅完成政府购买服务协议中的规定内容，而非全周期的参与社区更新，只对公众参与的过程负责，不对公众参与的成果负责，因而未能充分调动当地居民的自主参与的积极性，难以构建起社区自主参与规划的内生性机制，在培养社区居民的公众参与意识和能力上也有所欠缺。

第二种市场开发商公司主导社区更新规划协作，优势在于资金量大且灵活，可持续投入到社区改造及后期运营中，保障社区更新能够有序推进。市场开发商承担了部分社区更新的权力，体现了社会责任感，在媒体和社会舆论的助推下，可对其他市场力量形成示范和带动效应。现阶段这一参与形式是政府与市场合作创新社区更新模式的探索，通常应用于社区改造的示范工程，如果市场开发商长期无法实现盈利，将会影响该模式推广。开发商公司作为项目统筹方，承受完工期限、更新要求等方面的压力，还需要尽量寻求自身利益和社区居民诉求之间的平衡，在规划编制、规划实施和后期运营中难以做到尽善尽美，仍需进一步探索完善的多方协作和调动公众参与机制。

5.4.2 基于政府力量的协作

5.4.2.1 适用性分析

基于政府力量的社区更新协作一般由街道办、居委会主导，社区居民、上级政府部门、各职能机构、规划师等共同参与协调。街道办作为政府的基层管理机构，能够有效传达政府的意图，有助于协调政府内纵向的各级部门和横向的各个机构，减少社区更新进程中沟通成本和时间。居委会在我国法律中定位是居民自治组织，但也是政府管理职能在基层社区延续的执行单位，在协作机制中主要承担组织者和沟通者的功能，能调动居民公众参与的热情、培育公众参与的能力，充分组织居民配合社区更新的工作。社区居委会的民心向背和协调能力强弱，成了该模式下社区更新成效高低的关键。

该模式适用于社区居委会办事能力较高，居民有一定的社区意识，在经过培育后居民能够积极配合并主动参与更新工作的社区，在广州一般属于传统街坊式社区。居委会主导更新工作的效果一方面取决于自身的工作能力，居委会的人员构成中需有一定的党员基础，党员发挥带头作用，能较好地动员社区群众参与；另一方面，居委会应与社区居民保持良好的关系，能够获得广大居民的信任。而社区自身应具备和谐的邻里关系，通常是本地人口或者常住人口比例较高、有一定情感基础的老社区。该协作模式多应用于政府资金充足的民生改造重点工程，对老旧小区更新改造能够起到示范带头作用。

5.4.2.2 优缺点

基于政府力量的社区更新协作，优点在于街道办、居委会与政府各部门之间的沟通聚到较为畅通，能快速高效地协调社区更新所需联系的相关部门机构，加快更新推进速度。得益于居委会与居民的紧密联系，在居委会、社区党员和社区能人的协助下充分培养社区居民的自主参与能力，深入动员群众、高效沟通多方，形成居民议事会等社区自治组织，推动可持续的居民自治。

该模式在广泛推广上，仍存在需要解决的问题。该类社区更新通常需政府大量资金投入，而政府老旧小区改造的资金毕竟有限，数个示范小区可以得到充足的资金支持，但是大范围老旧小区更新还需拓展改造资金筹措渠道。该模式对基层社区组织要求较高，社区居委会作为政府和居民之间的桥梁，沟通双方诉求的同时也承受着双方的压力，需要投入大量的精力、保持高强度工作。

5.4.3 基于社会力量的协作

5.4.3.1 适用性分析

社会力量参与社区更新协作，适用于政民之间沟通出现断层、缺乏社会公共价值代表、民生问题显著或历史文化保护与开发矛盾突出等社区，在广州案例中属于传统街坊式社区、过渡演替式社区和保障性住房社区等。本书中社会力量参与社区更新协作，根据组织主体构成的不同分为公益组织、监督组织、议事组织，不同组织形式的适用背景和适用性略有差异。

基于学者力量的公益组织一般由专家学者、高校学生和志愿者等力量构成。专家学者可以通过主办规划宣传教育活动，提高居民参与能力，以及利用自身影响力对话社区更新规划的决策者和新闻媒体，从而引导规划决策倾向公共利益。而高校学生和志愿者则可以利用专业知识承接日常协调工作，如调研访谈、信息整理、网络维护、承办活动等，保障组织参与社区更新的真实性和有效性。社会力量的介入丰富了民主决策的内涵，因此构建公益组织参与下的协作机制是改革规划管理体制的重要途径。公益组织参与的协作机制适用于政民之间沟通出现断层，且社会公共价值缺乏代表主体的社区更新规划项目。专家学者在社区更新和历史文化保育等方面具有专业知识，在影响政府决策上也具有较强的话语权；同时，愿意主动参与社区更新的专家学者、高校学生和志愿者有较强的社会责任感，可以在社区更新项目中作为公众利益的发声者，学者力量与政府力量的牵制是争取社会效益最大化的过程。此外，公益组织参与一般需要结合媒体的力量，利用知识工具和舆论工具共同创造与决策者平等对话的平台。学者力量的参与并不源发于本社区，通常是在社区居民与政府的矛盾上升为社会公众事件后，才能引起学者关注并形成组织体系。此过程离不开媒体报道和舆论监督，媒体的参与促进了学者组织的形成，在确保历史文化街区的保护性开发中发挥良好的正面效应。学者力量参与社区更新的模式下，政府意志开始让步于公众力量，多元主体之间构成良好的伙伴关系。

上文所述的恩宁路历史街区保留着众多文物古迹，骑楼建筑独具特色，承载着明清时期岭南商业和广府文化的独特印记。恩宁路最初改造计划将建筑物全部拆除的做法无疑会将街区建构筑物和其承载的历史文化付之一炬。恩宁路改造之初，矛盾仅仅集中在当地居民和政府在拆迁补偿的纷争上，媒体的介入推进了事件的升级，在多家新闻媒体的跟踪报道后，恩宁路历史街区的改造方向引发了广泛的社会关注。学者力量的参与使得大规模商业开发的思路被迫叫停，并逐渐形成了政府、学者、规划师、居民多方共同参与的顾问组和关注组。顾问组提供专业知识，促进科学决策；关注组则以保障公众利益和保护恩宁路历史文化为宗旨，主要发挥监督作用。

基于社会力量的监督组织一般由社区内外具有影响力的精英人物（社区能人）、居民代表和其他独立代表（如政协委员、人大代表、独立学者等）构成，该模式适用于居民构成状况较为复杂、政民沟通出现断层，且民生问题突出的社区。拥有热心社区事务的精英人物（社区能人）是该组织发挥效用的前提，精英人物（社区能人）、居民代表扎根于社区，对社区情况有清晰的了解；在社区中有威望和公信力，能够协助综合统筹广大社区居民意见，代表社区与政府就社区改造目的和方法达成一致。监督组织一般通过收集民意、反馈意见、协调矛盾、监督评价规划过程等方式提高规划的合理性和有效性。此外，政策支持和舆论推动是监督组织参与规划的必要保障。在协作规划中，监督组织首先争取政策支持同时也监督政府工作；同时它借助媒体的舆论和监督，推进规划进程，自身也要接受媒体的监督。监督组织可持续运作的能力影响其参与规划的有效性，该模式下多元主体之间构成良好的伙伴关系。

上文所述的同德街保障房社区内居民构成复杂、社区环境问题突出，民生问题禁锢了地区发展。由政协代表、居民代表构成的监督组织——公咨委，在同德街综合整治规划中发挥了主导作用。公咨委与社会各界的高效沟通交流，为同德街整治规划争取自身的合理权益起到了至关重要的作用。公咨委中最为核心的人物是政协委员韩志鹏主任，他是关心同德街综合环境提升的精英人物（社区能人），又拥有一定的社会知名度与人脉资源，能够起到有效协调、推进更新进程的作用。广州市政府鼓励和支持公咨委的工作，尊重参与主体多样性，是协作模式取得成功的原因之一。新闻媒体的积极介入，同德街交通不便、配套设施不足等问题，受到媒体的长期关注及追踪报道。媒体对同德街问题的重视能令同德街居民、公咨委等群体的声音得以传播，令政府和社会各界对其关注度显著提高，对同德街社区的整治更新规划起到实时监督、反馈作用。

议事组织成员包括政府部门管理人员、社区居民代表、社区规划师、媒体、专家学者等。议事组织在社区更新中的主要作用是收集民意、反馈民意，构建利益多方的长效沟通平台，推动项目顺利进展。社区更新改造完成后，涉及到社区发展的重大事项，都可以交由委员会处理，由组织内成员共同商议对策，达成一致决定。议事组织主导的协作式规划模式适用于具有一定凝聚力、情感认同基础的社区，这种凝聚力来自居民长期共同生活形成的习俗和社区蕴含的文化传统，在广州一般是过渡演替性社区。政府部门在推动议事组织的建立上发挥了重要作用，积极引领各方力量参与到改造工作中，对于促进议事组织制度化、常态化运行做出突出贡献。此外，新闻媒体的长期追踪报道，扩大了社区更新项目的社会影响力，促进了居民、政府、专家学者等多方意见的交融，督促着政府理性决策、合理放权。新闻媒体对于议事组织参与协作模式也是不可缺少的一环。因此，议事组织主导协作模式的关键在于多方利益主体对社区更新的支持和持续参与，有助于多方主体之间成伙伴关系。

上述泮塘五约微改造案例，共同缔造委员会参与社区更新有其适用性条件。泮塘五约作为千年古村，仍然保留了部分公共空间和传统活动，村民们因有血缘、族群和传统活动的维系，对村落有一定的感情基础，仍未脱离差序格局下的"熟人社会"。村民在社区规划师专业活动策划中进一步加强社会资本，为共同缔造委员会的成立打下了基础，在后续共同缔造委员会组织的社区更新征集活动中保持了较高的参与主观能动性。在国家倡导构建"共建共享共治"社会治理机制的背景下，荔湾区政府和区更新局积极响应并推进若干历史街区共同缔造委员会的成立及其后续的常态化运作。此外，泮塘五约产权较为清晰、资金来源有保障，微改造的资金来源全是政府出资，项目不用受资本的限制；其先决条件在于泮塘五约中有大量已经被政府征收的房屋，微改造的沟通、协作和实施等工作不受产权问题的干扰，可操作性高。

5.4.3.2 优缺点

基于学者力量的公益组织在协作规划中有以下优点：一是可以为公众参与提供技术支持，广泛收集群众意见并将社区需求转换成规划语言，与政府和规划师进行有效沟通；二是弥补早期方案过于重视经济效益的不足，从意识到行动上全方位维护公共利益，对社会长期发展来说意义深远；三是公益组织参与的事件一般具有较强的话题性，可以引发公众对于社区更新的广泛关注和深入思考，学者力量对于事件的科学解决也促进了政府社区发展理念的更新迭代。但是不足之处在于：公益组织参与以事件为导向，即当社区更新事件的矛盾上升为对社会整体利益造成损失时，才能调动强有力的学者型公益组织。公益组织的构成成员并不脱胎于社区本身，与社区之间缺乏情感联系，组织凝聚力薄弱，当维护公众利益的使命完成后，组织也就随之解散。公益组织参与持续时间不长，无法在更新项目完成后发挥作用。公益组织作为外部参与者，对培育社区自治能力来说效果有限。

监督组织参与规划的优点首先在于其成员来源于社区、扎根于社区，在维护社区利益和提高规划效率上更具有主动性，不仅有利于深化参与程度，还能促进社区自治能力提升；其次，监督组织分担了部分规划师解释政策和解读方案的工作，有助于加深居民对规划的认知；再次，监督组织中的精英人物（社区能人）还能够利用自身影响力，调动资源、推进社区更新顺利进行。但是，监督组织推广到其他重大规划建设项目中还存在问题：参与协作的整体实际效果不如预期好，部分组织活动次数少、委员积极性低、信息反馈失真、居民认同感不高等；部分组织功能定位太空泛，没有针对某一具体事项，导致无法解决具体问题。未来引用推广中，还需要进一步完善组织结构、明确参与范围、健全制度化等问题。

议事组织在政府、居民、规划师、媒体等之间搭建了平等对话交流的平台，社区事务由议事组织商议后再决策的制度化模式，提高了居民在社区更新中参与的广度和深度，是传统社区再次焕发生机的契机；重塑纽带型社会资本，丰富了各种类型的桥接型社会资本，促进链接型社会资本的逐渐形成，为持续性的社区自治奠定了社会资本基础。议事组织推行的难点在于：协作的准备周期较长，只有提高社区居民对更新规划的参与意愿及信心，相关工作才可能顺利推进；长期效果和可持续性仍待考量，当社区微改造项目结束后，该组织是否会持续发挥作用、促进社区自治力的培养？此外，未有相应的规章制度明确议事组织的权责内容和边界，未来推广中容易产生权责纠纷，不利于项目的持续推进。

表5-2总结了广州社区更新各协作模式的适用性与优缺点。

广州社区更新各协作模式的适用性与优缺点　　　　　　　　　　　　　　　　　　　　　　　　　　表 5-2

主导协作方		典型案例	主导力量构成	主导力量作用	适用性	优点	缺点
市场力量	专业服务组织	蔡一村改造更新	受训练的专业人士	提供技术服务，包括规划前期居民调查、组织公众参与等，以辅助规划编制和决策	项目规模较大、编制周期短，居民参与规划的自主能力偏弱，参与协调难度大的社区	可根据需求灵活调整服务内容，提高规划效率；具备与社区居民沟通的专业能力，有利于推动公众参与	仅完成服务协议内容，参与推动公众参与的过程，而非全周期参与，对成果负责；未能充分培养社区居民的公众参与能力，难以构建起自主参与规划的内生性机制
	开发商公司	恩宁路永庆片区更新项目	资金充裕的市场开发商	提供更新资金；具有更新项目设计、管理与运营能力；有专门部门负责与居民、政府沟通，协调多方关系	项目规模较大，改造后具有一定比例的商业、商务用地，在合理运营下可获取长线收益的社区	引入市场机制，可持续投入资金到社区改造及后期运营中，保障社区更新能够有序推进；可对其他市场力量形成示范效应	若长期无法盈利，模式难以推广；开发商需兼顾完工期限、更新要求，需平衡自身利益和满足社区居民诉求等，在更新进程中难做到尽善尽美
政府力量	社区居委会	仰忠社区微改造	与居民关系良好的居委会成员，且有党员和群众基础	调动居民公众参与热情、培育公众参与能力，充分组织居民参与社区更新	居委会办事能力较高，居民有一定认同意识的社区，常住人口比例高	街道办、居委会与政府部门之间有稳定的沟通渠道，能快速与相关部门协调；能充分培养居民的自主参与的意愿和能力，形成社区居民自治	更新资金来源于政府，未来需拓展资金筹措渠道；对基层社区组织的能力、投入要求较高

主导协作方		典型案例	主导力量构成	主导力量作用	适用性	优点	缺点
社会力量	议事组织	泮塘五约微改造	共同缔造委员会：政府部门管理人员、居民代表、规划师、媒体、专家学者等	收集并反馈民意，构建长效沟通平台；改造完成后，共同商议涉及社区发展的重大事项	具有一定凝聚力、情感认同的社区，拥有长期共同生活形成的习俗和文化传统	有效提升居民在社区更新中参与广度和深度；推动各类型社会资本的提升，为持续性社区自治奠定基础	准备周期较长；长期效果和可持续性仍待考量；未有相应的规章制度明确议事组织的权责边界
	监督组织	同德街综合整治	公咨委：社区内外具有影响力的精英人物、居民代表和其他独立代表等	收集民意、反馈意见、协调矛盾、监督评价规划过程等，提高规划的合理性与有效性	居民构成状况较为复杂、政民沟通出现断层，且民生问题突出的社区	主导成员来源并扎根社区，有利于深化参与程度与促进社区自治能力提升；有助于加深居民对更新规划的认知；精英人物能利用自身影响力，调动资源、推进社区更新进程	需进一步完善公咨委的组织结构、明确参与范围、健全相关制度
	公益组织	恩宁路历史街区保护更新规划	专家学者、高校学生和志愿者等力量	专家学者宣传教育提高居民参与能力，利用自身影响力引导规划决策倾向公共利益；高校学生和志愿者承接日常协调工作，保障社区更新的真实性和有效性	政民沟通出现断层，社会公共价值缺乏代表的社区；公益组织的参与需要结合媒体的力量，利用知识工具和舆论工具共同创造与决策者平等对话的平台	收集社区居民需求并转换成规划语言，为公众参与提供技术支持；思想与行动上均全方位维护公共利益；能引导公众的关注，促进政府社区发展理念的迭代	以事件为导向，与社区之间缺乏情感联系，组织凝聚力薄弱，参与重心一般不在于培育社区自治能力

资料来源：笔者根据有关材料整理。

第6章　城市社区更新的思考与展望

6.1

城市社区更新的思考

▶   "十四五"期间，我国将进一步推动以人为核心的新型城镇化，构建"共建共治共享"的多元化社会治理格局。以人为本的城市社区更新，不仅需要推动老城区和旧城镇内社区的居住环境、公共服务设施、环境卫生等物质空间的优化，还需在产权复杂、涉及众多主体的背景下，兼顾社区内各方利益的平衡，处理好政府治理、市场调节和居民自治的关系，在更新进程中形成多方良性互动格局，为实现中国基层社区治理现代化奠定基础。

20世纪80年代以来，城乡规划思潮也发生了"交往转向"，形成了沟通协作规划理论，即规划不是理想蓝图和理性模型的推导结果，而是将规划视为多方沟通协商过程，邀请相关利益方进入规划程序，共同体验、学习、变化和建立公共分享意义的过程，要求利益相关者采用辩论、分析与评定的方法，通过合作达成共同目标。

本书以协作式规划理论为基础，系统分析广州市城市和社区发展历程、社区类型特征，选取了蔡一村村庄规划、恩宁路历史街区保护更新规划、恩宁路永庆坊微改造、仰忠社区微改造、同德街环境整治规划和泮塘五约微改造六个典型社区案例，从规划历程、协作主体、协作过程、协作结果等方面分析了不同类型的协作规划。基于"政府—市场—社会"主体划分，将六个案例归纳为政府力量主导、市场力量主导和社会力量主导三种类型，分析参与主体作用、总结规划协作机制，探讨不同类型协作机制的适用性和优缺点。

实践显示，广州市社区更新不论在规划设计成果，还是规划编制和推进程序、更新实施效果等方面都取得了优良的成效。结合本书的理论和实践，社区更新得以成功推进的原因总结有三点：建构协作式规划，有效推进社区更新；不同力量主导的协作模式适用于不同类型社区更新；政府部门支持是各类型社区协作规划的重要保障。

6.1.1 协作规划：建构协作式规划，有效推进社区更新

本书案例揭示了协作式规划对社区更新具有积极推进作用，对于创新中国城市社区更新规划模式具有一定的参考价值。结合我国城市社区更新特点，协作式规划重点需要关注以下几方面内容：

（1）搭建有效的沟通平台

协作需设立特定的沟通平台，以供利益多方讨论。基于本地社区的需求，搭建稳定、长效的沟通平台，邀请并确保重要的利益相关者代表到场，允许不同观点的充分辩论和质疑，互相理解其他参与者的立场与观点，减少冲突和摩擦的成本，提高沟通的效率。本书社区更新案例中，社区工作坊、社区圆桌会议、周例会、村民大会等等均是有效收集和反馈社区发展意见与需求的沟通平台。

（2）激发主体的参与意识

协作式规划强调引导多方主体同参与，协调多方利益以达到群体利益最大程度的平衡。其重要任务之一是识别特定环境下的利益相关者有哪些，谁是重要的利益相关者，并将利益相关者引入协作中。本书案例中，以社区更新的利益最相关主体居民为例，协作规划主导者通过与居民友好交流接触，逐渐建立与居民之间的信任；组织各种类型的社区活动、上门动员、深入访谈等，面向社会广泛征集微改造方案（附录3），唤起居民的社区归属感、增强社区凝聚力，激发居民的社区更新参与意识。

（3）搭建可持续的协作框架

协作式规划建构不仅是达成规划共识、完成一次项目，还注重协作制度的确立和可持续性，如搭建协作框架、明晰多元主体权责等。协作框架的重要意义在于建构长效的社区自组织机制和多方协作参与机制，为社区可持续发展提供了内生性驱动力。本书案例中，仰忠社区的物业服务议事会和后续的物业管理服务中心，实现以居民自治为核心的社区协作框架。泮塘五约的共同缔造委员会、继同德街后广州市在大型规划项目中尝试推行公咨委制度，均是努力探索构建长效协作框架。

6.1.2 多元主导：不同力量主导的协作机制，适用于不同类型的社区更新

协作式规划实践表明，没有一种固定的规划模式可适用于解决所有规划问题，正如希利教授所论述，"不应期待地区经济政治环境、治理方式与规划特征之间能整齐地实现功能契合"。城市老旧社区有着不同的建成环境特征、社区组织基础以及管理模式，不同社区的改造难度和痛点各异，多元力量协作的社区更新规划更应与社区的在地特征和需求吻合，发挥不同主体力量，在有限的资源下、紧迫的规划期限里找准最有效的协作模式。

本书案例揭示，在产权问题复杂、居民参与能力低且强调规划效率的社区更新中，

可引入专业服务组织主导协作，有助于高效调动公众参与的深度和广度。在规模较大，改造后具有一定比例的商业、商务用地且具有一定发展潜力，在合理运营下可获取长线收益的社区更新项目，可引入市场开发商，有助于拓宽社区改造资金渠道、兼顾社会效益和经济平衡。在基层治理能力强的社区，可推举居委会主导社区更新，有助于深入动员群众、协调相关部门和高效沟通利益多方，形成可持续的居民自治。在有一定情感认同基础的传统社区，可引入议事组织主导社区更新，为持续性社区自治奠定社会资本基础。在居民构成状况较为复杂、政民沟通出现断层、民生问题突出的社区，可引入监督组织主导社区更新，有助于调动资源、推进社区更新进程，也深化居民参与程度与促进社区自治能力提升。在政民关系紧张、社会公共价值缺乏代表主体的社区，可引入公益组织主导社区更新，有助于广泛收集公众意见并转为专业术语与政府沟通，维护公众利益。

6.1.3 政府支持：政府部门支持是各类型协作规划的重要保障

我国城市治理力量逐渐多元化、公众的规划参与意愿与能力逐步增强，城乡规划从以往由政府单一主导向多元主体协作转型。然而这并不意味着政府在规划中作用与力量的削弱，而是政府提供资金支持并向基层放权赋能的结果。政府的有力支持是构建协作式社区更新规划、多元主体参与协作的重要保障。

首先，政府提供社区更新的主体资金。老旧小区、历史街区的社区更新，从经济视角看投入-产出比很低，对于改善人居环境、保育和传承历史文化的社会效益更显著。本书案例中，除了永庆坊微改造，其余五个社区更新案例的改造资金全由政府财政提供支持。永庆坊由市场开发商提供更新改造资金的BOT模式，在社区更新中也是特例。蔡一村村庄规划中专业化服务组织参与协作规划，也是政府从市场购买服务的结果。

其次，政府向基层放权赋能，加强基层社会治理队伍建设，是社区更新得以推进的基础。近年来，广州市政府在社区更新中力争形成"纵向到底、横向到边、协商共治"的社会治理体系，通过组建非政府组织、搭建沟通平台来强化社区居民、产权单位在社区更新中的主体作用，并将部分决策权下放。本书案例中，代表政府的、与城市更新相关的各部门，积极参与组建并推广共同缔造委员会、咨询监督委员会等沟通和协作机制；政府在社区再开发界定、微改造具体项目、社区文物保育方式、重大公共和市政基础设施选址等事务上，愿意听取并吸收利益多方在沟通平台中提出中的意见和建议，愿意放权给第三方组织共同决策、形成共识。

6.2
展望

▶ 以社区作为基础单元，邀请居民及利益相关者参与到更新规划程序中，优化社区物质空间环境及保育历史文化，将是构建"共建共治共享"社会治理格局背景下城市社区更新的主要发展趋势。

6.2.1 社区更新：融入国土空间规划体系

我国正在构建"五级三类四体系"的国土空间规划体系，城市更新是其中重要的专项规划之一。社区更新规划作为城市更新规划的重要内容，应积极将社区更新融入国土空间规划体系中，完善其与总体规划及其他专项规划的技术对接。在新的国土空间规划体系下，应制定社区更新相关的法律法规和技术规范，应对社区更新方向判定、补偿赔付标准的制定、违规行为的处罚等，以充分发挥法律法规的预防和规范作用。

6.2.2 规划师制度：完善社区规划师制度、培育社区人才

社区更新需要专业的社区规划师参与，除了传统的编制规划设计方案能力，社区规划师作为沟通协调的桥梁，还需要提升公众参与的深度和广度，推进基层社区多元共治的可持续发展。因此，在城乡规划学人才培养上，还需要融入社会学、管理学、人类学等相关沟通协调的知识，为基层社区培养专门人才。学会、协会及相关机构应适时建立社区规划师培训制度，制定相应的培训课程，帮助城乡规划师在现有基础上拓展工作技能。同时，要从制度上明确社区规划师的聘任或购买服务形式、任职时间、职责要求、服务报酬，增强社区规划师的主观能动性和工作活力。

6.2.3 参与机制：完善公众参与机制、增强第三方组织协作

未来城市社区更新中应完善公众参与机制，提供更多直接或间

接的渠道促进社区居民参与规划设计，共建美好家园；结合大数据条件、GIS系统、公共活动等，优化公众参与的可视化环境，令不具备规划专业知识的居民更方便快捷的参与规划。

完善第三方组织参与的引导与协作机制，以制度化形式确定第三方组织参与规划的地位，推动第三方组织成为社区更新中重要的参与力量。现阶段第三方组织参与仍处于探索阶段，需要规范化和标准化第三方组织的定位、权责、参与形式、工作内容、绩效考核等内容；将第三方组织参与容纳入社区规划编制和执行过程中，并使其制度化、常态化，巩固第三方组织的在社区规划中的合法地位。

本书基于广州市的实证研究，归纳出部分社区更新的协作机制，未来可以结合我国城市社区经济文化特征，进一步探索多样化的更新协作机制，为存量更新规划的高质量发展和基层社区治理创新做成贡献。

附录1 广州市微改造相关政策

《广州市老旧小区改造试点工作方案》

为深入学习贯彻习近平总书记重要讲话精神，加快推进我市老旧小区改造试点工作，根据住房和城乡建设部关于老旧小区改造试点工作的要求，制定本方案。

一、总体要求

（一）指导思想

全面贯彻党的十九大精神，以习近平新时代中国特色社会主义思想为指导，深入贯彻习近平总书记重要讲话精神，坚持以人民为中心的发展思想，充分运用"共同缔造"理念，系统推讲老旧小区改造，补齐民生短板，持续增进民生福祉，在发展中保障和改善民生，不断满足人民日益增长的美好生活需要。

（二）总体目标

改善人居环境，传承岭南文脉，重塑街区活力，缔造幸福社区。探索完善老旧小区改造相关政策，健全系统有机更新的长效机制，形成可复制可推广的改造试点经验。探索"决策共谋、发展共建、建设共管、效果共评、成果共享"的机制，完善社区治理，使老旧小区居民获得感、幸福感、安全感更加充实、更有保障、更可持续。

（三）基本原则

（1）政府主导，共建共治。加强政府统筹协调力度，强化实施保障，搭建社区居民议事平台，建立多方共同参与机制，合力推进更新改造。

（2）因地制宜，分类实施。坚持以问题为导向，根据老旧小区居民意愿、历史文化等因素，采取完善配套、功能置换、保护活化等方式，精准施策，有序推进。

（3）注重长效，建管并重。坚持改造与社区治理并重，引导老旧小区建立居民自主管理组织，建立长效治理机制，巩固改造成果。

二、主要任务

（一）试点小区

在现状摸查和分类研究的基础上，从2000年之前建成的、人居环境较差的779个老旧居住小区中选取5个小区作为试点，具体为：越秀区旧南海县小区（属历史文化街区范围）、五羊小区（广州市最早最集中的单位宿舍区）、梅花路小区（房改房小区），荔湾区泮塘五约小区（属历史文化街区范围），天河区德欣小区（房改房小区）。

（二）改造内容和建设标准

1. 改造内容

试点小区改造对象主要为小区公共部分和房屋建筑本体共用部位，改造内容合计60项，分为基础完善类49项和优化提升类11项。其中，小区公共部分基础完善类项目22项，优化提升类项目8项；房屋建筑本体共用部位基础完善类项目27项，优化提升类项目3项（附件1）。改造内容的确定，即"改什么""怎么改"充分尊重居民意愿。

2. 建设标准

（1）小区公共部分。重点修缮市政配套设施，完善公共服务设施，补充无障碍设施；维修更新消防安防设备，清理住改仓等安全隐患，拆除违章建筑，打通消防通道；整治环境卫生，推进"三线"整治，完善道路照明设施，实施绿化美化；开辟公共开敞空间，疏通步行网络。有条件的小区可增设社区养老、医疗、教育、停车等公共服务设施，营造宜居公共空间。

（2）房屋建筑本体共用部位。重点改造房屋建筑的水、电、气、通信等老化设施设备、水电气"一户一表"、管道燃气入户、维修楼梯踏步、粉刷楼道墙壁、整饰房屋外立面、补齐楼道消防设施，保障住用安全。有条件的居住建筑可选取加装电梯、屋顶绿化、抗震节能等提升改造内容。

（三）实施程序

按照"市级筹划、区级统筹、街道组织、社区实施、居民参与"的工作机制，试点小区改造工作大致按照以下程序组织实施，也可结合实际情况优化实施程序。

1. 项目前期

（1）意愿征集。街道、居委会向居民宣传老旧小区改造的目的、意义、政策等内容，征询居民意愿，征集改造事项，开展数据摸查。街道牵头组织居民成立项目建设管理委员会、业主委员会、业主自管小组等小区自管组织，发挥居民的主体作用。

（2）方案编制。街道或区政府相关部门根据居民诉求，针对存在问题，组织编制试点小区改造方案，经小区自管组织确认后报区政府审定。涉及历史文化街区、历史风貌区、不可移动文物、历史建筑、传统风貌建筑的保护，消防设施的调整、规划调整等内容时，由区政府组织区文化、消防、规划、房屋管理、建设等部门进行论证确定。

（3）资金计划。试点区按照居民、市场、政府多方共同出资原则编制年度资金计划，报市城市更新工作领导小组审定。

2. 项目实施

（4）项目立项。街道或区政府相关部门向区发改部门申请。

（5）财政评审。街道或区政府相关部门编制项目概算、预算，报区财政部门评审。

（6）项目招投标。街道或区政府相关部门按规定组织开展招投标，确定监理和施工单位。

（7）项目施工。街道或区政府相关部门按程序组织施工报批和建设，并及时协调解决有关问题，小区自管组织全程参与监督。

（8）综合验收。区政府组织相关部门、小区自管组织进行项目综合验收，验收不合格的限期完成整改。

（9）项目决算。综合验收合格后，由项目建设单位向区财政部门申请项目决算。

3．项目移交

（10）移交管理。项目验收合格后，街道应将相关设施设备移交给小区自管组织，由小区自管组织自主管养，或引入物业公司管理。

三、进度安排

试点区要结合试点任务和资金计划，明确工作时间节点，确保按期完成计划任务。

（1）前期阶段（2018年2月底前完成）。试点区组织街道摸查试点小区基本情况和改造需求，开展项目评估，组织方案编制及审定工作，于2018年2月底前将试点小区改造方案报市城市更新局备案。

（2）招投标阶段（2018年5月底前完成）。开展项目工程招投标工作，确定设计、施工、监理单位，项目录入城市更新改造项目监管系统。

（3）建设阶段（2018年11月底前完成）。按照设计方案组织施工建设，完成年度计划任务。

（4）总结阶段（2018年12月底前完成）。通过召开现场会、座谈会、专家评审会等方式，全面总结试点项目改造经验，形成可复制可推广的做法。

四、保障措施

（一）加强组织领导

市城市更新工作领导小组负责全市老旧小区改造试点工作的统筹协调，市城市更新局牵头组织，各相关职能部门密切配合，共同推进。试点区政府作为老旧小区改造试点工作第一责任主体，负责试点小区改造工作；街道、社区等基层组织负责具体实施。

（二）建立居民、市场、政府多方共同筹措资金机制

按照居民、市场、政府共同出资的原则，协同推进老旧小区改造。5个试点小区财政投资20839万元，其中市财政出资19610万元，区财政统筹出资1229万元。街道组织居民、相关单位分担部分资金。

（1）加强财政资金保障。市、区财政安排专项资金用于试点小区改造。按照《广州市老旧小区微改造实施方案》（穗更新字〔2016〕81号）的规定，市级补助经费由市城市

更新局核定总额，在全市老旧小区改造计划下达后，通过转移支付下达试点区，由区统筹使用。区财政分担资金包括统筹管线单位改造资金、原产权单位资金、社会捐助资金等。原则上，改造内容中的基础完善类项目以市财政补助为主，区财政、个人出资（物业专项维修资金、公积金、房屋维修基金等，下同）为辅；小区公共部分由市财政全额补助，房屋建筑本体共用部位市财政资金补助不少于50%；优化提升类项目以区统筹、个人出资为主，市财政资金补助为辅。

（2）发动居民自筹资金。鼓励居民通过自筹捐资、房屋维修基金等渠道筹集资金。

（3）拓宽社会投资渠道。鼓励以企业投资、捐资冠名等方式吸引社会力量捐资或捐赠城市家具、雕塑等项目，原产权单位通过捐资捐物等方式支持试点小区改造。

（三）建立因地制宜的项目建设管理机制

1. 创新实施模式

试点区可以采取以下方式组织试点小区的改造：

（1）EPC总承包模式。采用EPC总承包模式（设计施工一体化），确定中标单位后即可同步开展勘察、设计、施工等工作，可节省建设周期。

（2）企业代建模式。引入专业的项目管理企业代建改造工作。

（3）BOT模式。可利用公房、权属用地等资源，采用BOT模式，通过公开招商引入社会资金参与改造。

（4）国企平台模式。按照保本微利的原则，支持国有企业参与改造。

（5）区政府相关部门作为项目业主模式。区政府依法按程序委托或支持属地街道、相关单位作为项目建设业主或实施建设单位。

2. 创新改造政策

（1）对改变原建筑使用功能的老旧建筑按不低于改造前的建筑消防标准进行消防验收。

（2）在不影响文物保护的前提下，由区政府制定文物及历史建筑利用负面清单，活化利用，实现保护与利用有机结合。

（3）允许对土地权属来源合法、界址清晰的用地、历史房屋按不低于改造前规划建设标准实施改造。

（4）对不增加原合法产权的建筑面积和建筑高度、不扩大基底面积、不改变四至关系和使用性质，且符合历史文化保护要求，与周边环境相协调的老旧房屋，可以局部改建。

（四）健全一次改造、长期保持的管理机制

充分发挥街道党组织和办事处的属地管理职能，加强基层组织建设，加强改造全过程及改造后的指导、管理、服务，推动建立"纵向到底、横向到边、协商共治"的社会治理模式。

（1）街道指导小区居民搭建议事平台，成立小区自管组织，引导居民积极参与意见征询、方案制定、施工管理、后续管养全过程。

（2）街道组织成立咨询委员会、工作坊等机构，吸引社会组织参与，提供咨询与技术服务，强化技术支撑。

（3）街道指导小区加强党建工作，以社区党员活动小组为载体，充分调动和发挥党员示范引导作用。

（4）街道根据小区实际情况，指导居民通过购买服务等方式建立长效管养机制；探索试点小区物业专项维修资金、房屋维修基金的建立和便捷使用机制，以及通过新增设施有偿使用等方式，解决小区长效管养的资金来源。

（5）按照《广州市老旧小区微改造"三线"整治实施方案和技术指引（试行）》，坚持"下地优先、安全美观、先通后拆"的原则，允许试点小区探索采用"四网融合"模式进行"三线"整治，整治完成后授权街道对管线进行管理，巩固"三线"整治成果。

（五）严格督办考核

试点区政府将试点工作纳入对区相关部门、街道、社区的绩效考核内容。考核要按照设计要求，对项目完成情况、建立长效管理机制等方面进行综合考核。

市城市更新局应加强工作督查督办，组织项目巡查、抽查，定期将工作情况在市城市更新工作领导小组会议上通报；区政府应明确责任人，紧密跟踪项目进度，对项目实施过程中出现的问题及时沟通协调，确保试点小区按计划、按设计高效有序推进改造。

（六）加强宣传引导

全面深入宣传老旧小区改造政策和改造意义，宣传改造经验成效，激发居民参与、支持小区改造的热情，为老旧小区改造顺利实施营造良好氛围。

附录2 广州市社区更新项目一览表——以仰忠社区为例

序号	项目	单位名称	需改造项目摸查数据、情况汇总	项目类别
1	规范整理小区室外三线	栋	136	
2	安装楼道公共照明	层	462	
3	维修更换电箱、电表	个	1214	
4	安装维修小区照明设施		1. 现有56盏路灯升级改造。 2. 另外增设20盏路灯	
5	规范整理楼道内公共电力管线	层	554	
6	规范整理楼道内公共弱电管线	层	562	
7	更滑雨水立管		163	
8	房屋外里卖弄整饰维修	平方米	271692	
9	更换楼内公共排水立管	条	198	
10	更换小区排水管网			
11	疏通小区排水管网			
12	清疏维修化粪池	个	23	
13	规范空调位排水管（自选项目）	户	787	
14	安装一户一水表（自选项目）	户	55	
15	改造楼内公共给水立管	条	218	公共设施 （共30项）
16	维修更换公共加压水泵	个	26	
17	维修改造楼内公共消防设施	套	163	
18	维修改造小区室外公共消防设施			
19	管道燃气到户	户	473	
20	粉刷楼道（含墙面抹灰）	平方米	13040	
21	修复楼梯扶手	层	235	
22	修复楼梯踏步	层	202	
23	更新补建信报箱	个	652	
24	维修更换公共采光窗（含拆除）	个	8	
25	维修更换破窗（自选项目）	个	50	
26	维修改造小区内道路			
27	维修改造小区围墙（自选项目）			
28	合理增设无障碍通道			
29	维修补建楼梯地名牌、单元门栋地名牌	个	799	
30	修复屋顶避雷设施（自选项目）		暂不清楚	

序号	项目	单位名称	需改造项目摸查数据、情况汇总	项目类别
31	合理设施垃圾收运点			公共环境卫生
32	清理燃气、消防等设施占压和露肩杂物	处	143	
33	拆除小区违法建筑物、构筑物及设施（自选项目）			
34	安装维护门禁系统	扇	105	公共治安规范
35	安装小区视频监控系统			
36	建设公共休闲小广场（自选项目）			公共休闲娱乐设施
37	建设提升小区整体绿化			
38	建设文化宣传长廊（自选项目）			
39	合理配置文化室（自选项目）		100平方米（1个）	公共服务
40	合理配置托老中心（自选项目）		500平方米（1个）	
41	合理配置社区医院（自选项目）		1个	
42	完善社区物业管理（自选项目）		1个无关服务项目	
43	合理配置机动车位（自选项目）		50个	停车场建设
44	合理配置自行车停放点			
45	对符合条件的既有住宅加装电梯（自选项目）			电梯安装

附录3　广州市老旧小区微改造规划设计方案竞赛简介

《广州市城市更新局关于老旧小区微改造规划设计方案竞赛有关情况的报告》

为加快推进我市老旧小区微改造工作，提升老旧小区微改造品质，我局于2017年6～9月举办了首届广州市城市更新设计竞赛——"老广州·新社区"广州市老旧小区微改造规划设计方案竞赛，首次面向社会广泛征集微改造方案。该活动于9月20日圆满结束，获得专家学者、参赛队伍、居民群众等社会各方的一致好评。现将有关情况报告如下：

一、工作情况

（一）精心组织筹备。一是成立工作领导小组。局内专门成立了领导小组，负责组织协调、指导、监督检查等工作；下设领导小组办公室、评审专家组和项目属地区地方工作小组。二是制定竞赛活动方案。明确竞赛方式、活动安排等，分报名、评审、评奖、颁奖四个阶段有序推进。三是精选竞赛项目。结合居民意愿、小区存在问题等实际情况，选取具有代表性的越秀区梅花村街梅花路小区（3～21号大院）、海珠区龙凤街仁和社区（含历史建筑）、荔湾区金花街陈家祠社区（含历史建筑）、白云区三元里街交电新村小区、黄埔区黄埔街怡园小区等5个老旧小区作为竞赛项目。

（二）多种渠道宣传发动。与南方都市报合作，借权威媒体平台开展正面宣传。通过局官方网站、微信、微博等平台广泛发布活动信息，吸引了众多设计单位、团队、个人踊跃报名参赛，共收到参赛作品33件。

（三）设计过程紧跟居民诉求和项目实际。一是深入项目摸查情况。组织项目现场调研，参赛者和社区居民面对面交流、蹲点观察，真实全面了解小区的实际问题，充分听取居民所想所愿。二是以问题为导向开展设计。参赛者结合老旧小区建筑年代、街区肌理、居民意愿、历史文化等因素，针对居民关心的用水、用电、适老设施建设等问题进行设计，确保方案"接地气、切民生"。三是现场展示设计方案。设计方案在各小区实地展示并由设计师解说设计思路，为居民答疑解惑，使居民充分了解方案的具体改造措施。

（四）公开公平公正组织评选。一是组织专家评审。组织5个专家评审团分别对5个项目竞赛成果进行评审，每个评审团由9位专家组成，涉及规划、建筑、市政、文保、经济等领域，有教授学者，也有职能部门业务骨干，理论研究与实践操作紧密结合，确保评选的专业性和权威性。二是组织公众投票。5个老旧小区均设置投票点，近2200位居民参与现场投票。通过网站微信平台公开设计方案，进行为期7天的大众评选。经专家评审、公众投票、综合评分等环节，最终5个项目各评选出4个名次共20个获奖者。

二、取得的成效

（一）广纳民智，博采众长。打破每个老旧小区微改造项目由1家设计公司出1个设计方案的局限，本次竞赛不设专业、地域、人数等门槛，参赛者既有公司团队，也有个人；既有专业人士，也有在校学生；既有广州本地的，也有深圳等兄弟城市的，引入多元设计主体突破传统设计套路。参赛者立足解决居民诉求，从公共空间营造、基础设施完善、历史文化保护等方面进行了多角度、多维度的规划设计和大胆创新，既注重物质环境改造，也注重精神层面提升，为改善人居环境、弘扬岭南文化提供了可借鉴、可操作的设计思路。

（二）群策群力、凝聚共识。本次竞赛得到社会各界的广泛关注、积极参与，网络投票突破22万人次，也得到群众市民、专家学者、新闻媒体的高度认同，相关报道超170条（附件）。市民、专家、设计者共同沟通探讨微改造过程中面临的焦点问题，从加强公众参与、促进长效治理等方面进行深入交流，进一步营造了共同推进老旧小区微改造、促进城市更新的良好氛围。

（三）锻炼队伍，提升能力。本次参赛人员80%为年轻人，代表了年轻一代对广州城市规划建设的关注和参与。我局下属单位市城市更新规划研究院组织3个团队参赛，通过竞赛磨练提升规划设计和业务水平，其设计方案分别获得白云组一等奖、越秀组二等奖和黄埔组三等奖，为进一步承接好城市更新工作打下良好基础。

三、下一步工作计划

（一）推广设计成果，提升老旧小区微改造设计水平。总结竞赛成果，制作老旧小区微改造规划设计方案作品集，将方案中符合居民改造诉求、具备可操作性的优秀设计思路予以提炼和运用，为全市老旧小区微改造的方案设计提供参考借鉴。

（二）提高建设标准，打造具有示范效应的精品项目。编制《广州市老旧小区微改造"三线"整治实施方案和技术指引（试行）》，进一步指导"三线"整治专项工作，规范"三线"整治工作内容、流程及要求。进一步明确微改造工作任务，高标准推进老旧小区微改造示范项目建设。

（三）坚持"共谋、共建、共管、共评、共享"理念，促进社会治理体系完善。继续开展城市更新设计竞赛，探索建立有效的平台机制，进一步激发居民群众改造热情，调动相关单位积极性，汇聚民众智慧，将老旧小区微改造这一民生实事、民心工程做好做实。

专此报告。

广州市城市更新局

2017年9月25日

《广州市城市更新局关于"我是社区规划师" 第二届广州市老旧小区微改造规划设计竞赛有关情况的报告》

为深入贯彻落实习近平总书记关于更多采用微改造这种"绣花"功夫，促进城市文明传承、文化延续的重要指示精神，进一步提升老旧小区微改造质量水平，我局于今年8月举办主题为"我是社区规划师"的第二届广州市老旧小区微改造规划设计方案竞赛，面向社会广泛征集微改造方案。该活动于11月26日圆满结束，获得专家学者、参赛队伍、居民群众、新闻媒体等社会各方的一致好评。现将有关情况报告如下：

一、工作情况

（一）精心组织筹备。一是成立工作领导小组。成立领导小组，负责组织协调、指导、监督检查等工作；下设领导小组办公室、评审专家组和项目属地区地方工作小组。二是制定竞赛活动方案。明确竞赛方式、活动安排等，分报名和方案征集、评审、总结颁奖三个阶段有序推进。三是精选竞赛项目。结合居民意愿、小区实际情况，选取海珠区青葵社区、天河区沙河京剧团大院、白云区景泰北小区、花都区金都花园、番禺区先锋小区5个辖区不同特色的老旧小区作为竞赛项目。

（二）多种渠道宣传发动。本次竞赛落实"共同缔造"理念更加注重以人为本和公众参与，通过广州日报纸媒和新媒体、竞赛官网、更新局官网和微信公众号等多种渠道吸引公众参与，对参赛对象和参赛人数不设任何门槛，社会各界热烈响应。竞赛收到设计单位、学生团体等报送的设计作品共43份，比第一届竞赛作品数增加了三分之一。

（三）现场调研深入了解小区现状和居民诉求。活动启动以来，组织项目现场调研和答疑交流活动共5场，让参赛人员更加深入的了解竞赛项目情况和居民改造意愿，组织街道工作人员现场答疑，让参赛人员与居民面对面深入交流，确保竞赛成果"接地气、切民生"。

（四）多方式开展竞赛成果评审。一是居民现场投票。参赛人员深入项目现场展示设计方案，并由设计师解说设计思路，为居民答疑解惑，使居民充分了解方案的具体改造措施，共计772户小区居民参与现场投票。二是网络投票。在大洋网、竞赛官网、更新局官网和微信公众号等平台设置网络投票通道，公众网络投票突破745万人次。三是专家评审。来自市人大、市政协、中大、华工、广工和省市知名设计院的专家学者组成专家组，分别对5个竞赛项目优秀成果进行5场评审。专家组成员专业涉及规划、建筑、市政、文保、经济等领域，有教授学者，也有职能部门业务骨干，理论研究与实践操作紧密结合，确保评选的专业性和权威性。经过公众投票和专家评审，最终评选出各奖项获奖者。今年还为公众投票环节第一名的队伍颁发了街坊点赞奖，进一步提升了社会公众参与度。

（五）组织社会各界深入探讨。举办圆桌讨论，来自政府、人大、政协、高校、企业、媒体的专家学者，和小区居民代表以及参赛设计师就老旧小区微改造文化传承、产业导入、共同缔造等热点问题进行深入探讨，共同献策。

二、取得的成效

（一）广纳民智，落实"绣花"功夫推进老旧小区微改造。本次竞赛作品总体水平对比去年竞赛有较大的提升，竞赛作品普遍立足实际、统筹兼顾，结合老旧小区建筑年代、街区肌理、居民意愿、历史文化等因素，在切实解决社区现有问题的基础上，从历史文化保护、公共空间营造、基础设施完善等方面进行了规划设计和大胆创新，从物质环境改造到精神层面提升提出了许多好想法、好方案，为我市以老旧小区微改造这种"绣花"功夫推进城市更新提供了许多值得参考借鉴的设计思路。

（二）贴近民生，坚持以人民为中心。通过竞赛活动，小区居民说出了心中所想、所愿，充分参与到微改造方案设计和参赛成果评选中，参赛队伍将居民关注关切的问题落到方案中，规划设计充分回应了居民诉求。竞赛活动增强与居民群众互动，听取居民群众意见，5个竞赛项目居民积极参与竞赛现场调研、投票环节，社会公众也对竞赛活动纷纷点赞，专家学者对竞赛成果给予高度评价，对微改造竞赛形式给予充分肯定和赞扬。

（三）扩大社会参与，贯彻落实"共同缔造"理念。本次竞赛得到社会各界的广泛关注、积极参与，网络投票突破745万人次，也得到市民群众、专家学者、新闻媒体的高度认同，相关报道超245条，微信阅读量近2万人次，微博阅读量超10万人次。市民、专家、设计者共同沟通探讨微改造过程中面临的焦点问题，就老旧小区微改造文化传承、产业导入、共同缔造等热点问题进行深入探讨，进一步营造了共同推进老旧小区微改造、促进城市更新的良好氛围，落实老旧小区微改造共同缔造理念，营造共建共治共享社会治理格局。

三、下一步工作计划

（一）推广设计成果，提升老旧小区微改造设计水平。总结竞赛成果，编制本届老旧小区微改造规划设计方案作品成果集，将方案中符合居民改造诉求、具备可操作性的优秀设计思路予以提炼和运用，为全市老旧小区微改造的方案设计提供参考借鉴。

（二）持续推进老旧小区微改造，切实办好民生实事。在竞赛活动营造的良好社会舆论下，按照广州市老旧小区微改造三年行动计划部署，继续有序推进779个（截至11月底，已推进项目696个，已完工和开工167个）2000年之前建成的环境条件较差、配套设施不全或破损严重、无障碍设施缺失、管理服务机制不健全、群众反映强烈的老旧小区微改造工作，将老旧小区微改造作为一项常态工作，不断改善老城区的人居环境，提升居民的生活品质。

（三）坚持共建共治共享，创新社会治理格局。以本次竞赛活动有效扩大公众参与为契机，在老旧小区微改造中，进一步带动基层党建和治理重心下移，构建党建引领、政府服务、居民自治、社会组织、专家学者参与的工作格局，形成政府、社会、居民良性互动的机制，促进老旧小区的长效管养，巩固改造成果。专此报告。

广州市城市更新局

2018年12月

▶ 参考文献 ◀

[1] 许学强，周一星，宁越敏．城市地理学（第二版）[M]．北京:高等教育出版社，2009.

[2] 朱书缘．新型城镇化 工业化和城镇化良性互动[EB/OL]．http://theory.people.com.cn/n/2013/1111/c40531-23496615.html, 2020-10-22.

[3] 尹稚，尹稚：中国新型城镇化战略的当下与未来[EB/OL]．https://www.thepaper.cn/newsDetail_forward_8357301, 2020-07-20.

[4] 曾维和．共建共享社会治理格局：理论创新、体系构筑、实践推进[J]．理论探索，2016（03）：65-69.

[5] 周红云．全民共建共享的社会治理格局：理论基础与概念框架[J]．经济社会体制比较，2016（02）：123-132.

[6] 曹康，王晖．从工具理性到交往理性——现代城市规划思想内核与理论的变迁[J]．城市规划，2009, 33（09）：44-51.

[7] [德]斐迪南·滕尼斯，林荣远，译．共同体与社会[M]．北京：北京大学出版社，2010.

[8] 赵民．"社区营造"与城市规划的"社区指向"研究[J]．规划师，2013, 29（09）：5-10.

[9] 姜振华，胡鸿保．社区概念发展的历程[J]．中国青年政治学院学报，2002（04）：121-124.

[10] 单菁菁．城市社区情感研究[D]．北京：中国社会科学院研究生院，2003.

[11] 刘艳丽，张金荃，张美亮．我国城市社区规划的编制模式和实施方式[J]．规划师，2014, 30（01）：88-93.

[12] 徐震．社区发展——方法与研究[M]．中国文化大学出版部，1985.

[13] 张庭伟．20世纪规划理论指导下的21世纪城市建设——关于"第三代规划理论"的讨论[J]．城市规划学刊，2011（3）：1-7.

[14] 哈贝马斯，哈贝马斯，张博树．国外马克思主义和社会主义研究丛书：交往与社会进化[M]．重庆：重庆出版社，1989.

[15] 尤尔根·哈贝马斯，哈贝马斯，曹卫东．交往行为理论[M]．上海人民出版社，2004.

[16] Freidmann J. Retracking America: Atheory of transactive planning[M]. Essex:Anchor Books, 1973.

[17] Forester J. Planning in the face of power[M]. Oakland: University of California Press, 1989.

[18] Healey P. Planning through debate: The communicative turn in planning theory[J].Town Planning Review, 1992, 63（2）：143.

[19] Hajer M A, Hoppe R, Jennings B. Theargumentative turn in policy analysis and planning[M]. Durham: Duke University PressBooks, 1993.

[20] Innes J E. Planning through consensus building: A new view of the comprehensive planning ideal[J]. Journal of the American Planning Association, 1996, 62（4）：460-472.

[21] Healey P. Collaborative planning: Shaping places in fragmented societies[M]. Vancouver: UBC Press, 1997.

[22] Taylor N. Urban planning theory since1945[M]. Thousand Oaks: SAGE Publications Limited, 1998.

[23] Forester J. Thedeliberative practitioner: Encouraging participatory planning processes[M]. Cambridge: The MIT Press, 1999.

[24] 姜梅，姜涛．"规划中的沟通"与"作为沟通的规划"：当代西方沟通规划理论概述[J]．城市规划学刊，2008（2）：31-38.

[25] 帕齐·希利，曹康，王晖．透视《协作规划》[J]．国际城市规划，2008（3）：15-24.

[26] Habermas J. The Theory of Communicative Action: Lifeworld and System—A Critique of Functionalist Reason[M].Boston:Beacon Press, 1987.

[27] Healey P.Building Institutional Capacity through Collaborative Approaches to Urban Planning[J]. Environment and Planning A, 1998（9）:1 531-1 546.

[28] Kim J S, Batey P W J. A collaborative partnership approach to integrated waterside revitalisation: The Mersey BasinCampaign[C]. Shanghai: The First World Planning Schools Congress, 2001.

[29] 孙施文，殷悦．西方城市规划中公众参与的理论基础及其发展[J]．国际城市规划，2009, 19（s1）：15-20.

[30] 袁媛，蒋珊红，刘菁．国外沟通和协作式规划近15年研究进展——基于Citespace III 软件的可视化分析[J]．现代城市研究，2016（12）：42-50.

[31] 何明俊. 西方城市规划理论范式的转换及对中国的启示[J]. 城市规划, 2008 (02): 71-77.

[32] 梁思思. 德国空间规划实施过程中的协作类型[J]. 城市与区域规划研究, 2019, 11 (01): 183-189.

[33] 董金柱. 国外协作式规划的理论研究与规划实践[J]. 国际城市规划, 2004, 19 (2): 48-52.

[34] 王婷, 余丹丹. 边缘社区更新的协作式规划路径——中国"城中村"改造与法国"ZUS"复兴比较研究[J]. 规划师, 2012, 28 (2): 81-85.

[35] 王青斌, 贾丹. 论区域规划主体间的协作机制——以博弈分析为视角[J]. 行政法学研究, 2016 (04): 27-36.

[36] 姚江春, 池葆春, 刘中毅, 等. 粤港澳大湾区规划治理与协作策略[J]. 规划师, 2018, 34 (04): 13-19.

[37] 潘泽强, 宁超乔, 袁媛. 协作式环境管理在粤港澳大湾区中的应用——以跨界河治理为例[J]. 热带地理, 2019, 39 (05): 661-670.

[38] 赵英魁, 张建军, 王丽丹, 等. 沈抚同城区域协作探索——以沈抚同城化规划为例[J]. 城市规划, 2010, 34 (03): 85-88.

[39] 袁媛, 刘懿莹, 蒋珊红. 第三方组织参与社区规划的协作机制研究[J]. 规划师, 2018, 34 (02): 11-17.

[40] 胡燕, 孙羿, 陈振光. 邻避设施规划的协作管治问题——以广州两座垃圾焚烧发电厂选址为例[J]. 城市规划, 2013, 37 (06): 16-19.

[41] 李志刚, 姜海, 陈海洋. 主体功能区下协作性土地利用规划管理机制研究[J]. 中国土地科学, 2016, 30 (12): 10-17.

[42] 马向明, 吕晓蓓. 区域绿地: 从概念到实践——一次"协作式规划"的探索[C]// 中国城市规划年会, 2006.

[43] 徐静, 刘博敏. 转型期多方利益诉求下的城市协作设计初探——以江苏连云港北崮山片区城市设计为例[C]// 中国城市规划年会, 2013.

[44] 杜宝东, 董博, 周婧楠. 规划转型: 基于中关村科学城协作规划的思考[J]. 城市规划, 2014, 38 (S2): 125-129.

[45] 袁媛, 陈金城. 低收入社区的规划协作机制研究——以广州市同德街规划为例[J]. 城市规划学刊, 2015 (01): 46-53.

[46] 秦波, 朱巍. 协作式规划的实施路径探讨——以某市产业园规划修编为例[J]. 城市规划, 2017, 41 (10): 109-113.

[47] Forester J. Planning in the face of power[M]. Oakland: University of California Press, 1989.

[48] Neuman M. Communicate this:Does consensus lead to advocacy and pluralism?[J]. Journal of Planning Education and Research, 2000, 19 (4): 343-350.

[49] Mcguirk P M. Situating communicative planning theory: Context, power, and knowledge[J]. Environment and Planning, 2001, 33 (2): 195-217.

[50] Arnstein S R. A ladder of citizen participation[J]. Journal of the American Institute of Planners, 1969, 35 (4): 216-224.

[51] Koehler B, Koontz T M. Citizen participation in collaborative watershed partnerships[J]. Environmental management, 2008, 41 (2): 143.

[52] Bugg L B. Collaborative planning in a complex local context: The case of an Islamic School in Sydney, Australia[J]. Journal of Planning Education and Research, 2013, 33 (2): 204-214.

[53] Ellis G. Discourses of objection: Towards an understanding of third-party rights in planning[J]. Environment and Planning A, 2004, 36 (9):1549-1570.

[54] Bickerstaff K, Walker G. Shared visions, unholy alliances: Power, governance and deliberative processes in local transport planning[J]. Urban Studies, 2005, 42 (12): 2123-2144.

[55] Gaymer C F, Stadel A V, Ban N C, et al. Merging top – down and bottom – up approaches in marine protected areas planning: experiences from around the globe[J]. Aquatic Conservation: Marine and Freshwater Ecosystems, 2014, 24 (S2): 128-144.

[56] Margerum R D, Robinson C J. Collaborative partnerships and the challenges for sustainable water management[J]. Current Opinion in Environmental Sustainability, 2015, 12: 53-58.

[57] Innes J E, Booher D E. Reframing public participation: Strategies for the 21st Century[J]. Planning Theory & Practice, 2004, 5 (4): 419-436.

[58] Lane M B. Public participation in planning: An intellectual history[J]. Australian Geographer, 2005, 36 (3): 283-299.

[59] Moore E A, Koontz T M. A typology of collaborative watershed groups: Citizen-based, agency-based, and mixed partnerships [J]. Socirty& Natural Resources, 2003, 16 (5):451-460.

[60] Innes J E, Connick S, Booher D E. Informality as a planning strategy -Collaborative water management in the CALFED Bay Delta Program[J]. Journal of the American Planning Association, 2002,21 (3):221-236.

[61] Leach W D, Pelkey N W, Sabatier P A. Stakeholder partnerships as collaborative policymaking: Evaluation criteria applied to watershed management in California and Washington[J]. Journal of Policy Analysis and Management, 2002, 21 (4): 645-670.

[62] Bidwell R D, Ryan C M. Collaborative partnership design: The implications of organizational affiliation for watershed partnerships[J]. Society & Natural Resources, 2006, 19（9）: 827-843.

[63] Koontz T M, Johnson E M. One size does not fit all: Matching breadth of stakeholder participation to watershed group accomplishments[J]. Policy Sciences,2004, 37（2）: 185-204.

[64] Innes J. Planning theory's emerging paradigm: Communicative action and interactive practice[J]. Journal of Planning Education and Research, 1995（14）: 183-189.

[65] Healey P. Institutionalist analysis, communicative planning, and shaping places[J]. Journal of Planning Education and Research, 1999（19）: 111-121.

[66] Alexander E R. Institutional transformation and planning: From institutionalization theory to institutional design[J]. Planning Theory, 2005,4（3）:209-223.

[67] Glasbergen P, Driessen P P J. Interactive planning of infrastructure: The changing role of Dutch project management[J]. Environment and Planning C: Government and Policy, 2005, 23（2）: 263-277.

[68] Breukers S, Upham P. Organisational aspects of public engagement in European energy infrastructure planning: The case of early-stage CCS Projects[J]. Journal of Environmental Planning and Management,2015, 58（2）: 252-269.

[69] Susskind L, McKearnan S, Thomas-Larmer J. The consensus building handbook[M]. Thousand Oaks: Sage Publications, Inc, 1999. [36] Luz F. Participatory landscape ecology - A basis for acceptance and implementation[J]. Landscape and Urban Planning, 2000, 50（1-3）: 157-166.

[70] L u z F . Participatory landscapecology – A basis for acceptance and implementation[J]. Landscape and Urban Planning, 2000, 50（1-3）: 157-166.

[71] Cullen D, McGee G J A, Gunton T I, et al. Collaborative planning in complex stakeholder environments: An evaluation of a two-tiered collaborative planning model[J]. Society and Natural Resources, 2010, 23（4）: 332-350.

[72] Rogan J, Miller J, Wulder M A, et al. Integrating GIS and remotely sensed data for mapping forest disturbance and change[J]. Understanding forest disturbance and spatial pattern: Remote sensing and GIS approaches, 2006: 133-172.

[73] Boroushaki S, Malczewski J. Measuring consensus for collaborative decision-making: A GIS-based approach[J]. Computers, environment and urban systems, 2010, 34（4）: 322-332.

[74] Bugs G, Granell C, Fonts O. An assessment of public participation GIS and Web2.0 technologies in urban planning practice in Canela, Brazil[J]. Cities, 2010,27（3）: 172-181.

[75] Innes J E, Booher D E. Consensus building and complex adaptive systems: A framework for evaluating collaborative planning[J]. Journal of the American Planning Association, 1999, 65（4）: 412-423.

[76] Mandarano L A. Evaluating collaborative environmental planning outputs and outcomes - Restoring and protecting habitat and the New York-New Jersey Harbor Estuary Program[J]. Journal of Planning Education and Research, 2008, 27（4）: 456-468.

[77] Cinner J E, McClanahan T R, MacNeil M A, et al. Comanagement of coral reef social-ecological systems[J]. Proceedings of the National Academy of Sciences, 2012, 109（14）: 5219-5222.

[78] Baer W C. General plan evaluation criteria: An approach to making better plans[J]. Journal of the American Planning Association, 1997, 63（3）: 329-344.

[79] Agger A, Lofgren K. Democratic assessment of collaborative planning processes[J]. Planning Theory, 2008, 7（2）:145-164.

[80] Mandarano L A. Social network analysis of social capital in collaborative planning[J]. Society & Natural Resources, 2009, 22（3）: 245-260.

[81] Margerum R D. Evaluating collaborative planning - Implications from an empirical analysis of growth management[J]. Journal of the American Planning Association, 2002,68（2）: 179-193.

[82] Innes J E. Information in Communicative Planning[J]. Journal of the American Planning Association, 1998, 64（1）: 52-63.

[83] Innes J E, Booher D E. Consensus Building and Complex Adaptive Systems[J]. Journal of the American Planning Association, 1999, 65（4）: 412-423.

[84] 国务院. 国务院关于广州市城市总体规划的批复[EB/OL]. http://www.gov.cn/zhengce/content/2016-02/19/content_5043501.htm, 2019-06-30.

[85] 广州市统计局. 广州市国民经济和社会发展统计公报[R]. 2019.

[86] 广州市统计局. 2019年广州市人口规模及分布情况[R]. 2019. http://tjj.gz.gov.cn/tjgb/qtgb/content/post_5729556.html.

[87] 郑熊. 番禺杂记//南越五主传及其他七种[M]. 广州：广东人民出版社，1982.

[88] 麦英豪. 广州城始建年代考//羊城文物博物研究[M]. 广

州：广东人民出版社，1993.

[89] 陈建华，贡儿珍. 广州史话[M]. 北京：社会科学文献出版社，2015.

[90] 杨璧竹. 广州市状元坊街区建筑类型及其演变研究[D]. 广州：华南理工大学，2016.

[91] 周霞. 广州城市形态演进[M]. 北京：中国建筑工业出版社，2005.

[92] 胡雪钰. 广州市建设街地区的城市形态研究[D]. 广州：华南理工大学，2019.

[93] 黄慧明. 1949年以来广州旧城的形态演变特征与机制研究[D]. 广州：华南理工大学，2013.

[94] 郭蕊. 建国以来广州城市形态演进研究[D]. 广州：中山大学：2008.

[95] 广州市地方志编纂委员会. 广州市志·卷三·城建卷[Z]. 广州：广州出版社，1995.

[96] 曾珏霞. 广州城市空间结构演变下的住区分布研究[D]. 广州：暨南大学，2007.

[97] 陈子若. 广州城市空间结构的存在问题及其发展思路[J]. 广东经济，2002（08）：38-41.

[98] 孙翔. 民国时期广州居住规划建设研究[D]. 广州：华南理工大学，2011.

[99] 许桂灵，司徒尚纪. 广州社区的地域特征与建设规划的环境分析[J]. 热带地理，2008（05）：444-449.

[100] 胡冬冬. 1949～1978年广州住区规划发展研究[D]. 广州：华南理工大学，2010.

[101] 郭蕊. 建国以来广州城市形态演进研究[D]. 广州：中山大学：2008.

[102] 蔡易恬. 1979年至今广州市居住区空间序列研究[D]. 广州：华南理工大学，2013.

[103] 黄健文，谢涤湘，徐莹. 转型期保障性住区规划建设的历程回顾与误区反思——以广州市为例[J]. 华中建筑，2014，32（09）：13-15.

[104] 陈楚宇. 广州恩宁路永庆坊微改造模式研究[D]. 广州：华南理工大学，2018.

[105] 原珂. 中国特大城市社区类型及其特征探究[J]. 学习论坛，2019（02）：71-76.

[106] 王霖. 广州历史文化街区保护与活化研究[D]. 广州：华南理工大学，2017.

[107] 彭珂. 单位制社区的集体行动逻辑的演进路径[D]. 武汉：华中师范大学，2016.

[108] 黄丽君. 广州"城中村"改造研究[D]. 广州：华南理工大学，2017.

[109] 沈莉颖. 城市居住区园林空间尺度研究[D]. 北京：北京林业大学，2011.

[110] 沈思思. 保障房社区家庭生计策略的选择与优化研究[D]. 南京：东南大学，2018.

[111] 陈宏胜，李志刚. 广州住房与保障房的建设与评价[J]. 热带地理，2014，34（06）：823-830.

[112] 任艳敏，李志刚. 广州金沙洲城市保障房社区研究——"日常生活实践"的视角[J]. 南方建筑，2013（04）：68-73.

[113] 黄静雯，张嘉瑾，温莉，等. 广州市公共租赁住房制度成效的探究——以毛纺厂项目为例[J]. 中国集体经济，2018（29）：7-9.

[114] 魏宗财，陈婷婷，孟兆敏，等. 广州保障性住房的困境与出路——与香港的比较研究[J]. 国际城市规划，2015，30（04）：109-115.

[115] 丁寿颐. "租差"理论视角的城市更新制度——以广州为例[J]. 城市规划，2019，43（12）：69-77.

[116] 姚之浩，田莉. 21世纪以来广州城市更新模式的变迁及管治转型研究[J]. 上海城市规划，2017（05）：29-34.

[117] 广州市自然资源局. 广州市规划和自然资源局关于公布华侨新村、华林寺、上下九-第十甫三片历史文化街区保护利用规划的通告[EB/OL]. http://ghzyj.gz.gov.cn/ywpd/mchh/mchhtzgg/content/post_5673077.html，2020-02-21.

[118] 广州市政府办公厅. 关于加快推进"三旧"改造工作的意见（已失效）[EB/OL]. http://www.gz.gov.cn/zwgk/fggw/szfwj/content/mpost_2833198.html，2010-01-15.

[119] 广州市政府办公厅. 关于加快推进三旧改造工作的补充意见[EB/OL]. http://www.gz.gov.cn/zwgk/fggw/szfwj/content/mpost_4757167.html，2012-06-03.

[120] 广州市规划和自然资源局（原广州市国土资源和规划委员会）. 广州市历史文化名城保护规划[R]. 广州：广州市规划和自然资源局，2014.

[121] 广东省城市规划设计研究院. 广州：推行社区"微改造"城市更新为城市增值[EB/OL]. http://www.gdupi.com/Common/news_detail/article_id/4427.html，2018-12-21.

[122] 蒋隽. 文物保护志愿者杨华辉：用脚丈量广州守护千座老屋[EB/OL]. http://collection.sina.com.cn/yjjj/2016-06-12/doc-ifxszkzy5137799.shtml，2016-12.

[123] 第一财经. 前三季GDP十强城市：重庆、南京上位，天津跌出前十[EB/OL]. https://news.cctv.com/2020/11/05/ARTISWoFflVELoMxIVs5zdC2201105.shtml，2020-12.

[124] 国家税务局广州分局. 2019年1-12月税费收入情况[EB/OL]. http://guangdong.chinatax.gov.cn/gzgkml/mlsfsrtj/2020-01/09/content_fcaca44cba0b48eea6c6aaafe647a3b7.shtml，2020-12.

[125] 广州市财务局. 关于广州市 2019 年预算执行情况和 2020年 预算 草案 的 报[EB/OL]. http://czj.gz.gov.cn/attachment/0/90/90100/5949031.pdf.

[126] 刘懿莹. 不同类型第三方组织参与社区规划的机制分析——以广州市为例[C]//中国城市规划学会，杭州市人民政府，共享与品质——2018中国城市规划年会论文集（14规划实施与管理），2018.

[127] 安东老王的图书馆. 广州·番禺蔡边文昌塔[EB/OL]. http://andonglaowang.blog.163.com/blog/static/8448753220164138284370/, 2016-05-14.

[128] 佚名. 广州市番禺区美丽乡村试点全面推进[EB/OL]. http://jiuban.moa.gov.cn/fwllm/qgxxlb/qg/201402/t20140218_3767539.htm,2014-02.

[129] 丁山海. 番禺区打造全市美丽乡村的典范[N]. 番禺日报，2013-01-08.

[130] 佚名. 恩宁路敲定"拆迁图""补偿价"[EB/OL]. http://news.sina.com.cn/c/2008-05-14/143313874644s.html, 2008-05.

[131] 严丽君，李琼. 恩平路危破房改造将向社会公开招投标[N]. 南方日报，2006-12-28.

[132] 佚名. 广州恩宁路改造八年未完工 规划未定先拆迁遭质疑[EB/OL]. http://city.sina.com.cn/focus/t/2014-06-23/101944185.html, 2014-06.

[133] 陈文，何姗. 恩宁路改造规划不能偷偷摸摸进行[N]. 新快报，2009-12-15.

[134] 佚名. 恩宁路保护开发规划方案首次公布[EB/OL]. http://www.gz.gov.cn/gzgov/s4176/200912/420612.shtml, 2009-12-22.

[135] 周秋敏，周荣嘉. 恩宁路改造又出新方案[N]. 信息时报，2010-08-27.

[136] 陈文，何姗. 183户居民联名反对恩宁路规划方案[N]. 新快报，2010-02-05.

[137] 李春暐. 恩宁路改造项目 重量级专家当顾问[N]. 羊城晚报，2010-10-27.

[138] 吕楠芳. 恩宁路改造规划获全票通过 摒弃基本全拆思路（组 图）[EB/OL]. http://roll.sohu.com/20110625/n311623766.shtml, 2011-06-25.

[139] 莫冠婷. 恩宁路详细规划已经敲定九成五[N]. 广州日报，2012-08-29.

[140] 莫冠婷，何姗. 广州微改造要吸取恩宁路永庆坊教训 协调原居民与开发商利益[N]. 2017-03-21.

[141] 杜娟. 恩宁路、逢源大街-荔湾湖历史文化街区保护规划公示[N]. 广州日报，2017-12-19.

[142] 陈文，何姗. 以保护之名搞商业开发？恩宁路规划引争议[N]. 新快报，2009-12-23.

[143] 恩宁路学术关注组. 恩宁路学术关注组的日记[EB/OL]. https://site.douban.com/172587/widget/notes/9583791/, 2013-08-16.

[144] 佚名. 守望恩宁[EB/OL]. https://weibo.com/u/1913643070?refer_flag=1001030101_&is_all=1,2019-09-10.

[145] 佚名.『开幕沙龙』后恩宁时代 第1期 我们的恩宁路，恩宁路的我们——谈恩宁路事件中的公众参与[EB/OL]. https://www.douban.com/event/15431588/discussion/43307397/, 2011-12-20.

[146] 何姗，莫冠婷，黄婷. 恩宁路改造就等它！保护规划公示，保护建筑、居住区变商业用地成焦点[N]. 新快报，2018-01-04.

[147] 陈雨牵. 广州市历史街区微改造的保护与利用研究[D]. 华南理工大学，2018.

[148] 谭俊杰，常江，谢涤湘. 广州市恩宁路永庆坊微改造探索[J]. 规划师，2018, 34（08）：62-67.

[149] 佚名. 永庆坊旧城活化又一全新范本，[EB/OL]. http://news.sina.com.cn/o/2016-10-14/doc-ifxwvpqh7380034.shtml, 2016-10-14.

[150] 谢涤湘，朱雪梅. 社会冲突、利益博弈与历史街区更新改造——以广州市恩宁路为例[J]. 城市发展研究，2014, 21（03）：86-92.

[151] 杨倩楠. 广州市恩宁路永庆坊可持续住区更新评估[D]. 广州：华南理工大学，2018.

[152] 詹美旭. 历史街区微改造的规划管理研究——以永庆坊为例[C]//中国城市规划学会、东莞市人民政府. 持续发展 理性规划——2017中国城市规划年会论文集（02城市更新），2017.

[153] 梁启基. 恩宁路历史文化街区微改造研究[D]. 广州：广州大学，2017.

[154] 吴凯晴."过渡态"下的"自上而下"城市修补——以广州恩宁路永庆坊为例[J]. 城市规划学刊，2017（04）：56-64.

[155] 佚名. 争取11年 恩宁路终迎来公众参与平台[EB/OL]. http://mini.eastday.com/a/180908101235495-2.html, 2018-09-08.

[156] 丁少英，徐晓玲，刘朱红. 在老旧社区微改造中推进基层社会治理创新——越秀区珠光街仰忠社区微改造调研报告[J]. 探求，2017（05）：58-65.

[157] 廖梦玲. 合作治理视角下广州市老旧社区微改造的互动机制研究[D]. 广州：华南理工大学，2018.

[158] 罗苑尹，冯倩妮，赵玲，等. 新增人口广州同德围不能承受之重[EB/OL]. http://news.gd.sina.com.cn/news/20120404/1270316.html, 2012-04.

[159] 毕征，史伟宗. 同心同德打好"突围战"同心同德建设"幸福围"[N]. 广州日报，2012-01-15.

[160] 袁媛，刘懿莹，蒋珊红．第三方组织参与社区规划的协作机制研究[J]．规划师，2018，34（02）：11-17.

[161] 广州市人民政府．同德围地区综合整治工作方案[S]．2012.

[162] 方晴．"9+1"打造幸福同德围"1+9"发展同德围经济[N]．广州日报，2013-09-16.

[163] 佚名．同德围地区综合整治成效明显[EB/OL]．http://www.gz.gov.cn/gzgov/s5810/201707/01d6434f81df4ca5a25501a1d1f9f3a8.shtml，2017-07-03.

[164] 佚名．田心村拆迁动工了！近40万平旧改项目3年后回迁[EB/OL]．http://www.sohu.com/a/218242415_119778，2018-01-22.

[165] 李健，罗苑尹．鹅掌坦PK增埗站 花落谁家仍未知[N]．南方都市报，2013-03-27.

[166] 佚名．鹅掌坦地铁站变幻记[EB/OL]．http://news.ifeng.com/gundong/detail_2012_12/17/20253978_0.shtml，2012-12-17.

[167] 葛丹，徐海星．听同德围街坊的建议：地铁站选址再次确定鹅掌坦[N]．广州日报，2012-12-30.

[168] 魏凯，梅雪卿．广州公咨委："草根"发声参与城市管理[N]．南方都市报，2015-01-06.

[169] 廖颖谊．东濠涌公咨委成立一年多 工作"多以形式上的为主"[N]．新快报，2014-09-10.

[170] 梁怿韬．公咨委的尴尬[N]．羊城晚报，2013-12-26.

[171] 杨津，赵俊源，胡刚．广州城市治理改革的反思——以公众参与东濠涌治理为例[J]．现代城市研究，2015（3）：110-116.

[172] 谭俊杰．社会资本视角下的微改造研究[D]．广东工业大学，2019.

[173] 屈大均．广东新语[M]．中华书局，1997.

[174] 徐好好，李芃，李睿．五图五书：泮塘五约微改造记录[J]．建筑学报，2017（01）：113-117.

[175] 翻屋企．活动 | 超大门楼模型将现泮塘！[N/OL]．https://xw.qq.com/cmsid/20190207F05NX7/20190207F05NX700，2020-11.

[176] Hu Yingjie, Gert de Roo, Lu Bin.'Communicative turn'in Chinese spatial planning? Exploring possibilities in Chinese contexts[J]. Cities, 2013（35）:42-50.

[177] 蒋珊红，袁媛，王冬冬．中国社区规划中协作关系的实践研究——以厦门市三种类型的社区规划为例[C]//中国城市规划学会、沈阳市人民政府．规划60年：成就与挑战——2016中国城市规划年会论文集（17住房建设规划），2016.

[178] 刘刚，王兰．协作式规划评价指标及芝加哥大都市区框架规划评析[J]．国际城市规划，2009，24（06）：34-39.

[179] 罗许生．公开与公正之博弈:互联网时代的"媒体审判"析论[J]．理论导刊，2015（12）：19-23.

[180] 肖竞，曹珂．英国城市更新进程中历史环境保护的观念流变与制度解析[J]．西部人居环境学刊，2019，34（06）：9-17.

[181] 吴明场．广州"公咨委":城市治理能力现代化的积极探索[J]．广东行政学院学报，2016，27（01）：20-23.

[182] 黄智冠，徐里格，李玮玮．治理语境下广州历史文化名城共同缔造实践与策略[J]．规划师，2018，34（S2）：5-9.

[183] 李志，张若竹．老旧小区微改造市场介入方式探索[J]．城市发展研究，2019（10）：36-41.

[184] 李彦辰，孙弘．基于社区规划师制度的社区公众参与研究[J]．城市建筑，2020，17（01）：87-91.

图书在版编目（CIP）数据

广州城市社区更新理论与实践 / 袁媛等著 .— 北京：中国城市出版社，2021.12

（城市社区更新理论与实践丛书 / 赵万民，黄瓴主编）

ISBN 978-7-5074-3434-7

Ⅰ . ①广⋯ Ⅱ . ①袁⋯ Ⅲ . ①城市—社区建设—研究—广州 Ⅳ . ① D669.3

中国版本图书馆 CIP 数据核字（2021）第 255303 号

图书总策划：欧阳东
责 任 编 辑：石枫华　兰丽婷
书 籍 设 计：韩蒙恩
责 任 校 对：赵　菲

城市社区更新理论与实践丛书
赵万民　黄　瓴　主编
广州城市社区更新理论与实践
袁　媛　等著

*

中国城市出版社、中国建筑工业出版社出版、发行（北京海淀三里河路9号）
各地新华书店、建筑书店经销
北京锋尚制版有限公司制版
天津图文方嘉印刷有限公司印刷

*

开本：787 毫米 ×1092 毫米　1/16　印张：13⅓　字数：300 千字
2021年11月第一版　2021年11月第一次印刷
定价：**150.00** 元
ISBN 978-7-5074-3434-7
（904410）